グローバル環境における地域企業の経営

―ビジネスモデルの形成と発展―

大東和武司
金　　泰旭
内田　純一
　　編著

文眞堂

目　次

序　章　グローバル環境を意識した地域企業の経営 …… 1

- 第1節　本書の背景と意図 …………………………………… 1
- 第2節　グローバリゼーションの意味 ……………………… 3
- 第3節　環境変移と企業活動の柔軟性 ……………………… 7
  - 3-1　変移性の増大 ………………………………………… 7
  - 3-2　環境変移への対応としての柔軟性 ………………… 9
- 第4節　企業の多国籍化と地域企業 ………………………… 12
  - 4-1　企業の多国籍化をめぐる問題と方向 ……………… 13
  - 4-2　地域企業の分析に向けて …………………………… 15

第1章　先行研究とフレームワークの提示 …………… 20

- 第1節　地域企業とは何か …………………………………… 20
  - 1-1　地域企業の経営論が目指すもの …………………… 20
  - 1-2　中小企業論から地域企業論へ ……………………… 22
  - 1-3　地域企業を取り巻く関連研究 ……………………… 25
- 第2節　先行研究のレビューと本書のフレームワーク …… 28
  - 2-1　ビジネスモデルに関連する研究 …………………… 28
  - 2-2　地域企業を取り巻く環境についての研究 ………… 44
  - 2-3　本書のフレームワーク ……………………………… 51

第2章　ダイナックス：
　　　　部品メーカーからクラスター形成の中核企業へ ………… 55

第 1 節　北海道と自動車産業 …………………………………… 55
　　　1-1　北海道の産業推移と企業誘致 ………………………… 55
　　　1-2　自動車産業の立地状況 ………………………………… 56
　第 2 節　ダイナックス社のケース ……………………………… 58
　　　2-1　世界的企業への成長 …………………………………… 58
　　　2-2　コア技術と製品ライン ………………………………… 68
　第 3 節　事例分析 ………………………………………………… 73
　　　3-1　創業期における海外技術導入と北海道への立地（1970 年代）… 73
　　　3-2　成長期における自立路線と研究能力の獲得（1980 年代）……… 74
　　　3-3　発展期におけるコア技術獲得とグローバル化（1990 年代）…… 75
　第 4 節　まとめ …………………………………………………… 76

第 3 章　カイハラ：
技術革新で地場産業の進化を牽引する ……………………… 81

　第 1 節　綿作と備後絣 …………………………………………… 82
　第 2 節　カイハラの概要と歴史 ………………………………… 83
　　　2-1　カイハラの概要 ………………………………………… 83
　　　2-2　事業展開の歴史 ………………………………………… 84
　　　2-3　デニム・メーカーへの転換 …………………………… 89
　　　2-4　プレミアム・デニム・メーカーへ …………………… 96
　第 3 節　事例分析 ………………………………………………… 99
　　　3-1　創業期―コア資源の獲得― …………………………… 100
　　　3-2　第 1 成長期―競争できる資源の獲得― ……………… 101
　　　3-3　第 2 成長期―コア資源をベースとした事業転換と成長― …… 103
　第 4 節　まとめ …………………………………………………… 107
　　　4-1　技術志向のコア資源蓄積とその経路依存性 ………… 107
　　　4-2　コア資源を事業転換に適用するケイパビリティ …… 108
　　　4-3　リスク受容性の高さ …………………………………… 109
　　　4-4　ネットワーク形成のバランス ………………………… 109
　　　4-5　市場セグメンテーションの選択 ……………………… 110

第4章　白鳳堂：
伝統工芸を現代に活かして世界へ発信する　　……………114

第1節　熊野の筆づくりと白鳳堂 ……………………………115
　1-1　熊野筆の歴史と筆づくり ……………………………115
　1-2　白鳳堂の概要 …………………………………………120
第2節　白鳳堂の歴史 …………………………………………122
　2-1　白鳳堂の成り立ち〜創業から高級化粧筆メーカーへ …122
　2-2　生産の内訳・製品の種類 ……………………………125
　2-3　製品および技術開発の経緯 …………………………125
　2-4　高級化粧筆市場の開拓と確立 ………………………127
　2-5　今後の白鳳堂 …………………………………………128
第3節　事例分析 ………………………………………………129
　3-1　創業期における事業機会の認識およびコア資源の確立 …129
　3-2　第1成長期における事業機会の獲得 ………………130
　3-3　再編期における事業システムの確立 ………………132
　3-4　第2成長期における事業システムの展開 …………133
第4節　まとめ …………………………………………………135

第5章　システム・ケイ：
世界の技術をコーディネートする地域企業　　……………143

第1節　札幌におけるIT関連産業の発展 …………………143
　1-1　北海道のIT産業規模と立地状況 …………………143
　1-2　札幌市におけるIT産業の歴史 ……………………144
　1-3　札幌IT産業の現状 …………………………………144
第2節　システム・ケイ社のケース …………………………146
　2-1　成長への軌跡 …………………………………………146
　2-2　コア技術と製品ライン ………………………………152
第3節　事例分析 ………………………………………………159
　3-1　創業期の企業家活動 …………………………………159

3-2　成長期におけるコア資源と事業システム …………………160
　　　3-3　発展期における企業境界外との関係 ………………………161
　　第4節　まとめ ………………………………………………………162
　　　4-1　ビジネスモデルの整理 ……………………………………162
　　　4-2　今後の財務計画と営業基盤の獲得 ………………………164

第6章　三宅：
町工場から世界的企業への跳躍に向けて …………168

　　第1節　広島地域の伝統産業（製針業の発展と衰退）……………168
　　第2節　会社概要 ……………………………………………………170
　　第3節　沿　革 ………………………………………………………171
　　第4節　事業内容 ……………………………………………………172
　　第5節　発展の歴史 …………………………………………………172
　　第6節　三宅のビジネスの現状 ……………………………………178
　　　6-1　印刷事業 ……………………………………………………178
　　　6-2　万引き防止タグおよびゲートビジネス …………………179
　　第7節　事例分析 ……………………………………………………181
　　第8節　まとめ ………………………………………………………193

第7章　比較事例分析と総括 …………………………………196

　　第1節　比較事例分析 ………………………………………………197
　　　1-1　フレームワーク構成要素の比較 …………………………197
　　　1-2　発見事実とフレームワークへのフィードバック ………208
　　第2節　研究の総括 …………………………………………………212
　　　2-1　研究上のインプリケーション ……………………………212
　　　2-2　本研究のまとめ ……………………………………………217

参考文献リスト …………………………………………………………221
索引

序章
グローバル環境を意識した地域企業の経営

第1節　本書の背景[1]と意図

　第二次大戦後，グローバリゼーションは大きく進展した。その加速化の背景には，いうまでもなく世界的な ICT 革命（information-communication technology：情報通信技術）の進展がある。企業の多国籍化は拡がり，各国産業は高度化し，世界経済の相互依存関係は深化してきた。アメリカ，ヨーロッパ，日本，アジアなどの企業，とりわけ多国籍企業（MNEs：Multinational Enterprises）は，市場の舞台を次第に拡げ熾烈な競争に直面するなかで，世界に広がりをもちつつ構築していったネットワークを活用して，まさに地球規模でビジネス活動を展開している。このような傾向は資源開発関連，製造，商業・サービスなどほとんどすべての産業でみられる。こうした状況へと進展していくなかで，たとえば日本の国内，それも限定された地域を中心として活動している企業も影響を免れることはできない。経営資源等の制約によって対応すべき手立ては限定的であり，結果として事業縮小や事業転換を余儀なくされたり，企業存続そのものが難しくなった場合が多くみられる。だが，なかには，その企業なりのやり方で成長・発展へとつなげていっている事例を見い出すことができる[2]。

　本書では，成長・発展につなげている地域企業のなかから，広島と北海道を中心に展開している企業をとりあげ，それらの企業がそれぞれに独自の発想を活かし経営活動を行い，どのようにして成功につなげていったのかについて，「ビジネスモデル」を鍵概念として考察した。本書で考察したことが，厳しい環境のなかで対応に苦慮している地域企業あるいはまたこれから創業を考えて

いる経営者,さらには我々の生活そのもののあり方にとっても示唆に富むものであればと思う。

とりあげた企業は,自動車部品メーカーからクラスター形成の中核企業となった「ダイナックス」（北海道），技術革新で絣からデニムへと伝統的な地場産業の進化を牽引している「カイハラ」（広島），伝統工芸である毛筆を現代に活かして化粧筆として世界へ発信している「白鳳堂」（広島），世界の技術をコーディネートし発展しているソフトウェア開発・パーケージ化事業の「システム・ケイ」（北海道），町工場企業から世界的企業への跳躍に向けて製針事業から印刷事業へ,さらに印刷事業からセキュリティ事業へと事業を進化させている「三宅」（広島）の5社である。

これらの企業は,活気あふれる経営を行い,概して行政が政策的支援の対象としがちな中小企業のあり方とは異なるやり方で成長してきた。いわば地域企業の革新の担い手といってもよいだろう。これらの企業が,どのような「地域企業のビジネスモデル」によって革新の担い手になったのかについて,本研究のフレームワークを提示し,その経営に接近していく。その際に,本書の特徴としてあげることができるのは,地域活性化の主体としての地域企業という視点だけではなく,日本国内の地域企業であっても,国際社会のなかにあり,その影響を受け,また逆にそれを生かしながら存在・発展しているという視点である。いわば,日本のなかのローカル[3]（特定の地域）を中心に活動している企業であっても,グローバル（地球規模的）な視野と係わりをもって経営を行うことが必要であるという視点である。

この視点は,地球規模で生産拠点をもち,自社のネットワークを活かしながら経営活動を行っている多国籍企業が,厳しい競争環境のなかでその経営を成功裡に導くためには,ローカルな視野と係わり[4]を無視できないことと同じことである。グローバリゼーションが進展している今日においては,一国内の地域企業であっても,あるいはまた多国籍企業であっても,経営活動範囲そのもの,あるいはまた組織規模については企業によって違いがあるものの,Think globally, Act locally（地球的視野で考えて,地域で活動する）とともに Act globally, Think locally（地域を考えて,地球的規模で活動する）を両立させる視点あるいはその実行が求められていることを意味している。

第2節　グローバリゼーションの意味

　「グローバリゼーション（globalization）」という語は，1950年代，60年代から一部で使われはじめたが，固定相場制から変動相場制に移行した70年代，直接投資をはじめ資本の国際移動が進展した80年代，さらには米ソの冷戦体制が解体した90年代と時代が進むにつれ，次第に日常的に用いられるようになっていった。90年代半ばより普及したインターネットにおいて「グローバリゼーション」を検索してみると，今日では多くのウェブサイトにヒットする[5]。

　グローバリゼーションと類似した語に，インターナショナリゼーション（internationalization）がある。当然のことながら，インターナショナルとグローバルとには大きな違いがある。インターナショナルは国際であり，国と国との際（きわ）にかかわることである。経済でいえば，国際収支にみられる貿易や投資，それにともなう決済，2国間あるいはまた多国間（国際組織）の交渉，取引，制度化（規制あるいはまた緩和）に関することである。したがって，インターナショナリゼーション，つまり国際化は，2国間あるいは多国間（国際組織内）の結びつきの過程・状況，あるいはまたそれが深まっていく過程ということができる[6]。他方，グローバルは，国民国家ないし国民国家間の関与を超えた国際社会的な動きとしてとらえられる側面が強い。グローバリゼーション，つまりグローバル化[7]は，国民国家あるいは国民国家間の枠組みを超え，地球規模の事柄あるいは問題へと進んでいっている過程とみることができる。

　グローバリゼーションを進展させた要因は，まず第1に産業革命による工業化である。工業化の進展によって国内需要以上の生産が行われ，インターナショナリゼーションともかかわるが，その販売先としての国外供給（輸出）が拡大した。19世紀，国際貿易は成長をし続け，19世紀後半のその成長率は世界の総生産高よりも高いものとなった。資本移動も増加し，イングランド銀行により金本位制の国際的運営が監視されるとともに，各国政府はそれにともなう国内政策への規制も受け入れて政策面での国際的連動も行われた。加えて，19世紀にはヨーロッパからアメリカへ600万人もの労働移動も生じた。さら

に，1880年代以降，多国籍企業もその数と規模において急激に拡大した。これらの時代においてグローバリゼーションという言葉はなかったものの，モノ，カネ，ヒト，そして企業において実態としてグローバリゼーションが進展していた。その後，恐慌，戦争などによってマイナスのグローバリゼーションがあったとはいえ，20世紀後半から再びグローバリゼーションの進展は加速化された[8]。

第2に，技術革新である。技術革新は工業化をもたらしたものであるが，個別企業における技術革新は，ひとつには規模の経済をもたらし，コスト削減要因となり，価格競争において優位性をもたらすことにつながる。国内のみならずその製品の国際競争力を強化することとなり，輸出が促進される。またもう1点としては，新たな製品を生み出すことにもつながり，新市場が国際的に創造されることにもつながる。双方ともグローバリゼーションには寄与する。社会的基盤（インフラストラクチャー）への影響の視点で技術革新をみれば，たとえば輸送手段（帆船から蒸気船へ，プロペラ機からジェット機へなど）や通信・コミュニケーション手段（無線から衛星，そしてインターネットなど）などの新技術の発明・開発をあげることができる。製品を世界各国に効率的に，あるいはできうる限り安価に運ぶという国際物流面において，そしてまた製品を広く伝え宣伝するという面において，さらには距離（遠隔）のもたらすリスクを削減する意味においても技術革新は有効である。技術革新は，多面的・相乗的にグローバリゼーションの進展に貢献している。

第3に，消費者の視点でみれば，国際的拡大をしていく生産と消費の密接なかかわり，さらには通信・コミュニケーション手段などの社会的基盤の充実等が作用し，各国消費者の同質化が進展している。製品によっては，消費者の同質化が次なる製品供給を生み，それによって消費者の同質化が深化するというグローバリゼーションによる循環も生まれている。

第4には，国民国家がある。国民国家は，国境を実線としての境界にして他国と自国を明確に区分することを進めた。他方で，自国だけの視点を超え，貿易，規格の設定などをはじめとして，複数国での対応あるいは地球規模的な視点をもった取り組みが多くなった。国民国家は一方でグローバリゼーションを阻害する要因であるが，他方では促進する要因となっている実態がある。

さらに第5には，企業による役割にも大きいものがある。企業は貿易活動の主体であり，19世紀後半には国を超えた投資を行う企業も現れてきた。とりわけ20世紀後半以降においては，国を超え，母国以外に生産拠点をもって経営活動をする多国籍企業が，グローバリゼーションの促進に果たした役割は大きいものがある。

　モノをみれば，国境という境界によって自国と他国の峻別を明確にしていく歴史的過程のなかで，自国の発展につながる国際貿易が拡大し，進展してきた。過程において，片務的な貿易，資源確保の困難さなどの要因によって，まさに国際摩擦あるいは戦争が起こり，国際貿易の停滞・中断はあった。ただ，歴史的・長期的視点でみれば，不可避的といってよいほど，国際貿易は拡大している。ヒトについても，国境という壁によって基本的には国際的な移動に制約をうけるが，物的側面の交流が深化するにつれて査証取得等の制約も少なくなり，次第に移動が容易になってきている。カネについても，情報通信手段の発展も寄与し，1997〜98年のアジア金融危機に見られるような負の効果ももたらしているものの，世界中を駆け巡る状況になっている。

　こうした経済のグローバリゼーションへの途は，歴史的には，まず欧米各国を中心に発展・拡大し，他の地域に広がりをみせた。モノあるいはヒトの交流が深まることは，それらに文化的要素が帯同していることを考えれば，いわば欧米の思想・文化が地球規模で浸透していく過程でもある。日本，そしてアジア各国も経済的に大きな役割を担うようになったものの，コミュニケーション・ツールとしての英語の国際的浸透，あるいはまた会計言語としての国際会計基準の導入などにみられるように，欧米を中心として構築されてきた規範，制度，基準の拡がりが進展している。グローバリゼーションの視点でみれば，アジアの思想・文化が地球的規模で広く浸透し，欧米の思想・文化と相対的あるいは対等的な位置にまで達しているとはいえないだろう。欧米中心の見解にもとづいて地球規模での制度化，文化の浸透等が進むことは，その根幹をなす欧米の考えや規範に対する信頼・権威の低下が起きれば，強い反発をもたらすことにもなる。

　グローバリゼーションの進展は，一面で地球規模での融合化，統合化をもたらし，世界同時恐慌的な負の反作用の恐れを併せてかかえることとなった。ま

た他方で，その過程において，地球規模での各国・地域間の違いあるいは差異を明瞭なものにすることとなった[9]。

　差異化の顕著なものは，所得格差であろう。世界の富裕層2%が世界の富の51%を保有し，世界の50%の人びとの合計が1%にしかすぎない，という国際連合調査（2000年統計）がある。一握りの人は裕福であるが，食料不足，飢餓となっている人も9億人近く（FAO：The Food and Agriculture Organization of the United Nations：国際連合食糧農業機関　調査）に上っているという状況である。日本においてみても，都市と地方の間の格差だけでなく，富裕層と非富裕層との2極化が進展している。先進国と最貧国あるいは都市と地方という，国ないし行政単位間の差異・格差だけではなく，個人ベースで見た場合での格差の拡大が起こっている。こうした差異・格差の顕在化は，テロ行為など紛争の，少なくとも遠因にはなっているようだ。

　差異・格差の是正においては，当該国でなされるべき政策，非営利国際組織の政策（資本の再配分機能等も含む），そして多国籍企業など営利組織の役割などが相乗的でかつ効果的であることが重要であろうが，その基本となるものは，各国間，組織間など，相互の重層的な信頼醸成である。

　さらに，温暖化対策をはじめとする環境問題，鳥インフルエンザにみられるようなウイルスの蔓延問題など，地球規模で取り組み，解決しなければならない課題がある。これらは，国際的に一致した対策を一気に進めることが望ましいものであるが，さまざまな利害や思いが絡み，1国の視点のみで判断すると他国から反発され，合意に至らないこともある。鳥瞰的・総合的にみる眼を互いに養いながら，一致した合意的判断へと醸成していくことが求められるのであろう。

　鳥瞰的・総合的にみる眼は，国際社会を構成している国民国家だけでなく，企業においても大切なものであろう。1国内の地域企業の経営にあたっても，直接的な活動範囲あるいは1国内の範囲だけでなく，グローバリゼーションの影響を意識した視点は欠かすことができないだろう。自社がどのような経営資源をもち，どのようなポジションで，どのように経営活動をするのかなどを基礎として，産業動向などを勘案しつつ，経営の外部環境と内部環境全体をみる眼でもって検討し，最終的な意思決定をすることが経営上の間違いを少なくす

ることにもなり，企業を成功に導くために求められるであろう。

　グローバリゼーションが進展していくなかで，基本的姿勢として鳥瞰的・総合的な眼を持つことが求められるなら，その企業特有の優位性構築にとっては，環境は変移するのだと捉える視点がまず必要であろう。そして，グローバリゼーションにおける環境変移に対応し続けるためには，組織形態や生産・調達といった企業活動に柔軟性を保持させていくことが重要になってくる。環境変移と企業活動の柔軟性について以下でさらに検討することとしよう。

第3節　環境変移と企業活動の柔軟性

3-1　変移性の増大

　企業は，経営成果をあげ，その存在が社会へ貢献し，自らも存続していくことをめざしている。経営成果は，要約していえば収益（売上）と費用の差額であるが，その結果は利益として会計上あらわされる。その企業経営にあたってこの利益がもたらされるように，周到に経営戦略を立て，実行されていくわけであるが，一般的に企業は，外部環境を検討・考慮した上で，内部環境の確認・評価をし，立案・実行へとつなげていくのである。併せて，その遂行は，消費者，従業員，取引先，社会などへの貢献になっていなければならないし，この貢献がなければ企業の長期的な存続にはつながっていかないだろう。企業経営の仕組みを構築するにあたっては，外部環境と内部環境が勘案されている。

　企業を取り巻いている外部環境は常に変化し，一定ではない。一定でなく変化している外部環境を企業がどのように捉え，どのように対処するかによって，企業の成果にも違いが生じてくる。

　外部環境としては，具体的には経済，政治，法規制，社会，文化，技術など間接的要素が強いものから，消費者，競合他社，部材の調達企業，流通業者，ネットワーク内企業など，企業に直接的影響を及ぼす傾向が強いものまでをあげることができる。

　外部環境は時代とともに変化しているものであるが，グローバリゼーション

が加速化するにつれ，外部環境の及ぼす影響は，変移性（volatility）といっていいほどの著しい変化がもたらすものであり，その変移性はますます増大していった。例えば，そのはじまりのひとつは，1971年8月15日の米国の金ドル交換停止発表（ニクソンショック）であり，それに続く外国為替市場の固定相場制から変動相場制への移行である。

　変移性の高い外部環境，つまり環境変移が生じているということは，変化が線形的・連続的に起こるのではなく，非線形的・非連続的な変化が起こる状況をさしている。変移的であるということは，ある意味で予期せぬことであり，企業に与えるショックの度合いと規模が大きく，企業の利益変動にも大きな影響を与えるものである[10]。

　変移性の増大は，生産技術の革新と，その国際的な拡散とも，歴史的にみれば係わっている。産業革命までさかのぼらず第二次世界大戦以降だけをみても，農業中心だった国が工業化していき，工業が産業の中心を占める国の数は増加している。このことは，世界で生産される工業製品の数が増え，それは国際貿易によって各国に供給される状況をつくり，併せて，GATT（General Agreement on Tariffs and Trade：関税と貿易に関する一般協定）による各国の交渉によって貿易の自由化は進展し，各国の結びつきは強まった。また，企業の対外直接投資による多国籍化も進展し，それは企業内貿易を生み，貿易のさらなる進展に寄与した。貿易と投資の進展は，他方で，資本の自由化を進めることにもなる。自由化によって各国間の相互依存関係が強まれば，政治的あるいはまた社会的混乱がどこかの国で起これば，その影響を少なからず被る。

　中間財でいえば，1国の1企業の部品生産工場のトラブルが，その部品を利用せざるをえない，世界に広がっている最終財生産拠点に影響をもたらす。製品を国際移動させる物流でいえば，急速なICTの進展や航空輸送におけるスピード化などにより効率化され，製品が地球規模で供給される素地をつくったが，ICT上のトラブル，テロ行為などによって物流が滞る事態になれば，地球規模で構築されている各企業のネットワークなどは機能しない。資本面でいえば，2007年秋に顕在化した米国のサブプライムローン問題は，その影響によって2008年1月には世界各国の株式市場で株価が暴落し，各国の為替市場

が大きく揺れるなど，伝播は一瞬といってもいいほどであった[11]。各国の金融ビックバン以降，金融・資本面での規制緩和が進展し，地理的には限られた国際金融センターへの集中によって地球的規模での金融市場の統合化が進み，影響の連動化はいっそう進んでいる。

グローバリゼーションの進展は，地球規模での結合・融合を深め，連鎖も強め，さまざまな波及効果を大きく強いものにしているが，これに軌を一にするかのように，WTOへの反対運動など反グローバリゼーションに向けての政治的運動も強くなっており，さらにまた2001年9月11日のアメリカ同時多発テロをはじめとした，世界各地でのテロ行為の続発，戦争状態への移行など，21世紀に入ってからは政治に起因する環境変移要因も多くなり[12]，環境変移の頻度と規模がいっそう高まっている。

これまでにおいても，企業，とりわけ多国籍企業は，投資受入国の政府やその他の政治勢力の行動に起因する事態によって企業が予期しない物的ないし人的損害をこうむることがあった。収用，事業活動や資本移動の制限，戦争・内乱などによる資産・人命の喪失，反政府勢力の誘拐など不可抗力的な出来事である。これらをカントリー・リスクとして，原因となる事件の予測，そのリスクの評価，そのリスクへの対応策の開発をしてきた[13]。

旧来想定し対応してきたカントリー・リスクは，基本的に国民国家を基礎とした当該国のみにかかわるものであったが，21世紀になって顕著なことは，テロ等が国家の枠を超えた国際ネットワーク組織によって起こっているということである。いわば，トランスカントリー・リスクへの対処も求められ，多国籍企業であれ，地域企業であったとしても直面する変移性は増大している。

3-2　環境変移への対応としての柔軟性[14]

環境変移の規模と範囲が大きく広がっているなかで，それに対応するには，柔軟性が求められ，またその重要性は高まっている。柔軟性とは，変化あるいは変移に対して，資源を機敏に，しかもスムーズに再配置する能力である。

グローバリゼーションの融合化・統合化のもたらす作用・反作用への対処が企業に求められているが，細かく個々の国や市場を見るなら，それぞれ独自の異なった環境変移の源泉に直面しているだろう。日常的な不確実性への対処は

おもに経営者の役割である。多国籍企業のひとつの特徴は，国を跨いでいることであるが，それによって多国籍企業は，複数国立地によるさまざまな変移に対する対応を調整する能力を得た。ある事態が起これば，さまざまな情報源から得られた情報を総合・分析し，たとえば当該市場からの撤退なども含め，次へと展開できる能力を持っているのである。多国籍企業はこうした能力を基本的に保有し，この能力を活かしたいがゆえに，米系多国籍企業に代表されるように完全所有形態による子会社を各国・各市場に設置してきた。しかしながら，多くの企業の多国籍化が進展し，途上国・市場移行国の輸出企業も成長し，競争は激化し，かつグローバリゼーションは加速化し変移性が増大した今日，採用する組織形態の見直し・再編など，さまざまな側面で柔軟に対応することが求められてきた。国を跨ぐメリットを活かせる多国籍企業でさえも，さらなる柔軟性を確保したうえで経営活動を推進しようとしている。それに対して多くの地域企業は国を跨ぐメリットを活かすことができない。そうした地域企業は，環境変移にどのように柔軟に対処し，展開するのだろうか。

主として多国籍企業の動きをみた視点からの柔軟性については，地域企業にも援用可能と思われるので，ここで述べておこう。

求められる柔軟性のひとつに，内部労働市場がある。労働の技能を柔軟なものにしておくために，多能工化，OJT（on-the-job training：実施研修）などを推進したり，そうした柔軟な生産システムのための投資を行うことは，環境変移に備えることにつながる。日系企業はこの方向で労働の技能の柔軟性確保を推進してきた。外部市場で柔軟性を保とうとすると，生産調整を行わざるを得なくなったときに解雇なりレイオフ，あるいは逆に新規正規雇用，派遣雇用などと，やや時間とコストのかかる方法をとらざるを得ない。しかしながら，内部労働市場において既存従業員への投資を行い，その技能・ノウハウを高めておくことは，環境変移に対応する柔軟性を担保することとなる。

なお，市場活動には何らかのコストがかかる。その場合には企業の内部組織が効率的な生産方法となる可能性が有る。これを認めたのはコースである。効率性の追求という前提は維持しながら，市場と企業組織のいずれを選ぶのかという市場制度の選択にかかわる。内部化（企業内部組織利用）なのか外部化（市場利用）なのかの分岐点を，取引コスト概念で説明した[15]。

企業が国際展開を考えるとき，ひとつは製品を輸出で外国に販売する貿易であり，もうひとつが技術のみを他の企業に供与する場合であり，この場合はライセンス供与が当該企業の収入となる。さらに，当該企業が対外直接投資（FDI：Foreign Direct Investment）をして現地法人を設立し現地生産する場合がある。これは企業が内部組織を外国に拡張する動きであり，この動きを取引コスト仮説で説明しようとしたのが内部化理論である。

　また，内部化（企業内部組織利用）への動きとは異なるが，ネットワークや合弁事業を活用した組織形態における柔軟性の確保もある。垂直的に統合された企業を構築していくことは，競争激化もあり，その統合コストを考慮する必要性が生じてくる。部材コストを勘案すると，生産拠点を移転する必要も出てくる。あるいは，より好調な市場へと販売の軸を移す必要も生まれる。このとき，合弁あるいはライセンス契約にもとづく事業展開を考慮しなければならなくなる場合がある。コスト削減，納期の短縮化，為替相場変動への対応などに起因する効率化あるいは優位性の構築を，自社内部だけのネットワーク構築によって図るのではなく，提携企業をも含めたネットワークのなかで，その実現をはかっていく必要が生じる。

　R&D（Research & Development：研究開発）においても柔軟性は求められる。イノベーションの世界各国への拡がりのなかで全体的なレベルが上がり，R&Dコストは総じて高くなる傾向がある。それに対しては，1社のみの完全所有形態よりも利害の一致した企業同士による合弁事業でR&Dを遂行する方が，その企業連合へのコスト集中で共通の敵に対抗する上で効果的であるだろうし，また，どの新技術を発展させる方が経営上有効であるかなど，製品開発につながるR&D政策のコントロールの側面においても，有効である。こうした面で，柔軟性が保持されることとなる。

　さらにもうひとつは，組織のフラット化が柔軟性を確保するということである。戦略的な意思決定に必要な情報は，ICT化が進んだ今日，さまざまなルートで入手が可能な社会状況となっている。そうした情報がトップのみに集約されるわけではないとなれば，組織をフラット化するとともに，とりわけ経営にかかわるチームとしてのネットワークを形成していくことが重要となる。このことは，情報コストの削減にもつながるし，社内の企業家活動を育み，奨

励することにもつながっていく。

　社内の企業家活動を育むことは，変移する環境のなかで高い判断力をもった意思決定を行うことにもつながる。これは，ひとりの企業家を育むというのではなく，相互に高い信頼性をもってコミュニケーションできるリーダーたちによってチームによって調整・対応することができる企業者を育むということである。学習はルーチンを改善することに寄与する。日常業務面での管理ではなく，経営上の（戦略的）意思決定を行うことに企業家活動がより重要であるとの視点に立てば，とりわけ企業家チームを育むということが重要となる。企業家における環境変移を取り込んだルーチン化の推進である[16]。

　なお加えてイノベーションについていえば，対象別にみるなら，既存製品とは異なる新製品を開発する製品イノベーション，製品やサービスを生産するプロセスを革新する工程イノベーション，組織の成果を改善させる組織イノベーションなどと区分される。一方で，市場創造（新市場開発）に関するイノベーションという方向性もあり得る。市場対応においては，生産活動よりもマーケティング活動が中核的活動となるため，製品そのものではなく，情報フローを構造化させるなどして，取引実行の総コストを最小化していくことも大切である。こうした一連のイノベーション活動によって，その企業は永続的な成功につなげていくことができるのであろう。

　環境変移の増大は，企業のみでなく，国に対しても柔軟性を求める。労働市場の柔軟性を高めたり，企業家活動の改善のための政策を採用したり，産学連携のための施策をとったり，税制を改革したり，国として柔軟性を確保するための政策を施し，企業の立地が拡がるように努めることも重要だからである。

第4節　企業の多国籍化と地域企業

　地域企業においては，国際展開をしている企業もあれば，そうでない企業もある。企業の経営活動において，国際展開をする必要性が必ずしもあるわけではない。しかしながら，国際展開する企業のことを知っておくことは，国際展開をしない企業においても，有用であり，経営上の意思決定の幅を広く深いも

のにするだろう。

4-1　企業の多国籍化をめぐる問題と方向

　国境を越えて生産拠点を設置するということは，政治的，いわば政策的な影響を母国だけではなく受入国からも受けるということである。次いで，市場の面から見れば，所得や流通慣行，そして顧客の嗜好などの違いを考慮し，活かし，販売成果につなげる必要がある。さらに，物理的（距離的）にも離れており，物流上の課題を克服しなければならないし，生産拠点間のネットワークを活かさなければならない。さらに，文化的には，言葉が違うし，慣習，倫理，規範，そして宗教上の違いがある。それらに十分に配慮しなければ，現地での生産活動，あるいはまた販売活動等においても支障をきたし，単に当該企業だけでなく，他の進出企業にも影響をもたらす大きな問題となる場合がある。

　企業の多国籍化の説明以前に，貿易がはじまる理由を説明するのに，比較優位理論がある。この説明においては資本や労働という生産要素が国際移動をしないという前提となっている。つまり，各国の生産要素の賦存状況の違いが貿易を生むものとしており，国がアクターになっている。

　国境を越えて生産拠点を設置するということ，つまり対外直接投資を説明するには，その主体である企業をアクターとして考え，そのコア・コンピタンス（core competence[17]）からくる競争優位の視点を考慮することが必要となる[18]。つまり，貿易が国際均衡に到達し，国内交換比率と国際交換比率が同じになることが，グローバリゼーションの進展によるひとつの帰結であろうが，その際に対外直接投資が起こるのは，企業の競争優位があるからである。

　バックレー（2002）によれば，国際ビジネス研究課題の推移について，まずは対外直接投資の流れをいかに説明するかに始まり，次いで多国籍企業の存在・戦略・組織，そして企業の国際化とグローバリゼーションの進展についての理解と予測をどのように説明したらいいのか，と進んできたという。要約していえば，次のように述べている。

　　　まず対外直接投資の流れであるが，1960，70年代には，ハイマーは内部（組織）化を国際面に拡張し，文化的ないし地理的距離を克服して余り

ある所有優位をその企業がもっているなら，事業活動を国際的に展開することができると説明した。さらに同年代，製品が成熟するにつれて輸出から海外生産に展開され，加えて先進地域から後発地域へ技術伝播されるというプロダクト・ライフ・サイクル論による説明があった。また，70年代から80年代には，多国籍企業の存在・戦略・組織に関する説明があった。ひとつはチャンドラーの見解であり，その後の資源ベース理論である。もうひとつはコースの見解を援用したウィリアムソンの取引コスト概念にもとづく内部（組織）化がある。さらに，企業成長のスピードと方向については，バックレー＝カソン，ラグマンの研究が貢献している。80年代半ば以降になると，関心は，合弁・提携，競争力，ボーン・グローバル企業などに移行し，それらを主課題とした実証問題への取り組みがあった。また，さらなる経済のグローバル化の進展によって，計画的なグローバル戦略についての検討（柔軟性，調整など），戦略提携や国際合弁事業の総合的な理論的把握，移行経済によるグローバル資本主義への統合のなかで競争力の検討などが行われた。それらについては，コントラクター＝ロランジュ，ダニング，ポーター，バートレット＝ゴシャールなどの貢献があげられる。さらに異文化インパクトを考慮したホフステッドなどの研究動向があり，経験的事実に深くかかわりながら，企業の多国籍化にかかわる問題が切り開かれてきた[19]。

21世紀に入り，企業を取り巻くグローバル環境の変移を生み出す根源として，政治的なものがあらためて考慮されなければならなくなった。こうした点をふまえ，企業は，グローバル環境をどのように戦略的に認識し，どのような対応をして，新たな舞台に立てばよいのか。この問題について，前出のバックレーはいくつかの選択肢を提示している。まず，組織の根幹である専有知識を活かし，それをさらに増殖・展開させ，併せてまたそうした組織を構築すること（新たなガバナンス）による進化という道が考えられることである。次に，企業活動の国家空間的ネットワークの再編，あるいは新たな空間に参入してネットワークを構築することで，進化しようとする企業もあるという。そして，M&A（Merger and Acquisition：合併・買収）によって外部資産（主

に知的資産）を獲得することで，進化しようとする企業があり得るという。さらに，新しい機構であるNGO（nongovernmental organization：非政府組織）などとの連携を持つことで，進化する企業も出てくるという。第5に，文化的な差異に注意をはらい，それを活かして進化しようとする企業もあるという。最後に，こうした進化する企業を取り巻く国際ビジネス環境（統合化あるいは分裂化の進展）の変化を正しく理解（新たな構造解析あるいはまた予測）しておくことも必要であるとしている[20]。

4-2　地域企業の分析に向けて

1国内の特定の地域を中心に経営活動している企業にあっては，すでに述べたような，いわゆる多国籍企業の動向も影響を及ぼすし，併せて変移性が増大しているグローバル環境も無視できない。さらに，多国籍企業をめぐる問題の推移は，地域企業にとっても示唆に富むものとなるだろう。地域企業が環境変移をふまえて留意すべき対応として，ここではネットワークと市場・製品についてとりあげてみよう。

企業間の競争が激化し，その対応として，企業は強い事業への特化を促されることとなった。コア・コンピタンスをもつ製品・事業への特化などの動きである。それは選択と集中，アウトソーシング化の動きともなり，戦略的提携や合弁を採用する動向にもつながっていく。いわば，ネットワーク化によって内部組織のみに比して柔軟性を確保しつつ，企業の中核は高めていこうとするものであった。規格の国際標準化，技術の平準化の進展によって，部材の共通化ともなり，このような世界に拡がった幅広い企業との連携も可能になったが，他方でこうした連携の推進が国際標準化機構（ISO：International Organization for Standardization）など規格の国際標準化，技術の平準化の動きをいっそう加速させるものともなった。

内部（組織）化は企業内部に市場を創り出すプロセスである。海外展開にあたって，直接投資を行うひとつの前提は，先端製品が次々出現するが，そのための市場は十分には用意されていない。したがって内部組織で新技術情報を独占し，消散防止をしなければ企業の優位性が維持できず，そのために外国に子会社を設置するのだというものである[21]。だが，中島（2000）によると，内部

化理論にも問題があるという。内部市場と外部市場の取引コストを勘案すると，外部（活用）化を是とする場合もある。さらに，中間財を含む新製品が加わるとどうなるか，などの課題がある。

　地域企業においても，外部（活用）化のメリットを勘案する必要も生まれてくる。競争が，大競争とまでいわれる時代であり，さらに環境変移の高まりに際して，部材の調達あるいは販売に際して積極的にアウトソーシングやパートナーシップにもとづく提携など，外部を活用するネットワーク構築が，経営の柔軟性の点からも有用である。ネットワークは，新しいノウハウや知識などを取り込むことに寄与することに役立つだろう[22]。ネットワークは，意思決定のために多くの情報を与えてくることは間違いない。ただ留意すべきは，ネットワーク構築にあたって，意思決定のスピードにどの程度貢献するかである。

　次いで，地域企業の対象とする市場について検討してみよう。

　特定地域でのみ生産している地域企業の販売対象市場として考えられるのは，最終消費財であれば地場，国内，外国（輸出先）市場が考えられ，中間財であれば取引先に限定されるがその立地によって地域は地場，国内，外国となるだろう。調達市場においては，地場，国内，外国となる。調達－生産－販売の流れで見れば，生産拠点である特定地域をベースとして，調達3カ所，販売3カ所の計9通りのパターンが考えられる。

　さらに，地域企業が販売市場に供給する製品について検討してみよう。

　市場に供給する製品に関して，生産あるいはまた調達・販売においてネットワーク経営を活用することも有用であるが，製品そのものについていえば，対象市場をいちおう地球規模で捉えるなら，地球規模での販売が可能なグローバル製品と，特定国市場でしか販売できないローカル製品とに峻別できる。

　企業としては，できれば，グローバル製品の方が生産コストの面でも，情報コストの面でも安く，望むものであろう。グローバル製品とは，各国文化に特別な影響を受けることなく，地球的規模で受け入れられる，いわば国際標準的な製品である。ただし，競合企業の参入は常に考慮しておかなければならないし，製品の改良，品質の向上にはたえず努めておかなければならないだろう。

　ローカル製品は，各国市場に影響を受けやすく，特定の市場向けに開発したり，特定の市場にしか販売できない製品である。特定であるので，競合企業参

入の脅威はグローバル製品ほどではないだろう。ただし，それにかかわる世界の文化面での均質化への動き，規格などの統一化の動き，グローバル製品による代替の動きなどには留意しておかなければならず，新製品開発には努める必要がある。

　地域企業において，将来の発展性もふまえながら，対象とする市場を地球規模の視野でもって設定し，併せてその市場に供給する製品を開発（企画）しておくことも肝要であろう。地域企業の立地している地域でローカル製品を生産し，地域で消費する地産地消型地域企業なのか，グローバル商品を外国市場に販売する非多国籍型地域企業なのか，など将来の方向性を考えておく必要はあるだろう。

　序章では，グローバリゼーションの進展の動向をふまえて，地域企業においても多国籍化している企業と同じく，環境変移への対応として柔軟性を確保しておくことが有用であることを述べた。さらに，地域企業にとって敵にも味方にもなりうる多国籍化した企業について，これまでの研究課題にふれながら多国籍化した企業をめぐる問題と方向を検討し，地域企業への示唆を導き出そうとした。地域企業にとって重要な要素として，ここではネットワークとグローバル製品・ローカル製品をあげた。

　続く第1章では，地域企業の内部要因に焦点をあてた研究と，地域企業の外部要因に注目した研究のレビューを行い，そのうえで本書のフレームワークを提示する。次いで，第2章から第6章では，事例として取り上げた5社について，個別に分析を行う。さらに，第7章で，5社の事例を比較分析することによって，地域企業のビジネスモデルについての示唆を導き出し，地域企業が持続的に発展していくための糸口を探り，そのうえで研究の総括を行うこととする。

（大東和武司）

注
1　本書は，広島市立大学平成17～19年度特定研究費（国際学術研究），研究課題名「グローバル環境における地域企業のビジネスモデルの形成と展開」の研究成果の一部である。
2　小規模の事業所ほど規模拡大の比率が高く，大企業に比して急成長するものの，退出率は高い。

中小のごく一部が大事業所となる。1985年から2001年の経緯から，成長と衰退のダイナミズムがみられる。2003年版『中小企業白書』(中小企業庁)。

3 「ローカル (local)」と同じく「地域」をあらわす言葉に「リージョナル (regional)」がある。ローカルには，密着という要素を含みつつ，「地元の」，あるいは「国内の」など，人がかかわる意味合いがある。併せて，中央と地方など対比的な位置づけで用いられる。リージョナルには，あるものの分割，区分に意味があり，地理上の区分ないし行政上の区分として世界あるいは一国をいくつかに区分した際にリージョナルが用いられる。グローバル (global) との関連でいえば，リージョナルは北米地域とかEU地域とか世界をいくつかに地理上の区分をしたときに用い，ローカルは現地子会社など本社との対比的な位置づけで用いている。一国内での使い方においても，リージョナルは，中国地域，広島地域，北海道地域などであり，ローカルは当地などの意味合いを含み，ローカル・スタッフなどと用いられる。本書では，「地域企業」をregional companyとして，日本国内の「特定の〈地域〉に本社機能を置く企業」とする。

4 ローカルについて，多国籍企業では1国レベルをさすことが多く，地域企業では1国内のある地域をさすことが多い。地域企業においても，グローバリゼーションの進展とともに，経営活動において複数のローカルがかかわることが増えている。その際，ローカル間の違い (部材価格，文化的な差異など) については留意しておかなければならない。

5 2008年1月現在，グーグル (http://www.google.co.jp/) でみると，グローバリゼーションで65.8万件，Globalizationで2,190万件ものサイトが検索される。

6 ソフトウェア工学の世界では，国際化やローカライゼーションという言い方は，自国の言語環境だけではなく，他の言語でもソフトウェアが動くように適合させることを説明するときに用いられる。国際化 (インターナショナリゼーション) は，さまざまな言語で使用できるように設計や仕様がソフトウェアに組み込まれていくことであり，ローカライゼーションとは，国際化されたソフトウェアを，ある特定言語に対応させることをいう。切り替え可能な言語が増えていけば，多言語化が進むという言い方になる。

7 「化」ということは，かわっていくことであり，過程である。

8 グローバリゼーションの進展は，19世紀から加速化され，20世紀後半，とりわけ79年以降再び加速されているというのは，G. ジョーンズの視点である。[ジェフリー・ジョーンズ著，安室憲一・梅野巨利訳 (2007)，『国際経営講義』有斐閣，24-29頁。(Jones, G. (2005), *Multinationals and Global Capitalism form the 19th to the 21st century*, Oxford University Press)]

9 伊豫谷登士翁 (2002)，『グローバリゼーションとは何か』平凡社新書，32-57頁。

10 カソン著，江夏健一・桑名義晴・大東和武司監訳 (2005)，『国際ビジネス・エコノミクス』文眞堂，12-13頁。(Casson, Mark (2000), *Economics of International Business: A New Research Agenda*, Edward Elgar publishing Limited.)

11 サブプライムローン (subprime lending) は信用度の低い人向けのローン (今回は主に米国の住宅ローン) である。それらは，その幾層にも及ぶ証券化によって米国外にも数多くの金融機関に引受けられている。そのローン債務不履行の影響が米国経済の減退に及ぶとの予測も生まれ，あるいはまた不良債権化によって損失をこうむった金融機関は世界に拡がり，ドル信用下落によるドル売却あるいはまた各国株式市場での利益確保とリスクの低い他の債権への移行などにより売却され，それらが相乗的に作用した結果として混乱が生じている。なお，日本の株式市場取引の半分以上は外国人投資家であり，日本の年金など機関投資家も国際金融・資本市場で運用をしている。たとえば，厚生年金・国民年金では，国内債券 (20年度末目標67%)，国内株式 (同11%)，外国債券 (同8%)，外国株式 (同9%)，短期資産 (同5%) の5資産に分散して運用されている。

12 カソン「日本版に寄せて」，前掲書，p.xi。

13 入江猪太郎監修，多国籍企業研究会著 (1985)，『国際経営リスク論』文眞堂，1頁。

14 カソン,前掲書,12-28頁,335-337頁。
15 コースの洞察を多国籍企業に適用したのが,内部化理論である。詳細は,アラン・M. ラグマン著,江夏健一・中島潤・有沢孝義・藤沢武史訳(1983),『多国籍企業と内部化理論』ミネルヴァ書房,26頁および同書「『内部化理論』考—訳者あとがきに代えて—」184頁。(Rugman, A. M. (1981), *Inside the Multinationals*, Croom helm Ltd.) を参照されたい。

　なお,内部化理論の代表的論者は,バックレー＝カソンとラグマンであるが,取引コスト仮説だけで企業と市場を説明しようとするには無理がありすぎる。(中島潤著(2000),『日系多国籍企業』中央経済社,151頁,164頁。)
16 カソン,前掲書,25-26頁。
17 Prahalad, c. k. and G. Hamel (1990), "The core competence of the organization", *Harvard Business review*, May, p.82. (邦訳「コア競争の発見と開発」『DIAMONDハーバード・ビジネス・レビュー』1990年9月号,ダイヤモンド社。) コア・コンピタンスとは,経営資源や,ノウハウ,経験,知識,智恵等のケイパビリティなどが絡み合い調整・統合された「中核的経営資源」である。
18 中島潤(2000) 2頁。
19 Buckley, Peter J. (2002), "Is the International Business research Agenda Running Out of steam?", *Journal of International Business Studies*, Vol.33 No.2, pp.365-373 を要約した。
20 同上,pp.370-371。
21 中島潤(2005) 126-136頁。
22 伊田昌弘(稿)「第3章 ICT(情報コミュニケーション技術)とグローバル・ビジネス」60-62頁。(諸上茂登・藤澤武史・嶋正(編著)(2007),『グローバル・ビジネス戦略の革新』同文舘出版所収。)

第 1 章
先行研究とフレームワークの提示

第1節　地域企業とは何か

1-1　地域企業の経営論が目指すもの

　地域企業（regional company）という言葉は「特定の〈地域〉に本社機能を置く企業」という意味であるから，都心部に立地する企業であっても，地域企業と言ってもよいかもしれない。しかし，一般的に我が国では，東京や大阪などの大都市圏以外に立地し，かつ主たる事業展開の中心が当該企業の立地する地域内に限定される傾向にある中小企業を地域企業と呼んできた。ここで中小企業としたのは，地域企業は実質的に中小規模の事業者で構成されると言っても大きくは差し支えないからである。いわゆる大企業が都市部に集中していることと対比する意味で，地方部に存在するのは主に中小企業であると暗黙的に意味しているのである。地域企業と言ったときに想定されているのは，地方部の企業であり，そして中小規模の企業であるという，いわばローカルとスモールという2重の意味がこの言葉には込められているということになる。本書においても，北海道や九州，近畿，中国，四国，東北，中部，あるいは沖縄などといった首都圏以外の地域に立地する企業のことを地域企業と呼んでいる。

　大企業と中小企業の間の賃金格差や経済格差は，戦後一貫して中小企業問題として議論が続けられてきた。我が国の中小企業政策は，中小企業の地位向上のためにあったと言っても過言ではない。1963年（昭和38年）に制定された中小企業基本法は，主に創業の促進，経営基盤の強化，経済変化への適応などを条項に盛り込み，政府や自治体による中小企業施策の考え方を定めたもので

あった。本法は 1999 年の改正まで，実に 36 年間も改正されることなく継続されたが，その間に中村秀一郎や清成忠男らが提唱[1]した中堅企業やベンチャー企業といった従来の中小企業のイメージの枠に収まりきらない企業群が育ってきており，いささか時代遅れになっていた面もあった。とはいえ，いわゆる中小企業問題が完全に解決されたわけではないため，本法の所期の理念は継承しつつも，新たな時代に対応できる法整備が求められてきていた。そうした期待を受け，1999 年に改訂された中小企業基本法では，戦後の中小企業政策がこれまで担ってきた中小企業問題への対応に加え，中小企業の経営資源の充実化に対応できる法体系に変わっていった[2]。中小企業を保護する側面が強かった体系から，自ら経営資源を充実させていく自助努力の支援という目的がこれに加わったことは大きな変化であったと言える。

　一方，実質的には中小企業である地域企業に対しても，最近になって政策的支援が急速に増えつつあるという状況にある。2007 年に制定された中小企業地域資源活用促進法は，いくつかの支援メニューを中小企業庁支援策として導入し，地域固有の資源を活かして経営の舵を大きく切る地域企業を支援しようとしている。ここで言う地域固有の資源とは，本書で紹介した事例のなかでは，広島県における毛筆を作る伝統技術（白鳳堂の事例）を想起するとわかりやすいだろう。いわゆる地域資源をいかに企業の経営資源として活かすか，ということを戦略的に考えていくことで，地域企業をより豊かな存在にするというのがこの法律の背景にある狙いである。本法律に基づく支援策は，地域資源を使った新商品開発や，地域資源を地域ブランドにまで高める際に必要なサポートを，補助金や低利融資，委託研究発注などの枠組みを使って多面的に支援しようとするものである。

　地域企業の経営課題に関しては，上述したように政策側においても支援に力点が置かれており，地域がもつ固有の資源を利用できる主体という意味では，地域企業は地域活性化の重要な担い手として，国から熱い視線を投げかけられているとも言える。中小企業政策のなかで，地域企業はどちらかといえば中小企業問題に包括された存在であったが，現在にいたってベンチャー企業と同様か，あるいはそれ以上に中小企業の殻を破る可能性を持った企業群として期待されていると見ることもできる。

本書が扱う地域企業の事例に見るように，事業を国内外に向けて国際的に展開するような地域企業も登場しはじめている。もちろん，その背景には，経済がグローバル化するなかで，コスト面で優位な東アジア諸国の企業との競争が激しくなり，コスト以外の優位性を備える必要に現代の地域企業が迫られているということもある。しかし，逆境をバネに，自ら果敢に事業展開を国際的に行う地域企業も現れはじめている。本書はこうした「グローバル環境のなかで経営を行う地域企業」の事例を分析することで，中小規模ながら希望に満ちあふれた革新の担い手として地域企業の経営を深く考察していくことを目的としている。

しかし，いくら先進的な事例を眺めてみても，切れ味のよいフレームワーク（分析枠組み）がなければ，成功話をただ漫然と知ることにしかならない。本書では，地域企業の経営の本質に近づく切り口として，「地域企業のビジネスモデル」分析のためのフレームワークを用意する。本章で先行研究の検討の後に，注意深く組み立てられることになるフレームワークには，昨今の地域企業経営がグローバル環境の影響を受けている現状に鑑み，地域の内外に目を向け，その中で自社のビジネスモデルを考えられるような仕組みが施されている。

本書を通読することによって，依然として厳しい状況に置かれている地域企業の経営課題を知ると同時に，その限りない可能性も一方で強く感じ取ることができるだろう。読者が地域活性化の重要なアクターとして地域企業の存在を再認識したり，あるいは地域企業の経営者がグローバル環境を意識したビジネスモデルを構想したりする際に，本書はきっと役に立つだろう。

1-2 中小企業論から地域企業論へ

中小企業の経営課題を考える研究分野は，中小企業論として我が国でも長い歴史を持っている。前述したように，地域企業は中小企業なのであるから，地域企業の経営を見る視点も中小企業論に含まれているのではないか，と考える人もいるかもしれない。確かに，地域企業も中小企業問題を抱えているという点では同じであり，この中小企業問題の面では，従来の中小企業論は地域企業に対しても十分な貢献を果たしてきたと言える。中小企業問題の根元は経済システムに求めることができるから，経済学者や産業論の研究者が中心になって

進めてきたこれまでの中小企業論には大きな意義があったと評価できるだろう。しかし，中小企業政策が企業の経営資源問題に注目しはじめたように，新しい時代の中小企業は，制度的保護や大企業との格差是正よりも，コアとなる技術の形成や，地域資源を活用した経営革新といった経営資源の充実化のほうに関心があると言えるのではないだろうか。換言すれば，中小企業をとりまく外的要因よりも，内的要因にフォーカスした研究こそが必要になってきたと言えるのではないかということである。

中小企業の中でも，とりわけ地域企業は最近の中小企業政策の影響もあって，地域資源と自社の経営資源との関係について改めて考えを巡らすことの必要性に迫られており，さらに大局的な視野を持つ地域企業の経営者は，地域に立地することの弱みを認識するとともに，その強みや優位性をきちんと整理しておくことの重要性に気付き始めている。

中小企業論研究は企業の外的要因の面では議論が蓄積されてきているが，内的要因の面ではどこまで対応してきているのだろうか。これまでの地域企業に関する研究が，主に中小企業論のなかで行われてきたことには一応の理由がある。中小企業研究の潮流は，長らく「近代化された大企業と前近代的な中小企業」という二重構造論[3]を軸としていた。日本の地域産業は，1950年代以降は，企業城下町のような大企業を頂点とする下請け会社の系列集団と見られがちであり，事実その系列集団が日本経済発展の力の源であった。一方，伝統工芸や歴史的経緯による産業蓄積を指し示すような，いわゆる地場産業の意味から地域産業を見る場合にも，零細企業者の集団が構成する産地として考えられてきた。こうした議論の中での中小企業観には前近代的なイメージが含まれており，地域に立地することの積極的な長所を論じるものではなかったのである。都市部と地域とに生まれた経済構造格差は，我が国が経済発展を効率的に実現するために政策的に行われてきた面も否定できない。中小企業論はこうした現実をいちはやく観察してきたし，その問題点と可能性についても言及してきたわけである。

しかし，1980年代に入って，前述の中村秀一郎や清成忠男らによってその萌芽が伝えられた中堅企業やベンチャー企業と言うべき企業群が中小企業の中に大挙して登場しはじめ，地域企業のなかにも系列の枠をとびこえつつ，革新

性の高い技術を武器にして，他の要素技術を持つ中小企業と自ら結びつきながら成長していく自律的な企業，すなわちネットワーク力を活かした経営によって成長を実現する革新的な企業が現れてくると，中小企業論の想定してきた研究課題のイメージから現実が大きく外れていくことになる。革新的な地域企業の立場から見れば，外的な制約条件よりも，むしろ自らが持つ独自の能力をいかにのばすかという内的な問題にこそ関心があって当然である。しかし，従来の中小企業論は，大企業との構造格差の問題から地域企業という対象に迫ろうとしてきたために，中小企業の一つである地域企業を主体にして，その経営を自律的に構想する際に有用な議論を行ってきたとは言えなかった。

　革新的な地域企業をミクロに見れば，ビジネスモデルを革新的にデザインするための行動力を持つ企業と見ることができる。中小企業論では，ミクロ的視点をとるときには，大企業の経営手法との関係に問題の所在を求めてきた。しかし，地域企業同士が連携する例や，あるいはダイレクトに海外と取引する地域企業の例において，場合によっては大企業が間に介在しないこともありえる。そうなれば中小企業論の研究蓄積はほとんど役に立たないことになってしまう。

　一方で，革新的な地域企業をその企業が立地する地域特性という視角からマクロに見ていくと，ネットワーク形成が促進されるような仕組みを当該地域が備えていることに気づくことがある。こうした地域には特定産業の集積が存在していることが多く，企業城下町を研究対象としてきた中小企業論は，かねてよりマクロに地域を捉えることも行っている。しかしながら，地域産業集積には，大企業をトップに頂く系列のピラミッドを有する地域だけではなく，シリコンバレーのようにITやバイオなどのハイテク系ベンチャー企業の集積が進んだ地域も含まれる。そこには部品や素材を提供する豊富な関連企業の集積があり，さらに支援産業としての会計事務所やベンチャーキャピタルなどが存在している。そのなかにあって自律的にネットワークを作り上げつつビジネスモデルを組み立てる地域企業に対して，中小企業論が議論してきた限界点や制約条件を見つけることは無意味であろう。むしろ，小規模であるがゆえに組み立てられるユニークなビジネスモデルについて，積極的な提案をしていく研究のほうが実践には役立つだろう。

日本における代表的な中小企業論の学会として1980年に設立された日本中小企業学会の研究テーマにも，近年は中小企業の可能性に注目した論文や発表が増えてきた。さらに，1997年には日本ベンチャー学会が設立され，従来の中小企業の範疇を越えた企業・産業についての研究が展開されるようになってきた。こうした研究は，大きくミクロ的とマクロ的という2つのレベルに分けることができるだろう。第1領域としては，創造的な中小企業の経営戦略や経営組織に注目するミクロ的研究である。第2領域としては，創造性の高い産業集積を維持するための制度や政策の面に注目するマクロ的研究である。

　それら2つのレベルの研究を通じて，地域企業に関しても，地域立地あるいは小規模であるがゆえの成功例が徐々に学会等を通じて報告されるようになってきてはいるが，依然として地域企業の未来を論じるタイプの研究蓄積はまだまだ少ない。地域企業を見る視点には，ミクロ・マクロの双方への配慮を含めることが必要である。中小企業論やベンチャー企業論の中で行われてきたミクロ・マクロに亘る研究蓄積を活かしながら，地域企業経営者のビジネスモデル設計に役立つような新しい「地域企業論」を確立することが，いま求められているのである。

1-3　地域企業を取り巻く関連研究

　以下では，地域企業に関連する研究群について本書の目的にかなうように整理しておこう。そもそも本書は，グローバル環境のなかで革新的な経営をしている地域企業の事例を見ながら，新しいビジネスモデルを構想する際に役立つ示唆を得ようとするものであるから，当然ながら，ビジネスモデルに関する先行研究は検討される必要がある。なお，ビジネスモデルという言葉は，本来は「ビジネスの仕組み」について，それをモデル化して本質をより理解しやすくするための考え方である。インターネットビジネスが隆盛を極めた2000年前後には，ビジネスモデル特許[4]という言葉が有名になることによって，一般的にも広くビジネスモデルという用語が知られるようになった。我が国ではビジネスの仕組みを理解しようと試みる研究分野は，1980年代から「事業システム（ビジネスシステム）論」を中心に存在していた。しかし，ビジネスモデル論と事業システム論は確かに似た議論を展開するとは言え，それぞれ別の志向

性を持って使われる面があるので，この点には特に留意する必要がある。さらに，こうした研究分野は，企業の事業を資源レベルに分解して考える傾向があるため，企業の経営資源に着目した研究である「資源ベースの経営戦略論」の議論や「コア資源」の概念との親和性が高い。したがって，それらも合わせてレビューしていく必要があるだろう。

また，地域企業関連では，前述したような中小企業論を中心に，大企業との下請け構造に関する研究が経済学者を中心に長年行われてきているほか，一方の経営学者がメーカー企業の生産システムに関連する一連の研究を豊富に行ってきており，間接的にはマクロとミクロの研究がリンクするような先行研究群を蓄積させてきている。こうした研究から地域企業のビジネスモデル創出に関連する議論をレビューすることにも意義があるかもしれない。しかし，これらの先行研究はもともと大企業を主体としたものであったため，周辺企業となる地域の中小企業は客体として扱われることが多い。本書は革新的中小企業としての地域企業に迫ることを目的としており，研究の主体はあくまでも中小企業である地域企業側にある。したがって，こうした研究群は思い切って省略することにした。

中小企業論とベンチャー企業論における第1領域の（ミクロ的）研究については，特にベンチャー企業研究のなかで，地域に立地するベンチャー企業のイノベーション創出方法やコア資源の展開方法に着目した議論が行われてきており，これらの研究が参考になるだろう。なお，中小企業論とベンチャー企業論における第2領域の（マクロ的）研究については，イノベーティブな地域産業集積を示す言葉である「産業クラスター」に関する先行研究群を中心に，革新的な地域企業を多く抱える産業集積に関して，そこで政府や自治体が行う中小企業支援策の巧拙を国際比較によって研究することなどが近年行われてきている。ここでは立地企業が革新的なビジネスを展開できることに対する，外的な条件による理由付けが考慮されており，マクロとミクロの連関を分析的に整理しようとする研究が多く見られる。代表的研究には，国や地域の革新性を優れた制度や施設の積み重ねに求めるイノベーションシステム論などがあるが，地域企業のビジネスモデルという本書の関心とは，若干の距離があるので，その先行研究について詳細に踏み込むことはせず，地域企業が外的な条件に影響さ

れる存在であるというミクロ／マクロが絡み合う構図のみを参考とすることにした。なお，マクロ要因である産業集積の存在と密接に関連して，ミクロな企業間連携の積み重ねとしての「ネットワーク」がいかに生成されるのかに関する研究も参照する必要がある。地域企業がネットワーク創造によって資源的制約を克服することは重要な戦略的選択肢の一つである[5]。こうした連携行動は，企業が経営資源を求めて連結を志向する動きであるから，ネットワークは，「資源ベースの経営戦略」とも密接に関連し，その連携行動の外的条件を規定する「産業クラスター」とも相互にからみあっている。

以上のような研究をレビューすることで，マクロの外枠の中にミクロの内側を位置づけながら，地域企業の経営を考える際に必要なフレームワークを導き出していく。

ところで，本書がこうした複眼的視点を必要とするのはなぜだろうか。これまで，地域企業を取り巻く外部環境上の問題の大部分は，地域に産業が集積していないことに起因する面が大きかった。産業集積といったとき，我が国では地場産業の集積のことを示すことが多かったが，近年では米国流の産業クラスターの議論が紹介され，シリコンバレー・モデルなどが真剣に議論され，産業政策にも取り入れられるようになってきた。シリコンバレーでは，地域内において企業間の連携や分業が行われ，先行して発展した企業からはスピンアウトする人材が続出し，さらに研究大学や民間研究所からは知識のスピルオーバーが起こり，地域をさらに革新的にしていった。しかし，産業クラスターは，マクロな地域経済の集積の性質や状態を示すスタティックな言葉である。実際にはそのクラスター内部で，企業同士のダイナミックなネットワークが形成されている。例えば，地域企業が新規事業を行う場面では，優秀な人材や，技術の不足といった課題を，こうした条件を満たす企業と提携をすることによって解決することが必要になる。それによって，自らが保有する経営資源と，外部の経営資源とを組み合わせることができ，新たな事業を行うための「事業システム」が初めて形成されるからである。こうしたネットワークを活かした経営は，産業クラスターの存在する地域であったほうが，組み合わせを考えやすいという点では有利である。すなわち，産業クラスターがネットワーク経営を誘発し，個々の事業システムを成立させるためのネットワーク経営の総体が産業

クラスターの実態であるということである。

以上の考察を踏まえ，本書は地域企業が外的要因に影響される存在であると同時に，内的要因を主体的にコントロールできる存在であることに注目している。こうした全体システムを理解することが，革新的な地域企業経営を構想するための出発点となるはずなのである。

第2節　先行研究のレビューと本書のフレームワーク

2-1　ビジネスモデルに関連する研究
(1) 事業システム論

事業システムとは，事業の運営に必要な機能をある程度まで抽象化してとらえ，個々のプロセスやその機能のフローをシステムとしてつなげて理解するものである。伊丹（2003）は，これを業務活動における川の流れのようなものと表現し，そこには自分で行う仕事と，他の企業に任せる仕事をどう区分するかの決定が含まれるとした。業務活動は，通常企業の研究開発活動から調達活動，そして製造，流通，販売，サービスというように何らかの価値が顧客に至るまでを実現するための諸活動のフローとなり，当然ながら各機能は業種によって変わってくる。

事業システムの流れを示すフローは，Porter（1985）が言う図1-1のような価値連鎖（バリューチェーン）の構造とほぼ同じである。ただし，Porterの価値連鎖は，どちらかというと企業の価値構造を機能に分解することで，差別化やコスト優位性の源泉を見定めたり，あるいは決定したりといった文脈で使われることが多い。さらに，Porterの理論の中では，価値システムと呼ばれる企業をとりまく価値構造の全体像を業種を定めつつ把握することが重要とされており，業界の構造分析を主目的にしたポジショニングの観点であることが色濃い。それに対して事業システムの考え方は，後述するように差別化の効果を謳う点ではポジショニングの観点と共通するものの，それが企業内部の経営資源の蓄積によって成し遂げられるという可能性をより重視している。よって，自社で行う業務をどこまでとし，他社にどこまでを委ねるかといった区分

図1-1　バリュー・チェーン

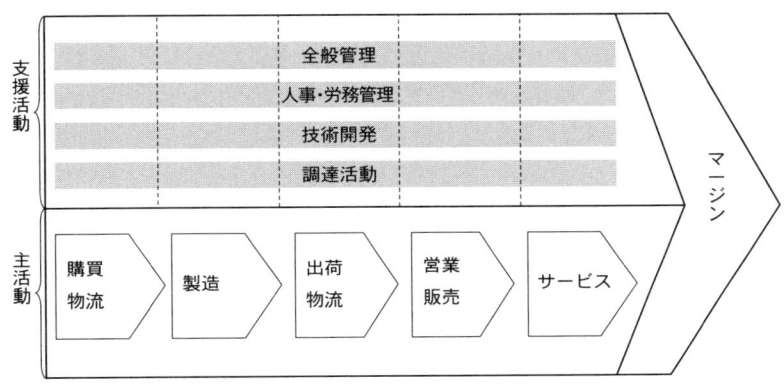

```
支援    ┌─────────────────────────┐
活動    │        全般管理          ＼
        │      人事・労務管理        ＼
        │        技術開発            ＞ マージン
        │        調達活動          ／
主活動  │┌───┐┌──┐┌───┐┌──┐┌───┐／
        ││購買││製造││出荷││営業││サービス│
        ││物流││  ││物流││販売││    │
        │└───┘└──┘└───┘└──┘└───┘
        └─────────────────────────┘
```

出所：Porter (1985), 訳書, 49頁を一部改変。

の決定はもちろん，他社に任せる部分をどうコントロールするか，といったシステム全体の統合度までを考慮する考え方となっている。

　事業システムの流れを見ると，顧客が商品を手にするまでの複雑な仕組みをどう構築するのかを扱っているとわかるだろう。自動車の例で説明すれば，「研究開発―部品生産―調達・生産―消費者への販売―保険事業運営―修理作業―ガソリン供給」といった自動車社会が実現するのに必要な一連の流れのうち，どこまでを自動車メーカーが担えばよいかという問題として捉え直す作業として理解できる。日本の自動車産業は，現実にはこのうち研究開発と調達・生産しか行っていない。それ以外は外部に任せたほうが効率的だし，そもそも自動車メーカーが，自動車社会を実現する会社なのではなく，自動車を生産する会社というように自らを位置づけているとしたら，少なくとも研究開発から調達・生産までが自社の役目ということになってしまうだろう。この位置づけこそが自動車会社の事業ドメインということになる。事業システムは多様であり，例えば大手建設会社では中小の建設会社にアウトソーシングをすることが一般的で，自らは設計と施工管理しか行わないことも珍しくない。また，家電メーカーでは，自動車産業の系列システムと違って，必ずしも自社系列やグループ会社から調達するわけではない。すなわち汎用製品で組み立てられる比率が高いのである。流通業界に目を転じると，百貨店などは返品可能な契約を

納入業者との間に結び，在庫リスクのない経営をしているし，その反対にスーパーなどは，大量に買い取ることで1品あたりの購入コストを下げているが，百貨店と違って返品は不可能なために，売れ残った場合のリスクを抱えることになる。どの仕組みを採用するかは，個々の企業の経営判断なのである。

　バリュー・チェーンとの関連では，事業の幅と深さの決定を，業界全体の力関係から判断するという作業が必要になることが理解できる。日本の自動車会社の場合，自社の系列システムを構成しているので，その系列を構成する社外企業のパワーとの関係で，自社の事業システムでは，どの活動を主に担当するか，そして，社外のさまざまな取引相手との間にどのような関係を構築するかといった判断が生まれる。その結果，分業の構造，取引先のインセンティブ，提供すべき情報，といったものが決定されるのである。

　事業システム発想の源となるものは何であろうか。事業システムとは顧客へ価値を提供するシステムを指すものなのであるから，価値を明確にすることで，初めて事業システムの各機能に，どのような革新を施せばよいのかを構想することができるのだと言えよう。その構想段階での概念を，事業コンセプトと呼ぶ。新しい事業システムを生み出すためには，事業コンセプトの明確化が必要である。金井（2002）は，「どのような顧客」の「どのようなニーズ（価値）」を，「いかなる方法（能力）」で満たすのかを明確にするためのステートメントとして事業コンセプトを説明し，事業コンセプトには，対象とする「顧客層」，「実現すべき価値（満たすべきニーズ）」およびその「方法と能力」が明確に示されていることが必要であると述べている。一方，Hamel（2000）は，現代の経営においては，革新を考える基準は製品や技術ではなく，事業コンセプトにあると述べている。事業コンセプトに特徴があれば，それを実現する事業システムにも独自の強みが反映されているはずである。そして強みを獲得することで，自社の優位性も確立されていくというのである。ユニークな事業コンセプトを構想すれば，自然にそれを実現するための事業システムもユニークになり，顧客へ高い価値を提供できるというわけである。

　それではなぜ，このような事業システムの構築に向けた企業間の競争が生まれるのだろう。それは加護野（1999）が言うように，事業システムのレベルで実現した差別化は，製品レベルでの差別化よりも模倣が困難であるため，競合

企業がキャッチアップしにくいという利点があるからである。表1-1は，差別化の方法ごとにそれぞれの特徴が整理されている。製品やサービスのレベルで実現した差別化は，目立つし誰にもわかりやすい。逆に言えば，マスコミにも華々しく取り上げられるから，それだけ真似されるリスクも高い。結果的に似たような製品が続々と現れ，その企業の優位が持続しにくくなってしまうということである。一方で，事業システムのレベルで実現した差別化は，製品レベルに比べて表には出てこないが，仮にその独自性に気づかれたとしても，簡単に真似ができないというものである。これは，トヨタ自動車の成功の秘訣である生産方式の「かんばん方式」について，そのノウハウが盛んに研究され，海外にも紹介されているにもかかわらず，他の企業がトヨタにキャッチアップできない状況を想起すればわかりやすい。事業システムに関する研究が注目されるのは，ビジネスの仕組みという企業にとって最も重要な経営判断を分析的に捉える視角を提供してくれるからなのである。

表1-1　差別化レベルの比較

	差別化1	差別化2
方法	製品・サービスの差別化 (製品・サービスに違いを生み出す)	事業システムの差別化 (事業システムで違いを生み出す)
特徴	目立つ 分かりやすい 華々しい成功 真似しやすい 優位が持続しにくい	目立たない 分かりにくい 目立たない成功 真似しにくい 優位が持続する

出所：加護野 (1999), 23頁。

(2) 資源ベースの経営戦略論とコア資源

　事業の仕組みを考えるにあたっての構想を示すコンセプトや，事業システムを組み立てる資源を自社で持つべきか，あるいは他社に頼るべきかといった判断に関する理論的な基準については，これまでも経営戦略論の分野で研究の蓄積があった。そもそも戦略の考え方は，戦略という言葉を最初に明確に定義したChandler (1962) に遡るのだが，彼は事業の成長パターンに応じて，異なったタイプの組織が生まれるとし，その事業成長のプランニングと実行を「戦略」，活動や経営資源をマネジメントする部門を「組織」と呼び分けた。す

なわち，戦略は目標に応じて行動を起こし，経営資源を配分する基本的な考え方である。その意味で彼は「組織は戦略に従う」という有名な言葉を残したわけである。

戦略を戦略論として発展させたのは，Ansoff（1965）である。彼の成長ベクトル・マトリックスは，製品と市場の組み合わせにより，既存の市場あるいは製品から，未来の市場あるいは製品分野を定める枠組みとして単純明快な指針を作った。いわゆるプロダクト・ポートフォリオ・マネジメント[6]の原点である。

Ansoffまでの戦略論は，企業の内部に注目するものであり，そこでは自社が持つ資源プロファイルなどが重要視された。すなわち企業の内部のマネジメントへの関心が中心であった。最初に外部要因に着目したのはPorter（1980）による競争戦略論である。そもそもPorterの競争戦略論は，5つの競争要因として，買い手，供給業者，新規参入業者，代替品，競争業者といった要因から，自社の最適なポジションを見つけ出すことを基本としている。そこでは，どこに自社の存在意義を見出すかに最大の関心があり，差別化，集中，コストリーダーシップという3つの基本戦略が選択肢として用意された。

Porter流の競争戦略論は，業界というものが固定的である場合は，戦略立案の枠組みとしても，戦略分析の手法としても有効であったと思われる。しかし，近年のように業界が入り乱れ，産業の境界が消失し，誰が競争相手か分からないという状態になると，再び自社の経営資源を基盤に戦略を考えるほうが現実的な場面が増えてきた。こうした必要に応えたのが，資源ベースの経営戦略論（Resource-Based View of the Firm）である。その代表的論者であるBarney（2002）は，価値（value），希少性（rarity），模倣コストの高さ（imitability），組織（organization）といった面から企業の弱みと強みを捉える視点を我々に提供し，これは頭文字を取って「VRIOフレームワーク」と呼ばれている。これらの4つの面をバランスよく兼ね備えた経営資源が強い資源であると位置づけられ，またそれを保持する企業には，独自の強みを持つ企業固有能力（distinctive competence）があると評価したのである。また彼は，持続的競争優位を確保するには，稀少かつ模倣にコストのかかる独自能力（capability）を装備し，それを通じて顧客ニーズに応える戦略を採ることが

必要だと述べている。模倣の困難さという観点は，その企業独自の歴史や，サプライヤー・顧客・従業員との間に築かれた関係性を反映しており，そこに発生する希少性と引き替えに，あらゆる資源を獲得できる可能性があるとした点には注目する必要がある。

企業の独自の資源から出発して戦略との適合を図る「戦略の資源適合」については，伊丹（2003）が，第1に「戦略が資源を有効利用する」，第2に「戦略が資源を効率的に蓄積される」，第3に「戦略と資源の不均衡ダイナミズムを生み出す」，という3つのレベルから論じている。ここで登場する「資源を効率的に蓄積」するという考え方は，Barneyによる企業固有能力の議論と同じであるとみることができる。本書では，こうした企業独自の経営資源のうち，特にその蓄積が明確に意図されるべき資源について，総称して「コア資源」と呼ぶことにする。

こうしたコア資源の議論に最も近いのは，Hamel & Prahalad（1994）によるコア・コンピタンス（core competence）の議論であろう。彼らは，コア・コンピタンスとは企業力であり，企業力とは個別のスキルや技術を指すのではなく，それらを束ねたものであるとした。例えばフェデラル・エクスプレスの持つ宅配便のパッケージ経路や集配というコア・コンピタンスは，バーコード技術，無線技術，ネットワーク管理，線形計画などを統合したものだとしている。こうしたスキル統合こそが，模倣困難な独自能力としてのコア・コンピタンスを生み出すというのである。コア・コンピタンスの議論は，現代の会社実務において，仕事の手順などがマニュアルなどで明確に定義され，かつそれが業界の標準的な方式によって定型化されるといういわゆるオープン化[7]が進み，経営資源を外部から容易に獲得できる時代にあって，「企業が，何を持ち，何を持たなくてもよいのか」に関して考えるきっかけを与えるだろう。資源を獲得し，顧客へと価値を供給する連結を設計できたとしても，それだけでは企業は収益を上げることはできないし，収益[8]が上がらなければ事業から撤退するしかない。また，収益構造には競争関係や顧客・サプライヤーの交渉力が影響するから，より差別化された資源の組み合わせが必要となってくる。こうした側面は前述した事業システム論とも密接に関連する部分である。

すなわち，これからの競争環境においては，企業は独自の能力をコア資源と

して蓄積し，それを外部資源とうまく組み合わせて優れた事業システムを構成し，模倣困難な地位を手に入れることができるか否かで，その企業の未来の発展性が左右されることになるということである。

(3) ビジネスモデルが意味するもの

　事業システムとビジネスモデルは似た言葉である。前者が主に学界を中心に使用される言葉であるのに対し，後者は実業界においても頻繁に使われている。前述したビジネスモデル特許で見たように，コンピュータを活用したビジネスモデルが注目され始めたことはもちろん，コンピュータ利用の有無を問わず，収益性[9]の高い企業の秘密を説明する際に，そのビジネスモデルについて分析的な解説が試みられたりする。一方で学界においてもビジネスモデル論そのものの研究が國領（1999）らによって行われている。また，加護野（1999）は，事業システム（ビジネスシステム）とビジネスモデルについての明確な区別をしていなかったが，その後の加護野・井上（2004）において，事業システム論とビジネスモデル論をあえて切り分けるならば，システムとモデルという語感の違いからそれぞれの志向性には表1-2のような特徴があると整理している。彼らはこの分類によって，「システム」は独自性から出発する傾向がある一方で，「モデル」は汎用性から出発する傾向があるとまとめている。つまり，「システム」と「モデル」の違いが生まれてくる要因として挙げられているのは「視点」である。例えば，他社のビジネスを模倣するための外からの視点，他社に対して優位性を築く仕組みづくりのための内からの視点，といった2つの視点を想定することができるわけである。前者が「モデル」，後者が「システム」についての視点であることは言うまでもないが，この視点が違うという点には実は相当の注意が必要である。例えば，國領（1999）のオープン・アーキテクチャ戦略は，事業システムの枠組みを超えて，産業や経済における効率性にまで目が向けられていると加護野・井上（2004）は指摘している。しかし，産業や経済のレベルでは効率性を達成できても，企業単独のレベルで競争優位が実現できることとは別問題であり，むしろそれらは両立しないケースのほうが圧倒的に多いであろう。本書では，企業視点に立つ事業システム論と，産業規模に目線が移動しているビジネスモデル論とを分けることで，

表1-2　システムとモデルの相違

	システム	モデル
定義の違い	結果として生み出されるシステム	設計思想
学問視角	現実のもの 経営学的視点に特化 個別企業の収益性	理念型 経済的視点も含む 社会的効率
競争優位	模倣困難 独自性 持続的優位を実現	模倣可能 標準性 一時的優位にも注目
カギ概念	システム 要素還元をこえて 全体の設計と分析 経路依存	モデル 要素還元のアプローチ 部分の設計と分析 文脈を切り離す

出所：加護野・井上（2004），48頁。

より地域企業の実態に迫っていくことができる可能性に着目したのである。

　前述したように，実業界では経営活動の結果として高い収益性がもたらされた企業の秘密を説明する際にビジネスモデルの視点によって解説されるとした。実業界だけでなく，もちろん企業の収益性は学界においても重要なトピックである。以下では，ビジネスモデルの収益性[10]について，実践的な適用可能性が高く，なおかつ学術的にまとめられた議論を紹介しよう。

　Afuah（2003）は，ビジネスモデルとは何かについて，「一言でいうと，儲かる仕組みである」としている。ビジネスモデルは会社の業績を決定する企業の活動であって，特定のビジネスモデルが，いつ，どこで，どのように実行されるかによって，顧客の要望や利益につながるような便益提供が決定されるというわけである[11]。Afuahが定義する収益性決定要素は図1-2の通りである。上方部分は収益性をとりまく外的要因に相当し，下方部分は収益性に関連する企業特有の要素を示す。以下でその要素を順に説明していこう[12]。

　上段の産業要素については，「Ⅰ．競争圧力」として，どのような産業であっても供給者，消費者，ライバル，潜在的新規参入業者，補完業者，代替業者といった競争に関わる圧力が存在しているという。また，「Ⅱ．協調圧力」については，供給業者間の関係が敵対的な場合よりも，協力的な場合のほうが時により低い費用と高い品質の製品を提供できる可能性があるために，こうした協調

を無闇に求めるような圧力が存在するとしている。さらに,「Ⅲ.マクロ環境」については,どの地域や国の競争環境も地域や国の文化,政府政策,財政・金融政策,法律システム,技術変化の影響を受けることから,例えば,タクシー業界におけるライセンス制度や,タクシー業界新規参入に関する規制,他にも鉄の輸入規制などが,政府の方針によって決まるタイプの環境条件として存在するとしている。

下段の企業特有の要素については,「① ポジション」として,対外的な企業地位が下記のような要素で構成されることを示している。

㋑ 企業が顧客に提供する価値(差別化された製品や価格)
㋺ 企業がその価値を提供するためのセグメント (的確な市場細分化)
㋩ 各々のセグメントのなかの利益の源泉 (どの分野で儲けるか)
㋥ 企業間関係:供給業者,顧客,ライバル,潜在的参入業者,代替財,補完業者
㋭ 顧客に提示する価格

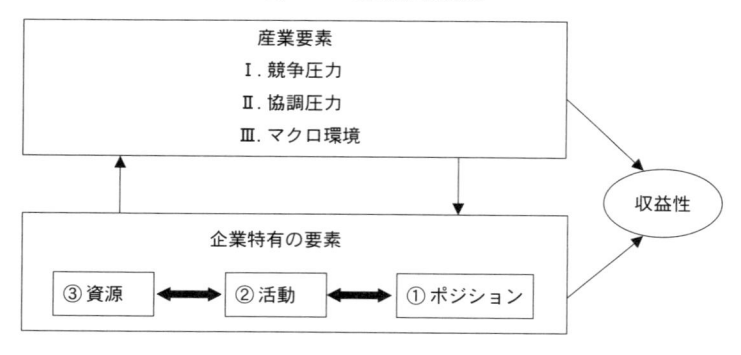

図1-2 収益性決定要素

産業要素
Ⅰ.競争圧力
Ⅱ.協調圧力
Ⅲ.マクロ環境

企業特有の要素
③資源 ⇔ ②活動 ⇔ ①ポジション

収益性

出所:Afuah (2003), p.4.

さらに,「② 会社(企業)活動」として,以下のターゲットを決定することが必要であるとしている。

・WHICH:どの分野を攻めるか
・HOW:どのように進出するか
・WHEN:タイミングはいつにするか

最後に,「③ 企業の経営資源」として,会社の資産,能力をビジネスモデルが要求する活動に効果的に活用することが大事であるという。

以上が,Afuah の考える収益性決定要素である。それでは,その収益性を決定する要素に対し,ビジネスモデルの構成要素はどう位置づけられるのであろうか。

先の図1-2によれば,会社に利益がもたらされるかどうか,あるいはまたその利益が多いか少ないかは,上段の産業要素と,下段の会社の企業特殊要素(ポジション,企業活動,経営資源)によって決まってくるとされた。さらに,会社では経営資源を有効活用して企業活動を行い,顧客に付加価値の高いものを提供し,自社をその価値に見合ったところにポジショニングするときに最大の利益が発生するとされた。すなわち,「ビジネスモデルとは,当該産業において会社が経営資源を活用して企業活動を行うときに,いつ,どんな事業に,どのような経営活動を行うかに関する問題の集合体であり,顧客にはよりレベルの高い価値を提供し,その価値に相応しいポジショニングを自ら設定するべきである」と,Afuah は言っているのである。

以上のことから,ビジネスモデルの構成要素について Afuah は,図1-3のようにまとめ,収益性決定要素をビジネスモデルの構成要素として整理し直している。

これらのうち,「経営資源」は特に事業システム論のベースとなっており,「コスト」についても仕組みの優位性の観点から言及されている。一方,「ポジ

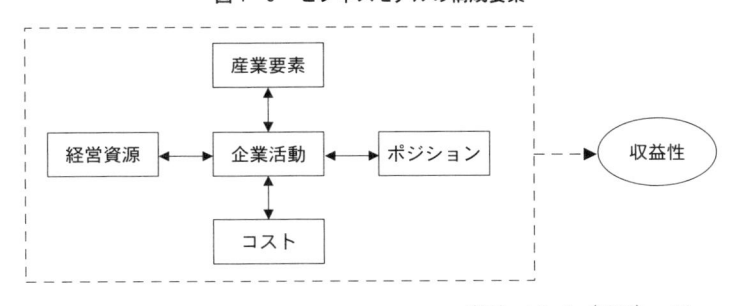

図1-3 ビジネスモデルの構成要素

出所:Afuah (2003), p.10.

ション」と「産業要素」は，事業システム論では考慮されていなかった要素であることに気付く。そもそも，事業システム論は資源ベースの経営戦略論の一種とみなすことができるから，Porter 流のポジション主導の競争戦略論とは視点が異なっているのも当然である。

つまり，Afuah のビジネスモデル論は，産業要素とポジションが意識されているために，事業システム論とは明確に異なる概念を示しており，資源ベースの視点とポジションの視点が融合しているだけでなく，それと同時に産業レベルの視点を備えたものでもあるわけである。

(4) 経営戦略とビジネスモデルの違い

事業システム論よりもさらに考慮する範囲が拡張されたビジネスモデルの概念は，経営戦略そのものなのではないか，という感じを受けるかもしれない。それでは，経営戦略そのものとビジネスモデルの違いとは一体何なのであろうか。Afuah は，さまざまな戦略論者による経営戦略の定義をいくつかの塊(かたまり)に分類し，それを基礎にビジネスモデルとの明確な違いについて言及している[13]。

まず，Afuah による経営戦略の理論的傾向は以下の通りである。

- 「成功裏に競争するための会社の理論」
- 「会社の機能を通じて，市場において好業績をどのように獲得するかについての理論」
- 「魅力のあるポジションを確立するための経営資源展開の計画」
- 「会社の基本的な長期プランの定義，そのためには企業行動の適応と経営資源の配分が必要となるもの」
- 「その会社が他の会社よりも優れたアクションを遂行していくために投入するもの」
- 「ユニークで価値のあるポジションの創造（異なる企業行動の集合体）」
- 「目的・目標のためのパターン，会社がどうあるべきか，会社がどのようなビジネスをすべきか，を定義すること」

大きく以上のように分類される経営戦略と，ビジネスモデルとの違いについて，続いて Afuah は以下の 3 つの観点からまとめている[14]。

① 経営戦略と実行効果

　　Porter は「オペレーション上の有効性」とは「ライバル企業行動より優れている類似した企業行動」のことだと指摘したが，ビジネスモデルは WHICH, HOW, WHEN の概念を含んだ企業行動を意味しており，経営戦略と利益志向的（収益性を基礎とする）実行効果とを含む概念である。

② 経営戦略と実行

　　ビジネスモデルは経営戦略と実行という要素を両方含む概念であり，財政的効果（財務成果）にも注目している点が単なる経営戦略とは異なる。

③ 企業戦略と事業戦略

　　企業戦略の実行にあたっては，事業レベルの経営資源に配慮した戦略的意思決定を企業レベルで統括的に行うことが理想である。一方，ビジネスモデルにおいては，戦略における各々の事業の「オペレーション上の有効性」だけでなく，実行効果と戦略実行を伴う利益ベースの事業戦略を企業戦略のレベルで統括することを考慮する。

　このように，経営戦略とビジネスモデルとの違いについては，非常にわかりやすい説明が加えられているわけだが，次に，経営戦略論，とりわけ競争戦略論が究極の目的としてきた競争優位性の問題について，ビジネスモデルの観点からはどのように捉えていけばよいだろうか。Afuah のビジネスモデル論によれば，ある会社のビジネスモデルは通常，競合他社よりも高い利益率を上げることに注力している。よって，結果として競合他社よりも高い利益率を確保することが実現されていれば，それはビジネスモデルの競争優位性と呼ぶことができるというのである[15]。なお，ここでいう競争優位性の確保においても，前述のビジネスモデルの4つの構成要素（経営資源，コスト，ポジション，産業要素）を考慮することが重要となる。加えて，経営活動を行う際には，その実行効果を意識して，WHICH, HOW, WHEN を押さえることが重要になってくるというのが Afuah の主張の要点である。

　以上のように，経営戦略とビジネスモデルの違いを整理していくと，抽象度が高い経営戦略を，将来の利益獲得につなげるという現実性をともなったものとして設計するのがビジネスモデルであり，ビジネスモデルこそが，戦略実行のためのエンジンだということがわかるであろう。

具体的に事例で説明するとどうなるだろうか。アメリカ最大の小売業であるウォルマート[16]は、競合他社である KMART が大都市を中心に進出し、店舗拡大しているときにアメリカの中小規模都市を中心に店舗展開を始めた流通企業（スーパー）である。主に人口 2 万 5000 人以下の中小都市をターゲットとし、その規模の都市の商圏を確実に掌握した後に、その都市の隣の町に進出するという戦略を採択していた。そうすることで一定の規模の経済性を特定エリアで得られれば流通センターなどを設置しても十分にペイしやすくなる。この積み重ねによって、競争力のある IT 化されたロジスティックス能力を他社に先駆けて完成させるわけである。また、ウォルマートには「ウォルマートカルチャー」としてよく知られる企業文化があり、従業員達が望めば誰でも会社のマネジメントに参加できる制度が存在する。従業員すなわち市民によりそったビジネスモデルを持っていたために、そしてウォルマートが小さな町に他社に先駆けて進出していたために、様々な税金優遇、低費用リース、低費用広告、安定的な労働力確保などのメリットを優先的に享受することができたのである。このようなウォルマートにおける仕組みの部分、すなわち「小さい町にポジショニングし、ウォルマートカルチャーを浸透させ、流通センターを設立するなどの先行投資を行い、IT とともに効果的なロジスティックスシステムを開発し、店のオペレーションとロジスティックスのための IT システムを統合」といったものは、この商圏において、既になかなか他社が真似できないものに高められていたというのである。

　こうした仕組みレベルの強みの源泉について、Afuah は以下のようにまとめ、それぞれの頭文字を取って「VRISA 分析」としている[17]。
　・Value：価値があるものを顧客に提供しているのか。
　・Rareness（Uniqueness）：稀なものなのか、希少性があるのか
　・Imitability：模倣される可能性はあるのか
　・Substitutability：他の経営資源が顧客に同じ価値を提供できるのか
　・Appropriability：専有可能性、誰が資源からお金を作るのか

　Barney による VRIO フレームワークが経営資源の強みについて意識的にさせようとしたのに対し、この VRISA 分析は、仕組みやシステムのレベル、あるいはビジネスモデルそのものの代替可能性や専有可能性を含めた収益性まで

が意識されているのである。

(5) 小括：ビジネスモデルと企業家活動

　企業は発展を志向する存在である。しかし，自社の発展を単純な売上規模の拡大という点からだけ見ていくと，ビジネスモデルの変化まで見極めることは難しいかもしれない。例えば，新規事業に進出する場合はもちろん，新規の技術や市場にチャレンジする場合にも，ビジネスモデルの組み替えなどが起こっている可能性は大いにある。したがって，複数の成功企業の事例を，その成長の過程でビジネスモデルの変化という視点から見ていくことで，後続企業が新しいビジネスモデルを構想する際のヒントが得られる可能性があるのである。Afuah もまた，企業の成長を新規技術への進出や新規市場への進出という視点から捉えている。図1-4は，新規事業に進出する際に，どのような戦略上の選択肢があるかを整理した Afuah が考案したファミリアリティ・マトリックス（Familiarity Matrix）である。このマトリックスは，「市場」と「技術」を縦軸と横軸とに区分し，既知（Familiar）と未知（Unfamiliar）というグレードをつけることで，これから自社が進出しようとする分野が，市場も技術も慣れていない（図1-4の右上の象限）ところであれば，買収をするかベンチャーキャピタルに任せるべきだとし，市場も技術も分かっている（図1-4の左下の象限）のであれば，自社でマーケティング開発まで行うべきだといった指標を提供している。前述の Ansoff の成長ベクトルの考え方に，ビジネスモデル論の面から具体的な処方箋を加えていったものと見てもよいだろう。

　こうした議論は，事業システムがどのように組み立てられるかという議論や，あるいは資源ベースの経営戦略論が，コア資源を中心に，その他資源を外部からどう取り入れるかといった議論に収斂していったこととも大いに関連させつつ考慮していくべきであろう。事業システム論は資源ベースの視点にあったため，単一事業の構造を考えるには優れているが，複数事業の構造を包括的に考える際の有効なツールを提供しているわけではない。いわば事業責任者の目線に近い。しかし，特定事業で蓄積したコア資源は，複数の事業で活かされるべきであるし，コア資源の応用についても事業を超えて構想していくほう

図1-4　ファミリアリティ・マトリックス

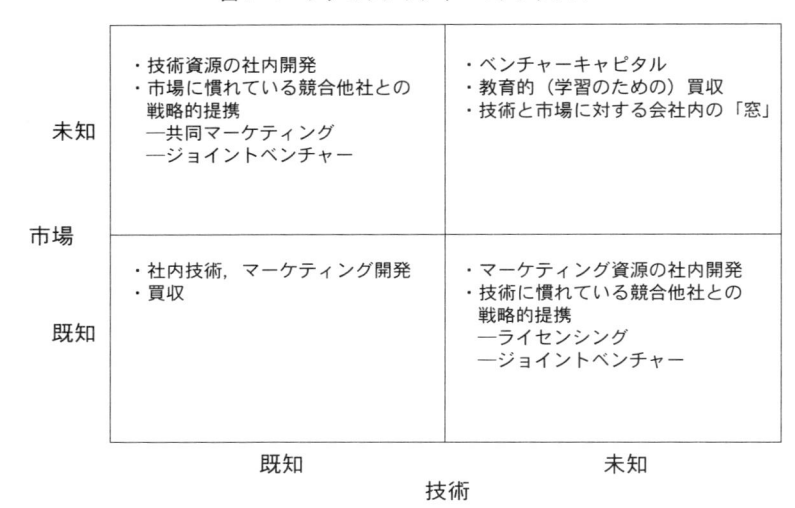

市場	技術：既知	技術：未知
未知	・技術資源の社内開発 ・市場に慣れている競合他社との戦略的提携 　―共同マーケティング 　―ジョイントベンチャー	・ベンチャーキャピタル ・教育的（学習のための）買収 ・技術と市場に対する会社内の「窓」
既知	・社内技術，マーケティング開発 ・買収	・マーケティング資源の社内開発 ・技術に慣れている競合他社との戦略的提携 　―ライセンシング 　―ジョイントベンチャー

出所：Afuah（2003），p.120.

が，限られた資源しか持たない地域企業にとっては重要であろう。Afuahのビジネスモデル論は，事業システムの視点よりも，より上の方から俯瞰したような視点，いわば経済全体の中での自社の位置づけを把握しようとする経営者の目線に近い。

　Afuahの考え方に従いながら，ビジネスモデル論と事業システム論との双方から理論を取り入れることができれば，コア資源の多角的活用を構想する経営者が，地域企業の経営に必要なミクロからマクロにわたる複眼的視点を獲得できる可能性があると我々は指摘しておきたい。

　ところで，こうしたビジネスモデルに関して，その進むべき経路を選択するのは，基本的には企業家である。中小企業やベンチャー企業はもちろん，創業の経緯から，第2の創業といわれるような新たな事業展開を行うビジネスモデルを組み立てる際に至るまで，企業家の行動が重要な要因として働く。一方，大企業であっても，新規事業に進出する際には当該事業の責任者が，企業の内外との調整をはかりながら，ビジネスモデルを構想し，実現していくであろうが，やはり全体の事業間のバランスをとるのは経営者としての企業家の役割な

第2節　先行研究のレビューと本書のフレームワーク　43

のである。このような企業家の役割について，金井（2002）は，「企業家」（こ
こでは創業期が意識されているため，「起業家」と表記されている）を中央に
置き，3方向に置かれた「起業機会の認識」，「事業コンセプトと計画」，「資
源」の3つをコントロールするべき存在として位置づけている。そして，企業
の発展に伴った成長のプロセスの中で，このコントロールを続けていくことが
企業家活動（起業家活動）の全容だとしているのである。

　ここで金井が言う「起業機会の認識」とは，連続的に事業を展開する段階に
達した企業にあっては，「事業機会の認識」と言い換えることが可能だろう。
本書では，ビジネスモデルを詳細にレビューする作業を通じて，事業と企業と
の連関の全体像を把握してきたので，事業機会として整理されることが望まし
いだろう。

　また，同じく「事業コンセプトと計画」については，まさに事業ごとの価値
実現のコンセプトにもとづく計画ステージが事業システム論の要諦である。
よって，事業コンセプトと計画を一括して「事業システム」としておこう。

　さらに，「資源」についても，既に本書では，資源ベースの経営戦略をレ
ビューしながら，コア資源とそれ以外の資源という2分類に目配せをしてき
た。もちろん，資源にはその双方が含まれるわけであるが，我々はコア資源を
企業内部に持ち，そのコア資源を中心にネットワークを活かして地域企業が資
源を獲得する様に注目したいと考えている。よって，資源は「コア資源」とし
て，これを社内にもちつつ，それ以外の資源については事業システムが考える
べき範疇とし，企業家が企業の境界を超えて外部から探索する可能性が高いも
のとして考えることにした。

　以上の再定義により，金井による起業家活動の概念像を，本書における企業
家活動の要件として図1-5のようにまとめなおした。本書では，この要件を
地域企業の内的要因に迫るための枠組みの一部として採用する。さらに，外的
要因を含めた地域企業の全体を把握するためには，ビジネスモデル論が持つ俯
瞰的視点が必要である。しかし，Afuahが示した産業構造やポジションとい
う観点については，やや議論が不十分であるため，次項でマクロ要因に関する
レビューを加え，外的要因のなかで自らをどう位置付け，さらに内的要因を如
何に主体的にコントロールするかという，本書独自の全体フレームワークに統

44　第1章　先行研究とフレームワークの提示

図1-5　本書における企業家活動の要件

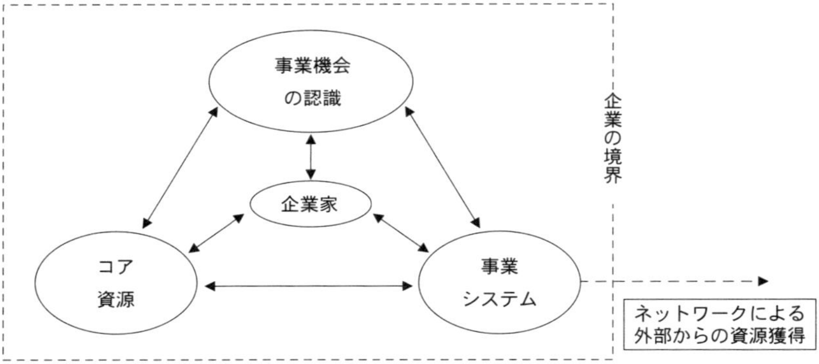

```
                    ┌─────────┐
                    │ 事業機会 │
                    │ の認識  │
                    └─────────┘
                    ↗    ↑    ↘
                   ↙     ↓     ↘
              ┌──────┐         ┌──────┐
              │ コア │ ←企業家→ │ 事業 │
              │ 資源 │         │システム│
              └──────┘         └──────┘
                      ←─────→
```
企業の境界

→ ネットワークによる外部からの資源獲得

出所：筆者作成。

合する。

2-2　地域企業を取り巻く環境についての研究
(1) 地域企業とネットワーク論の関係

　地域企業にとってネットワークを経営に活かすことは不可避である。ネットワークすなわち，企業と企業，組織と組織との関係については，さまざまな見方が議論されてきたが，そのなかでも支配的な位置を占めているのが，Pfeffer & Salancik (1978) による資源依存パースペクティブであった。組織は自らが保有しない資源を求め，他の組織との依存関係を持たざるを得ない。しかしながら，組織はなるべく自律性を維持し，パワー拡大を求める存在である。このことは，まさに資源の不足に悩む地域企業にもあてはまる。外部から経営資源を獲得することが事業システム構成の絶対条件になるからである。一定の条件のなかで，どこまでの資源を外部に依存し，どこまでの資源を保有すべきかといった議論は，資源のマネジメントという方向に発展し，やがて資源ベースの経営戦略論につながっていくわけであるが，地域企業にとってそれはネットワークと不可分の議論であると言える。

　かつて二重構造論は大企業が下請けの中小企業を束ねる「系列」取引を企業格差の元凶として位置づけてきたが，見方を変えれば，自動車産業に特徴的な

系列取引の仕組みなどは世界に誇る生産性を実現したパワーの源でもある。下請け構造は，大企業を中心に据えた生産ネットワーク構造を示したものであり，大企業は競争力のある生産ネットワーク構造を実現したからこそ我が国を代表する企業となったのだということもできる。それでは，実質的には中小企業である地域企業を主体にしてネットワークを考えるにはどのような視点が考えられるだろうか。以下ではネットワーク論の発展を整理するとともに，そこに地域企業の問題を位置づけてみたい。

日本におけるネットワーク研究の黎明と言えるものに，今井（1984）のネットワーク社会論がある。今井は情報化の進展によって，企業や産業がどう変わるかを「分業の増殖とネットワーク化」という言葉で示した。今井はネットワークを，「強い連結で中央集権型のネットワークA」と，「弱い連結で創発型のネットワークB」とに分けた。後者のネットワークは，独自性を持った小規模システムが分権的に連結されるので，小さな環境変化に俊敏に対処できる点で優れており，創発型であるということは多様な発展を期待できるというのである。続く金子（1986）は，人や企業のネットワークを，「参加型ネットワーク」と「統制型ネットワーク」に分類した。参加型ネットワークは企業が緩やかに結合している様子をあらわし，統制型ネットワークは硬直化した取引システムが想定されていた。金子は参加型ネットワークの持つ変化への柔軟性や経済性に注目し，今井と同様に，弱連結と強連結を比較した場合には，弱連結に利点があるとしたのである。

さらに今井・金子（1986）は，企業組織がネットワーク的に連結しながら産業社会にインパクトを与えていく可能性について，主に中小企業の事例を用いながら説明している。注目すべきは，彼らがネットワークを相互関係の中で捉え，参加と退出が自由な企業間のつながりは，強固な下請け構造の関係にある企業のつながりよりも，弱くて不安定かもしれないが，不安定さを恐れた大企業が，内部化の傘を広げようとして合併などを行っても，手に入るのは「静的情報」であって，企業にとって真に有用な「動的情報」は得られないと論じている点である。

これらの研究では，人と人とのネットワーク，あるいは企業と企業のネットワークを分離して論じているわけではない。企業と企業が結びつくには企業家

の役割に負うところが大きく,例えば異業種間交流は企業家同士のつながりだが,そこから企業間の取引関係が生まれることもある。「企業の壁を作らない」ことこそが,ネットワークがダイナミズムを発揮するためのカギだと捉えたわけである。しかし,ここまで見てきたように,ネットワーク論は,柔軟な連結を編集することの優位性を強調してきたが,それを「如何に編集すべきなのか」という観点については明確に論じていないか,あるいは具体策が不足していた。そのことによって,盲目的に弱連結を推奨するような傾向があったとも言える。その後,寺本（1990）はネットワークの持つパワー構造に着目し,ネットワークを通じて資源利用の高度化・多様化が進むと,弱連結から強連結へと変化しがちであり,ついにはヒエラルキー化してしまうことを指摘している。彼は,このネットワーク運営のジレンマを解決することこそがネットワーク・マネジメントの目的だとしたのである。

　地域企業が大企業とのパワーバランスのなかで,ヒエラルキー化の影響をもろに受けた場合,確かに下請け構造のなかで相対的なパワーを落としてしまうかもしれない。しかし,一方で強連結になったということは,取引上の安定性は確保されているということも示す。経営者としては,大手との取引が安定することは確かに望ましいが,相対的なパワーを上げなければ大企業とのパワーバランスのなかでコスト圧力にさらされ,収益性をさげかねないというジレンマに見舞われることになる。よって,パワーを落とさないためには一体どうすべきなのか,ということを考える必要性に地域企業の経営者は迫られるわけである。

　ここで再び「資源ベースの経営戦略論とコア資源」の議論において,企業が独自のコア資源と経営資源を組み合わせることで模倣困難な地位を手に入れられる可能性があるとレビューした部分を思い出してほしい。さらに,その模倣困難の地位の獲得方法については,ビジネスモデルの具体的処方箋を論じたAfuahによるファミリアリティ・マトリックス（図1-4）で,戦略的提携という経路をどのように採用すべきかをまとめた象限に注目してほしい。左上（市場に慣れている他社との提携）と右下（技術に慣れている他社との提携）が,収益性の高いビジネスモデルを実現する経路として存在していることがわかるであろう。すなわち,地域企業にとっては,技術のカテゴリーに属すコア

資源を蓄積できていれば,市場に強い企業と組むべきであるし,市場のカテゴリーに入るコア資源を蓄積しているならば,技術に優れた企業と組むべきということが判断できるわけである。

(2) 地域企業への産業クラスターの影響

　産業クラスターの内部には,地域に存在する企業を結びつけるための「場」[18]を提供する機能がある(金井,2005)。それこそが産業クラスターの強みというべきものである。つまり,域内での企業連携と域外との企業連携とでは,本質的に異なる企業家活動を必要とするわけである。

　前述の Afuah のビジネスモデル論には,収益性を左右するビジネスモデルの構成要素として,「産業要素」が含まれていた。この産業要素を地域企業の文脈におきかえるには,Porter の産業クラスター論が最も参考になるだろう。Porter (1990) は国の競争優位性の問題について,その原因を調べるための一連の研究に取り組み,図1-6のようなダイヤモンド・モデルとして提示した。このモデルは,特定分野の産業において,国と国の間に存在する競争環境の違いが,競争優位の源泉となっていると考えるものである。競争要因を規定するのは,「要素条件」,「関連産業・支援産業」,「需要条件」,「企業戦略,構造・競合関係」の4つである。要素条件は熟練した労働力の多さやインフラの充実度を,関連産業・支援産業は,国の中に国際競争力を持つ供給産業と関連産業が存在するかどうかを,需要条件は製品またはサービスに対する本国市場の需要の性質の大きさを,企業戦略,構造・競合関係は企業の存立基盤を支配する国内条件および国内のライバル間競争の性質を,それぞれ示すものである。Porter は関連する産業が豊富に存在しているということや,顧客のレベルが高いということは,国の競争優位度を高めるものであると考えていたのである。そして,最も重要なことは,こうした要素が整った環境が,企業を誕生させ,競争状態を促進し,さらに新たな投資やイノベーションを迫る圧力となるということである。このサイクルが結局のところ,国のグローバルな競争優位につながるということなのである。

　Porter の議論は,国のレベルだけでなく,州や都市圏などの地域レベルの分析にも適している。近年はむしろ,行政上の区分よりも,経済的な面で有機

図 1-6　Porter のダイヤモンド・モデル

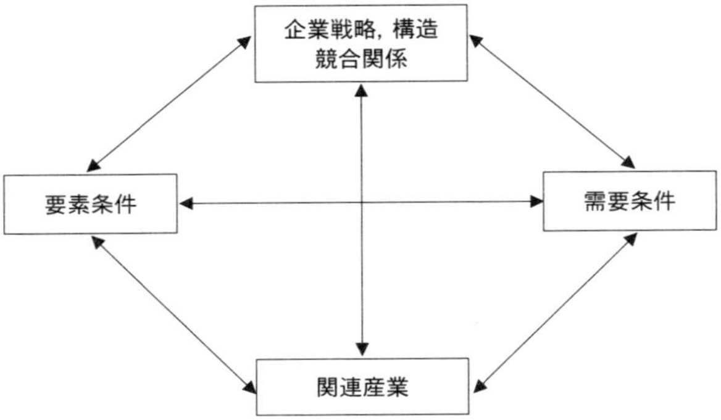

```
           ┌──────────────┐
           │企業戦略, 構造│
           │　競合関係　　│
           └──────┬───────┘
                  ↕
    ┌────────┐       ┌────────┐
    │要素条件│←─────→│需要条件│
    └────────┘       └────────┘
                  ↕
           ┌──────────────┐
           │　関連産業　　│
           └──────────────┘
```

出所：Porter (1990), 訳書［上］, 106 頁。

的なつながりを期待できる単位をクラスターと呼んでいる。例えば, クラスターへの取り組み例として, アメリカ国内の多くの都市の名前を挙げている (Porter, 1998)。彼は, クラスターの大きさを規定するのは, 地域内で起こるスピルオーバーの強さや, それが生産性やイノベーションに与える影響であるとしている。加えて彼は, イノベーションが波及する効果は当然ながら他の産業にも及ぶので, 複数の産業を網羅したクラスターもあり得るとしている。すなわち, Porter の議論を地域レベルに展開すると, ビジネスモデル論の産業要素をより地域企業の文脈に捉えなおしながら詳しく考えていくことができるのである。

なお, Porter はクラスターにおける政府の役割についても言及しているが, 彼は企業や供給業者, 関連産業, サービス提供者, そして各種機関といったダイヤモンド・モデルを構成する主体それぞれを, より競争的な方向に誘導する役割が政府にあるとしている。よって, クラスターのグレードアップを図る上では, 一定の役割が政府に存在することを認めていると言える。

政府と同様に, 地域において重要な役割を演ずるのが大学や研究機関である。Porter は要素条件のひとつに生産要素を挙げているが, このなかで最も重要なものは, 持続的で大規模な投資を含む専門性の高いものであり, 単なる労働力の集積や地元で調達できる原材料の存在はあまり問題ではないとしている[19]。重要なのは, 熟練した人材と高度な科学的基盤であり, こうした要素を

提供できるか否かは，大企業の研究部門が立地するか，あるいは大学等研究機関が立地し，継続的に惜しみなく研究投資がなされてきたかに左右されるだろう。例えば，シリコンバレーには，ソフトウェアやエレクトロニクス，バイオ産業などが集積しているばかりでなく，旺盛な企業家精神を持った人材が存在すると考えられており，Saxenian（1994）はスタンフォード大学などの研究機関から専門人材が継続的に投入されたことがその背景にあると分析している。その他にも，インドのIT産業と研究大学の機能の関係について分析した内田（2003a）や，アメリカのオースティンにおける大学セクターの機能を観察した西澤・福嶋［編著］（2005）など，クラスターにおける大学の役割を政府の役割と同様に評価する研究は多い。

以上のように，Afuahのビジネスモデル論で言うところの「産業要素」に，産業クラスターの研究を重視してきた政府や大学の持つ役割を反映させていくことで，より地域企業の実態を捉えたビジネスモデル分析が可能になると考えられるのである。

(3) 小括：アクター・ネットワーク

大学の知識が企業に伝播したり，企業とのコラボレーション成果から，大学内にさらなる知識が生まれたりすることは，経済発展の基礎となり得る。産業クラスターの先進地であるシリコンバレーにしても，地域における基幹総合大学であるスタンフォード大学が，地域のベンチャー企業との連携を積極的に実施することを重視してきた。産業クラスターが発展するサイクルをマネージする役割は，政府と大学が協力して担うしかないであろう。また，域外企業と地域企業との間の関係性を設計する役割も重要である。発展の途上にある地域においては，産業クラスター内部に連携先の企業が育っていないため，そこで生きる地域企業は域外企業との協力体制を築くことを抜きにして，発展はないと言い切ってもよい。具体的には，国内市場がほとんどない国の地域企業が，海外企業とのネットワークによって，国際市場に顧客を求めることが可能になり，事業規模を飛躍的に成長させる場合である。企業家が独自にグローバルな視野を持つことは必要だが，コーディネート機能を政府レベルの主体が持つことは早道である。こうして産業クラスターの内部において，地域発展のスパイ

ラルが回り始めると,それぞれのアクター自体も相互に発展するという共進化構造が見られることになる。

　CallonやLatour (Callon:1986; Callon & Law:1997; Latour:1987) らが提唱するアクター・ネットワーク理論では,モノと人,技術と社会などを二分せず,互いに不可分なネットワークとしてみることを特徴とする。技術決定論からも社会決定論からも相容れないこうした考え方をアクター・ネットワーク理論がとる理由は,アクターの構造を実際に即して分析する姿勢にある。確かに,ネットワークをつなげるのは企業家の持つ人脈が契機となるかもしれない。しかし,それは技術的な優位性やマーケット情報の豊富さが牽引力となって意図的に構築された人脈かもしれないし,人とモノの問題は不可分である。これまでのネットワークに関する研究も,こうしたネットワークが持つ多様性を完全には抽象化できていない。それならば,地域企業の外部要因を位置づけようとする本書のような研究においても,アクター間の構造上の問題を重くみずに,アクター・ネットワーク理論のように,アクターが他のアクターをネットワークに取り込むプロセスを追っていくほうが,地域企業をとりまくアクター間のつながりを実践的なレベルで理解しやすいであろう。

　以上のようなアクター・ネットワーク理論の知見をもとに,地域企業をとり

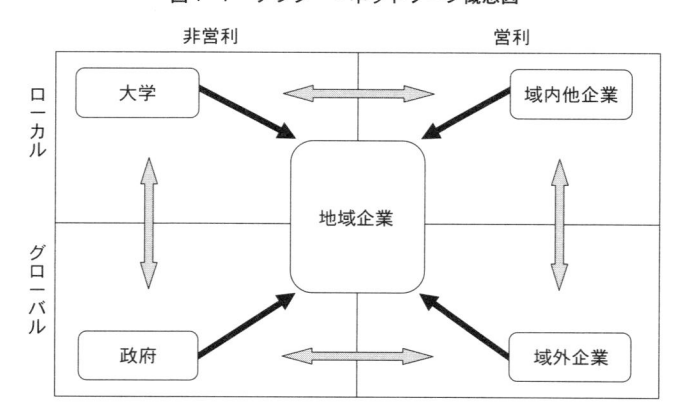

図 1-7　アクター・ネットワーク概念図

出所:内田 (2003b) を一部改変。

第2節　先行研究のレビューと本書のフレームワーク　51

まく外部要因とネットワーク構造そのものを，大学と政府，地域企業と域外企業という4つのアクターの関係の中に位置づけて実態をとらえやすくした枠組みが図1-7である。それぞれのアクターの位置づけは，縦軸を「ローカル」か「グローバル」か，横軸を「営利」か「非営利」かによってそれぞれ整理している。内田（2003b）では，この4つのアクター間の関係は，縦軸にせよ横軸にせよ，隣接するアクター間のほうが互いに強く影響される関係があるということをインドの事例によって示している。例えば，地域内の大学は同じくローカルの軸にある地域企業との関連性の方が，域外企業との関連性よりも高いだろう。また，政府は，海外企業を誘致するなどのグローバルな展開に手腕を発揮しなければならないし，大学の整備など非営利セクターの充実にも腐心することができる唯一の主体であるとみることが可能である。内田の研究では，これら4つのアクターの相互作用によって，その中心に存在する地域企業のビジネスが規定されることが明らかにされている。

2-3　本書のフレームワーク

　本章では，地域企業の内部要因にフォーカスした研究と，地域企業の外部要因に注目した研究のレビューを行ってきた。ビジネスモデルに関する詳細な検討から明らかになったように，そもそもビジネスモデルは事業システム論と違って，経済モデルにまで視野を広げるスタンスを持っており，そこで要素として取り上げられた概念は，産業クラスター論がその競争優位性を規定する条件の概念とも共通していた。ビジネスモデルの考え方は企業家が主体であるためミクロ的視点から出発している。一方，産業クラスターはマクロ的視点によって，ネットワークの総体を見ていこうとするものだが，ビジネスモデルが意識していた外部要因と産業クラスターの議論は十分に結合可能であることがわかったわけである。

　企業家活動の次元では人がベースとなっているが，産業クラスターを構成する4つのアクターの次元ではモノや技術がベースとなっている。両者の論じるレベルは異なる可能性はあるわけだが，アクター・ネットワーク理論が，レベルの相違をある程度無視しながらネットワークが取り込まれるプロセスを観察していったのと同様に，先進的な企業ケースから得られた知見を地域企業のビ

52　第1章　先行研究とフレームワークの提示

図1-8　地域企業のビジネスモデル分析のためのフレームワーク

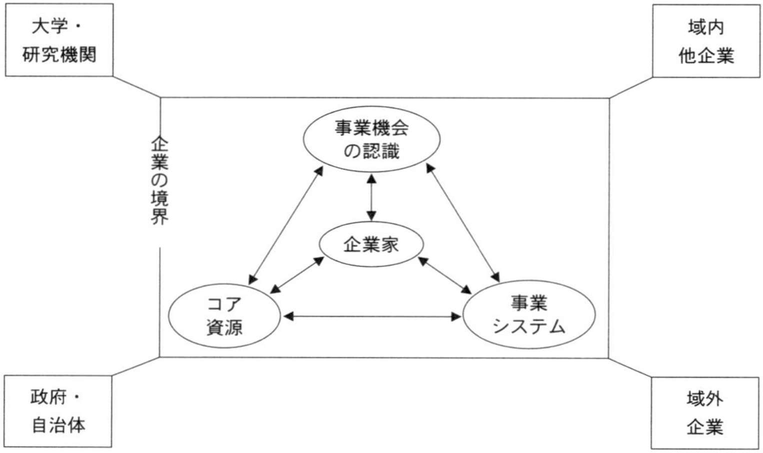

[図：企業の境界の内側に「事業機会の認識」「企業家」「コア資源」「事業システム」の4要素が相互に矢印で結ばれた三角形構造。境界の外側四隅に「大学・研究機関」「域内他企業」「政府・自治体」「域外企業」の4アクターが配置されている。]

出所：筆者作成。

ジネスモデルという実践的活動に対して適用することを目的とするならば，地域企業を取り巻くミクロ・マクロにわたる条件を統合的に分析できる視角を持つことがやはり得策であろう。

　以上の目論見のもとに，ミクロ・マクロそれぞれの先行研究レビューの小括で提起した2つの枠組みを統合したのが，図1-8のフレームワークである。地域企業の内的要因に迫るための枠組みとしていた「企業家活動の要件」に，外的要因を含めた地域企業のネットワーク構造の全体を把握するための「アクター・ネットワークの概念」を合わせている。これにより，ビジネスモデル論が本来持っていた俯瞰的視点を，現実的に重要な4つのアクターへの対応関係のなかに位置付けることを可能としている。

　地域企業をとりまくアクターに対して，企業家がどのような働きかけを行うことで外部資源獲得に成功したのかという点は，実践者にとっては非常に関心の高い部分であろう。理論的にも，ネットワークによる資源獲得の成否をミクロ的視点とマクロ的視点とを区分して見出すことは，先行研究にみられない重要な論点であると言える。このような構造を全体フレームワークとして持つことで，次章以降で記述される地域企業の事例について，その成功の要因を分析

的に明らかにしていく準備が整ったことになる。

(内田純一・金泰旭)

注
1 これらの概念は,中村秀一郎 (1964) による『中堅企業論』(東洋経済新報社) や,清成忠男・中村秀一郎・平尾光司 (1971) による『ベンチャー・ビジネス』(日本経済新聞社) をきっかけに注目され始める。
2 1999年前後には「中小・ベンチャー国会」と言われたように,中小企業支援のための法律が連続して成立した。1998年に成立していた新事業創出促進法から始まり,1999年にはさらに,中小企業創造活動促進法,中小企業経営革新支援法が成立する。なお,2005年からは中小企業新事業活動促進法が上記三法を統合して誕生した。
3 二重構造論という言葉を有名にしたのは,1957年の『経済白書』である。欧米諸国に比べ,中小企業の比率が高い日本において,大多数の企業が「技術的後進性」を抱え,「低賃金」のまま放置されており,こうした状況を打破するための産業政策が必要であるとする根拠とされた (これを受けて1963年には中小企業の発展を目指して中小企業基本法が改正される)。一般的には二重構造論は経済白書で広まった用語として認識されていたが,学術的にも労使関係論の立場でその後しばらく積極的に展開された。
4 ビジネスモデル特許と一般には言われたが,法的に正しく解釈すれば「ビジネス方法特許」というのがより正確である。欧米の法律でも「Business Method」としていることが多い。通常の工業的な発明について,その技術や製品部位に適用される特許とは異なり,ビジネス手法やビジネス方法の面で実現された高い革新性を保護しようとするものであるが,特許庁がコンピュータやネットワーク等を利用した新しいビジネス方法に関連する発明について審査をすることとしており,純粋な経営手法のユニークさだけで特許が認められるものではない。我が国では2000年頃にネットブームもあって申請が激増したが,高いオリジナリティとコンピュータ活用に関する技術的な革新性を備えるものでないと認定されることは難しい。
5 金井 (2006) は,地域企業の戦略的特徴として,第1に地域独特のニーズを発見すること,第2に地域の資源を活用すること,第3にネットワーク創造による連携戦略をとること,の3つをあげている。
6 Product Portfolio Management (略称:PPM) は,ボストン・コンサルティング・グループが発表した企業の経営資源を効率よく配分するための手法。事業多角化を行った企業が,市場の成長率と自社の相対的マーケットシェア比率の組み合わせから各事業のポジションを明確にし,それにあった施策を打ち出していくためのツールとして生まれた。事業を「金のなる木」,「花形」,「問題児」,「負け犬」のように分類して,それぞれに定石となる戦略代替案が用意されているが,限界や問題点も多い。詳しくは山田 (2006) を参照のこと。
7 國領 (1995) が,商品・ロジスティックス・経営資源が「オープン化」していく社会についてちはやく報告している。国領もまた,オープン型経営においては外部経営資源の利用が容易になるが,自社の中核能力への集中投資が必要である (同書,114-115頁) としていた。
8 収益 (revenue) とは,経営活動によって企業にもたらされた経済価値であり,利益につながる要素である。一般的には,製造業等では商品等の売上高,金融機関では受取利息などを表す。
9 収益性 (profitability) とは,企業が投下した資本額と,それによって獲得された利益との比率である。収益性が高いか低いかについては,売上高総利益率 (%) (売上総利益／売上高×100),営業利益率 (%) (営業利益／売上高×100),経常利益率 (%) (経常利益／売上高×100),総資本経常利益率 (%) (経常利益／総資本[総資産]×100),総資本 (資産) 回転率 (%) (売上高／総資

本×100），株主資本利益率（ROE：return on equity）（％）（当期純利益／当期株主資本）などによって判断される。
10 収益性の要素である利益についていえば，ここでは期待できうる将来の利益をいわば理念型として想定している。経済学上の利益概念では，企業が遂行すべき業務の事前的性格をもつのに対して，会計学上の利益概念では事後的性格をもつ。企業の経営活動の循環という視点でかんがみても，両者は相互補完的な意味をもつものである。別言すれば，経済学利益は投資者の意思決定の指針に直接役立つことを目的とし，会計学的利益は企業の経営活動の過去の成果測定・伝達を目的としている。経済学的利益は未来計算であり，会計的利益は過去計算といえる。
11 Afuah（2003），p.2.
12 以下の説明は，Afuah（2003, pp.4-9.）にもとづく。
13 Afuah（2003），pp.11-12.
14 Afuah（2003），pp.12-13.
15 Afuah（2003），pp.190-191.
16 Afuah（2003）では数回にわたってウォルマートの企業行動が事例として利用されている。本記述は，同書 pp.104-107 と pp.115-116 を要約したもの。
17 Afuah（2003），pp.111-115.
18 場の概念については，主な提唱者である伊丹（1999）を参照のこと。伊丹の議論が組織内の議論であったのに対し，金井（2005）や内田（2005）などでは，場の枠組みを組織外，特に地域の産業という対象に適用する議論が行われている。
19 Porter（1998），訳書（1999，『競争戦略論Ⅱ』，14-18 頁。）を参照のこと。

第 2 章

ダイナックス：
部品メーカーからクラスター形成の中核企業へ

第 1 節　北海道と自動車産業

1-1　北海道の産業推移と企業誘致

　歴史的に北海道は，1869 年（明治 2 年）の開拓使の設置以降，国防上の理由から政策的に行われた農業移民政策の結果，第 1 次産業の基盤は徐々に形成されていったものの，第 2 次産業に関しては中央資本によって製鉄，製紙，パルプなどの重化学工業が道内の豊富な素材原料を背景に立地をみる他，1 次産品の供給に依存する食品工業や木材加工の分野を除けば，内発的に工業基盤が形成されることはなく，本州の地方部のように多様な地場産業が育つこともなかった。明治期にできあがった上記の産業構造は，北海道のあり方を食糧基地，原材料供給基地という植民地的なあり方に長らく固定させてしまうことになる。

　産業構造に変化が見られるのは戦後に至ってからである。資源・エネルギー供給に関しては傾斜生産方式による石炭・鉄鋼の増産体制がひかれ，1952 年から開始された北海道総合開発計画によって，社会的インフラの整備が一挙に開始された結果，建設業者が全国平均以上に増加する。その結果，第 2 次産業が全国平均並の比率に達したものの，実質的には工鉱業の不足を建設業が補う形になっていたに過ぎなかった。

　その後も北海道に対する原材料供給基地としての位置づけは継続されたものの，オイルショック後に石油の供給が安定化した結果，国のエネルギー政策が一転し，それを受けて，北海道の炭坑は次々と閉山に追い込まれてしまう。また，従来重視されてきた社会基盤整備も一段落したため，大規模な開発や中央

資本の投下が見込めなくなる状況の中で，従来の重化学工業ではなく，製造業とりわけ加工組み立て産業に関連する企業の立地促進に目が向けられていくことになる。

　ものづくりの伝統がない北海道において，製造業を誘致することは簡単なことではない。進出企業が北海道内において部品調達を行うことが出来ないからである。例外的に北海道に根付いていた製造業を詳しく見てみると，石炭採掘用の炭鉱機械や，農業機械，建設機械などの製造業者があり，これらは1950年代から1960年代までの北海道の産業構造に即したものであり，道内業者が多い。一方，1970年代以降は，道内の製造業者に加えて，本州から進出してきた2つの種類の製造業者が加わっていく。1つ目が電気機械器具の製造業で，1970年代に松下電器や日立セミコンダクタなどが操業を開始している。2つ目は自動車部品生産・組み立ての製造業で，1984年にはいすゞ自動車が北海道工場（のちに，いすゞエンジン製造北海道株式会社として独立）を，さらに1992年にはトヨタ自動車が工場子会社（トヨタ自動車北海道株式会社）を，それぞれ稼働させている。これら本州の大手製造業者の進出は，官による熱心な企業誘致の働きかけによって決まったものであり，産業構造の転換に迫られる北海道経済に対し，一定程度の製造業の集積化を実現しようとするものであったのである。

1-2　自動車産業の立地状況

　北海道において加工組み立て産業が必要であることは，産業構造の変化から見ても間違いなく，自治体や政府機関による誘致策は妥当なものであったと言える。しかし，誘致すれば必ず進出してくれるというものではない。進出してもらいたい企業に対して，好条件での土地の貸与や公的な低利融資の実施など，魅力的なインセンティブをどれだけ付与できるかが問われることになる。しかし，北海道だけが企業誘致に熱心なわけではなく，全国の地方自治体間の競争になるため，インセンティブだけで北海道進出を決断させることは難しい。

　ところで，一大国家プロジェクトであった苫小牧東部開発計画（通称，苫東）によって基盤整備が行われつつあった苫小牧市東部地区に，1984年にい

すゞ自動車の北海道工場が進出してきたことは，魅力的な条件を提示できた例と言えるであろう。しかしながら，苫小牧東部開発計画は，その後に見直しを迫られ，計画自体は頓挫してしまったものである。その理由は，計画そのものが北海道において重厚長大産業が未だ有望であった1960年代に設計されたものであったため，前述の通り北海道経済が構造転換を余儀なくされる中，当初予定した重化学工業関連の企業が進出できる状況ではなくなってしまったことにある。1万ヘクタールもの広大な分譲予定地に，建設当初に実際に分譲できたのはその1割に満たない土地であり，苫東は莫大な負債を抱えることになったのである。とはいえ，このときの基盤形成は後の自動車産業誘致にも役立っていくことになる。

苫小牧勇払地区には，1992年にトヨタ自動車の工場が稼働し，2千人以上の雇用を創出している。苫小牧市は札幌以外の道内市町村では珍しく，人口が増加する流入超の自治体となっており，自動車産業の集積が見込まれる地域として活気がある。

苫小牧市に隣接する千歳市には，これら自動車メーカー2社に先行して，本章で紹介する自動車部品メーカーのダイナックスが，1972年に設立されている。ダイナックスはその後，1991年になってから苫小牧市にも工場を置くことになる。まだ自動車産業が全く存在しなかった北海道への進出をいちはやく決めた同社が北海道を本社としながら，オートマチック・トランスミッション（AT）車の湿式クラッチ板の分野で世界シェアの35％を占めるまでに成功したことが，結果的に見れば自動車産業の誘致が北海道において徐々に進むきっかけをつくったとみてよいであろう。ダイナックスやいすゞは，自治体などの熱心な企業誘致によって北海道進出を決めた企業であるが，その後に進出する企業にとっては，先行して進出した企業との取引が地域内で行えることが進出の誘因として作用する。前述したように，インセンティブの側面だけを強調しても，相手企業に進出を決断させることは難しいわけだが，ダイナックスのようにオンリーワンの企業が地域に存在することで，企業進出は単なる好条件での工場確保の問題から，新たな生産体制の整備という問題へと転化し，積極的な進出動機を生むことなる。

近年，北海道は自動車産業の集積化に力を入れている。道の強い働きかけも

あり，2007年にはトヨタ自動車系大手の部品メーカーであるアイシン精機が苫東地区へ子会社であるアイシン北海道を設立し，AT用のバルブボディなどを生産している。さらに，トヨタ系で自動車部品メーカー最大手のデンソーも，2009年に千歳市に進出する予定である。いすゞの関係では，既に1986年に京浜精密工業の北海道工場が苫小牧市から一時間ほどの距離にある空知の栗沢町に進出してきており，エンジン部品やトランスファー部品，AT部品を生産し，いすゞだけでなく，トヨタ自動車北海道にも納入している。また，江崎工業は，苫小牧に近い鉄鋼都市の室蘭に生産子会社として北海道江崎を設立し，エンジン用パイプを生産しており，こちらもいすゞとトヨタに納入しているという実績がある。以上のように，ものづくりの基盤がなかった北海道に，AT部品生産などを主軸とした自動車産業の集積ができつつあり，地域としてもその流れに乗るべく，様々な支援策を考え始めているところである。以下では，その集積の中核企業とも言えるダイナックスの事例を詳しく見ていこう。

第2節　ダイナックス社のケース

2-1　世界的企業への成長
(1) 企業概要

　　会社名：　　　株式会社ダイナックス
　　主たる事業：　１．オートマチック車用・建設産業機械用湿式クラッチ，ブレーキ
　　　　　　　　　２．湿式クラッチ・ブレーキモジュール
　　　　　　　　　３．トルクコンバーター用ロックアップクラッチ
　　　　　　　　　４．手動変速機用シンクロナイザーリング
　　設立年月：　　設立 1973年（昭和48年）6月
　　従業員数：　　1,480名（2007年3月現在）
　　株主資本：　　資本金 5億円（株式会社エクセディ 100%出資）
　　売上高：　　　単独390億円　連結515億円（2007年3月期決算）
　　主要技術：　　湿式摩擦材開発・製造

カーボン摩擦材開発・製造
クラッチモジュール設計・製造
シンクロナイザーリング設計・製造
摩擦機能評価技術
実機シミュレーション技術

コア技術： トライボロジー（摩擦・摩耗・潤滑）技術
事業所： 本社（北海道千歳市），千歳工場，苫小牧工場，R&Dセンター（苫小牧），静岡営業所，名古屋営業所，東京事務所，中国子会社（上海に2会社），アメリカ子会社（バージニア，デトロイト），欧州駐在員事務所（ドイツ）

(2) 会社沿革

表2-1 ダイナックスの会社沿革

	大きな出来事	工場竣工	納入開始	製品量産開始
1970年代	73－大金アールエム設立（日米合弁）	74－千歳工場	77－ジヤトコ	77－クラッチディスク
1980年代	83－摩擦材自社開発第一号（国内初） 89－合弁契約解消		83－マツダ 84－富士重工業 87－GMフランス 89－アイシンAW	
1990年代	91－社名を｛ダイナックス｝に変更	91－苫小牧工場 96－99 中国合弁 97－米国工場 99－中国工場	91－トヨタ 92－フォード 95－ダイムラー 96－ホンダ 98－GMアリソン	90－ロックアップクラッチ 96－クラッチモジュール 97－シンクロナイザーリング
2000年代	03－創業30周年 05－ものづくり日本大賞受賞	01－中国第二工場	03－現代グループ 05－GM本社	

出所：ダイナックス内部資料より一部改編。

(3) 創業と北海道への立地経緯

乗用車の国内販売台数は，高度成長時代を背景に1960年に約40万台だったものが，1970年に約400万台へと飛躍的に普及拡大が図られた時期があった[1]。その後，日本車は国際的な存在感も大きくなり，1980年に日本車は生産台数

1000万台を突破し、世界最大を競う自動車生産国になる。米国市場においても、日本車のシェアは17%に達し、このことによって、深刻な日米貿易摩擦が発生することになり、それを回避するための現地法人の設立も加速する時期である。このような時代の中、AT車の販売が本格化するのは、日本においては1970年代からであった。AT装着の国産車は、当初、米国ヴォーグワーナー社から輸入したものを使っていた。しかし、急激な販売台数の増加を背景に、AT車のさらなる普及が期待され、輸入するだけでは需要に追いつかない事態も予測され、大手自動車メーカーや大手部品メーカーはAT部品の国内製造を模索し始める。例えば、トヨタ系のアイシン精機は、ヴォーグワーナー社と合弁会社「アイシン・ワーナー株式会社」（現アイシン・エィ・ダブリュ株式会社：以下、アイシンAW）を設立（1969年）し、日産・マツダは米国フォード社との間に「日本自動変速機（略称：ジヤトコ）」を設立（1970年）している。

ダイナックスの親会社である大金製作所（現エクセディ）は、ジヤトコの親会社である日産・マツダへマニュアル車用乾式クラッチを供給するメーカーであった。当時、英国フェロード社から含浸済みペーパータイプ摩擦材を輸入し、接着と機械加工を施した湿式ディスクを製造してジヤトコに納入しており、間接的にはAT車関連の事業に参入していたことになる。

当時、ATの国産化に踏み切った日産は、関係する部品メーカーを召集し、いまで言うところの「逆見本市」を開き、AT部品の中で、自社で製造が見込

図 2-1　湿式クラッチディスクとプレート

湿式クラッチディスク　　　　　　　　　　　プレート

歯を形成した鋼材に摩擦材を接着　　　　円盤状に打ち抜き歯を形成した鋼材

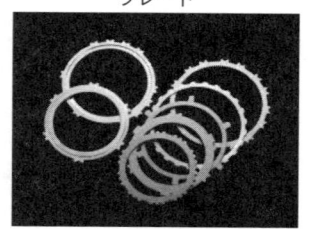

写真提供：ダイナックス。

図 2-2　湿式クラッチモジュール

写真提供：ダイナックス。

めそうなものに挑戦して欲しいと申し渡していた。そのとき，大金製作所の創業社長であった足立一馬氏が選択したのが，マニュアル車で経験のあった「クラッチディスク」だったのである。

　ただし，それはマニュアル車と違い，湿式クラッチディスク（以下クラッチディスク）であった。

　図2-1は，AT関連の単体部品である「クラッチディスク」と「プレート」の製品写真であり，図2-2は，クラッチ関連の単体部品をひとまとめにした「クラッチモジュール」と呼ばれる集約部品の分解写真である。クラッチディスクとプレートは，クラッチモジュールの中に交互に配置され，互いに空転している。油圧によって相互に押し付けられることで摩擦がはじまり，それぞれの歯を介して回転力の伝達が始まる。相対回転がゼロ近傍に至ると直結状態となる。この一連の過程を「係合」という。また，押し付け力が低下するにつれ再び相対回転が生じて摩擦が始まり，ついには完全に離れて空転状態となる。この過程は「開放」という。

足立一馬社長が製造に乗り出すことを決断したクラッチディスクは，鋼材と摩擦材という2つの素材の組み合わせに過ぎないものでありながら，マニュアル車用の乾式クラッチと違って，AT用クラッチにはメンテナンスフリーと無交換が求められる[2]。そのためその開発と生産は決して容易ではないはずだが，あえて足立社長は新たな技術へ挑戦することを決断する。

こうして，AT生産に挑戦することを決意した大金製作所は，輸入取引のあったフェロード社から，技術供与を受ける考えであった。しかし，フェロード社のAT技術を調べたところ，そもそも米国のレイベストス・マンハッタン社（以下，RM社）の所有する特許技術をフェロード社にライセンス供与されていることが判明した。

そこで，大金製作所は米国RM社と技術供与を受ける交渉をはじめたが，RM社には既に，日本企業から合弁会社の設立を条件とする3社からの引合いがあった。RM社もまた合弁事業を希望していたため，大金製作所の技術供与という契約では受け入れられなかったのである。そこで，当初の方針を変更し，ライバル3社よりも販路を持っていることを強みとしてRM社を説得し，合弁会社設立の覚書を交わすこととなったのである[3]。

こうして1973年6月に設立された合弁会社が「大金・アールエム株式会社（以下，大金RM）」（合弁解消後に株式会社ダイナックスとなる）である。大金RMは当初，本社を大金製作所のある大阪府寝屋川市に置き，持ち株比率を50%：50%とし，社長には大金製作所社長の足立一馬氏が就任，工場予定地を北海道千歳市とした。ここでなぜ大金製作所からも遠く，自動車産業からも縁遠い地である北海道千歳市に進出しようとしたのだろうか。そもそも，工場建設にあたっての第1候補は，大金製作所が所有していた神奈川県の土地であり，第2候補地は三重県，千歳市は第3の候補地だったのだが，人材の獲得と地域からの支援への期待を考慮し，最終的には千歳市進出を決定したという[4]。確かに，人材獲得に関しては，製造業の少ない北海道では，北海道大学，室蘭工業大学，北海道工業大学，北見工業大学，そして旭川・苫小牧・函館工業高専などの高等教育機関が多く立地し，人材が輩出される割に，研究開発や生産管理に携われる就職先が道内に少なく，優秀な技術者を確保できる期待が持てた。事実，北海道出身のUターン者を含め，人材確保に関しては，

他地域よりも北海道に立地したことによって，優位性が認められた。また，地域支援に関しても，千歳市の積極的な誘致活動を背景に，公的な融資・補助金が得られる可能性が見込めたことに加え，1972年に札幌で開催された冬季オリンピックにより千歳空港や道内高速道路網が整備されつつあったことは立地決断にも大きな影響を与えていると思われる。

(4) 自立路線の開始

新たに設立された大金RMでは，合弁契約上は摩擦材を製造せずに，原紙に樹脂を含浸させたウェハーと呼ばれる半完成摩擦材をRM社本体から輸入し，大金製作所本体から供給される鋼材と接着する工程から製造を担当することになっていた。ところが，RM社から提供される摩擦材は，フェロード社からの摩擦材に比べ，耐熱性や成分も違い，摩擦特性が条件を満たさず，試作品の全てが不合格となっていた。当然のことながら，大金製作所はRM社との合弁事業に踏み切っていたために，既に英国フェロード社からの摩擦材提供が打ち切られており，どうしてもRM社のウェハー提供に頼らなくてはならない状況に置かれていた。このような状況は2年間も続き，打開策も見出せなかった。

製品ができない状況であるため，当然売上があがらず，運転資金も不足していく。銀行に融資を願い出ても叶わず，急場をしのぐために増資を行ってもすぐに資金は不足し，結局は親会社からの融資に頼らなければならなかった。現場の責任者であった正木宏生専務は，親会社である大金製作所と米国RM社の間をまさに東奔西走する状況で，この時期は同社にとって冬の時代であった。

正木専務は東北大学法学部卒業後，海運会社への勤務から海外との業務を経験し，足立一馬社長と姻戚の縁により大金製作所へ転職した。1974年に大金製作所から大金RMへ移籍，後に大金RM社長，ダイナックスの社長，会長となる。

RM社からは新たな開発担当者や実験担当者が千歳に送り込まれ，新たな開発体制に刷新された。これが功を奏し，1977年にようやく完成した摩擦材がジヤトコに出荷されることとなったのだが，品質にばらつきがあったことか

ら，最初の納入検査において早くもクレームがついてしまう。

　このような状況にあって，なおも会社が存続できたのは，親会社である大金製作所から，資金に関しても人材（出向など）に関しても支援があったからであるが，さらに大きな理由としては，この時期の日本の自動車業界が未だ系列取引を慣行としており，トヨタ系のアイシン社がAT開発に成功したとしても，そのライバル企業である日産・マツダはトヨタ系列の企業からは部品を購入することができないということがあった。日産やマツダは，ジヤトコに納入する予定の大金RMの開発成功を待つより方法がなかったのである。世界の2大摩擦材メーカーは，ヴォーグワーナー社とレイベストス・マンハッタン社であり，他に摩擦材を提供できる企業がないという状況は，大金RMに時間稼ぎする猶予を与えていた。

　この間，大金製作所からの出向技術者によって，製造機械の調整などが行われ，生産管理的にも安定してきたが，日本の自動車メーカーの自動変速機に対する品質や摩擦ノイズの軽減（静寂性の向上）などの改善要求はどんどん厳しくなってきており，RM社から供給される摩擦材でこれらの要求に応える目処が立たなくなってきていた。さらに，RM社ではこれまで摩擦材の原材料にアスベストを用いてきたが，アスベストが社会問題化するなかで，訴訟問題を抱えることとなり，その法廷費用が必要であったことから十分な開発資金が捻出できなくなってきていた。また，顧客の要求に応えられない状況にもかかわらずRM社に高額のロイヤリティを支払っていたことが，大金RMにとっては歯がゆく感じられてきていた。

　1980年に同社は1つの転機を迎える。この年，7月に足立一馬社長が他界したことを受け，9月には実質的に同社を牽引してきた正木専務が社長に昇格し，11月からはそれまで大阪府寝屋川市にあった本社を千歳市に移したのである。余談であるが，足立前社長は遺言でRM社とは袂を分かつべきとしていたという。こうしたことを機に，同社の「自立路線」が一気に展開し始めるのである。

　同社は，製品の品質向上のために1981年に連続レジン含浸機を導入する。導入に当たっては，RM社からの猛反対があったのだが，RM社アメリカ人役員の個人的な強いアドバイスにより導入を決断した（そのアメリカ人役員は

RM社に高性能であることを背景に導入を提案したが，短期的利益を志向する米国企業であるRM社には高額な連続レジン含浸機は受け入れられなかった）。RM社では摩擦材のもとになる原紙にレジン溶液を噴射していたが，噴射孔が詰まりやすく掃除が行き届かないために摩擦材の品質にばらつきが生じていた。それに対し，連続レジン含浸機を使うと，レジン槽にシートごと浸す方法によって品質の均一性や安定性が見込めた。この連続レジン含浸機は，機械を通せるだけの強度を摩擦材のもとになる原紙に対して要求したため，強度の高い独自の摩擦材用原紙の開発が加速することとなった。こうして，レジン含浸工程の内製化と共に原紙開発が進んだ。

含浸工程の後工程である摩擦材と鋼材の接着の部分に関しては，連続レジン含浸機導入と同じ1981年に，別会社として北海道プレス株式会社を室蘭市の第一金属の資本と人材の参画を得て設立（1999年にダイナックスへ吸収合併）し，プレス打ち抜き工程のグループ内生産も図られていく。これは親会社である大金製作所から供給されていた打ち抜き済み鋼材を，北海道プレスで生産するというもので，後に自社開発することになる摩擦材と，北海道プレスから供給される鋼材を貼り合わせることによって，原紙開発・樹脂含浸・プレス打ち抜き・接着という工程が一貫して生産できる体制が整うことになる。

こうして，摩擦材の自社開発による「自立路線」がスタートした。米国RM社に社員を送り込んで，技術の習得に取り組むなど，一定の成果があったが，決定的なブレークスルーとなったのは，1983年に「域外企業」である製紙会社と共同開発したシンプルな組成の摩擦材であった。この摩擦材をもとに，独自にさらなる研究開発を続け，ついに「国産摩擦材第一号」用の原紙を開発するに至る。しかし，満足のいく品質を得るには依然として更なる改良が必要であったため，同年には「アラミド繊維（高耐熱合成繊維）」を用いた紙の開発も行われる。アラミド繊維をはじめとしたアスベスト以外のいわゆる「ノンアスベスト素材」で摩擦材原紙を作る研究に没頭した結果，アメリカと同様にアスベスト規制が強化された日本市場において，同社への各メーカーからの期待も高まり，自社開発路線は徐々に軌道に乗り始めていく。

(5) 国内外への取引拡大

摩擦材の自社開発はしたものの,「合弁」という足かせは続いていた。1987年3月に技術的な独立となるRM社からの技術援助契約の解消を,さらに1989年12月には完全独立となる合弁契約の解消が実現した。RM社ではアスベストを用いた製品による訴訟問題を抱えており,法廷費用の必要性が日増しに増し,早急に株式を現金化したい状況であったことから,RM社から合弁解消の申し出があり,株式を買い取ることで容易に合弁の解消が実現した。

1977年にジヤトコへ納入したことから日産への取引は始まっていたが,1983年に国産摩擦材第一号の開発が成功したことによって,さらなる販路拡大に弾みがつき,ジヤトコでの拡販に加え,同年中にマツダ,翌年には富士重工業(スバル)にも取引が拡大した。そして,1987年の技術援助契約の解消後は,契約条項にあった「国外市場への輸出制限」が解決されて,GMフランスとの取引が開始され,1989年に合弁そのものが解消された年には,アイシンAW(トヨタ系)を通じて「トヨタ・セルシオ(米国名:レクサスLS)」に搭載されるという取引も新たに開始される。

トヨタとの取引が始まったきっかけに,1987年に正木社長の出身大学(当時同窓会副会長)という縁から東北大学へ技術研究に派遣されていた従業員が大学内でトヨタ幹部との接点を持ったことがある。これを機に,トヨタで大金RMの摩擦材が評価され,そのまま採用につながったのである。

1991年に晴れて社名を「大金RM」から「ダイナックス」へ変更し,同年には,苫小牧に新工場を竣工[5]している。工場設備としては,竣工時の1991年に鋼材を打ち抜くプレス工程が稼動し,後に厚い鋼材を高い精度で打ち抜くファインブランキング工程が新たに稼動した。1992年にはディスク新生産ラインが完成している。加えて,同年には苫小牧工場の敷地内に「ロックアップクラッチ工場」も竣工している。この工場の完成により,それまでの単体部品のメーカーから,集約部品としてのモジュール[6]が供給可能なメーカーへと同社が高度化していくための一貫工程ラインが準備されたのである。

トヨタへの納入をきっかけに,1992年にはフォードへの納入も開始されている。これによって海外市場への展開にも弾みがつき,その後は,1993年からは前年に苫小牧に進出していたトヨタ北海道へ,そして,1995年には独べ

第 2 節　ダイナックス社のケース　67

ンツ（現ダイムラー）と，1996 年からはホンダとの取引が開始されている。海外展開の面では，1996 年に中国での合弁事業を開始（二輪車用クラッチディスク生産が目的であったが，1999 年に合弁解消。その後，直接投資として，1999 年に中国第 1 工場を賃貸工場でスタートさせ，2001 年に中国第 2 工場を竣工している）し，1997 年には北米日産やフォード・マツダ等との取引を前提に米国工場を竣工している。

その後も拠点拡大によって，海外の販路は次々と拡大し，1998 年には建設機械等の大型特殊車両用の AT メーカーである GM アリソン（現アリソン・トランスミッション：ATI）と，そして 2003 年には韓国の現代自動車と，さらに 2005 年には GM 本社との間で取引が生まれている。

(6) 新技術開発への挑戦

現在の自動車業界は，先進国での販売台数は伸び悩んでいるが，ブラジル・ロシア・インド・中国といったいわゆる BRICs 諸国を中心に世界的な需要は拡大しており，全世界での生産台数そのものは増加している。昨今の原油価格の高騰や，二酸化炭素排出量の規制を強める先進国が増えているなかで，燃費性能の良い日本車の世界的ニーズは強く，トヨタをはじめ，日本の自動車メーカーはその存在感を強めている。その反面，国内メーカーは従来の生産体制を見直してきており，ダイナックス自身が自覚しているように，今後の同社は，従来型の単体部品の提供を行うメーカーとしてではなく，集約部品を提供するモジュール化対応を進めていく必要がある[7]し，近年ではその取引も拡大しつつある[8]。

モジュール化への具体的対応として同社が行っているのは，AT 関連の単体部品の生産だけでなく，クラッチディスクに加圧機構などの関連パーツを機能単位に組み上げた「クラッチモジュール」の生産を強化[9]していることがあげられる。モジュール製品としてのクラッチモジュールを製造する場合，従来から同社が行ってきたような摩擦材の選定，単体性能の評価や，耐久性の評価に関する設計・開発の機能に加え，モジュールを構成する部品設計の機能や，それらを解析する技術はもちろん，モジュール全体の性能と強度・耐久性などを評価する能力が必要になる。同社は，既に AT 関連部品の一貫生産体制を整

備してきたこともあって，こうした要素技術を集約したクラッチモジュールに関して，最適化された設計・開発・評価の機能を獲得しているのである。

　技術開発の面では，摩擦に関する基礎研究を大学等との産学連携方式によって行っており，研究成果は内外に向けて論文として報告されている[10]。また，2005年のトヨタグローバル仕入先総会表彰「技術開発賞」の受賞を含め多数の表彰，同じく2005年に，第1回ものづくり日本大賞「経済産業大臣賞」を「高度の耐久性と摩擦特性を兼ね備えたオートマチック車用新規クラッチディスクの開発」により受賞した。

　品質管理の面では，各種ISO取得[11]のほか，日本，米国，中国の生産拠点において，同一品質製品の提供を「Made in DYNAX」（世界同一品質）のかけ声のもと，その具現化を目指している。

　近年は，自動化されたMTやベルト式CVT[12]，DCT[13]など，新しい動力伝達機構に基づくタイプも増加し「自動変速機」の定義が多様化しており，従来型のATについては6速が進化し，7速，8速も実用化されている。このような技術・製品に関しても対応すべく，新たな分野への研究開発対応も怠ってはいない。

2-2　コア技術と製品ライン
(1)　地域力を総動員してつくったコア技術

　同社が取り組む技術は，金属と摩擦材の組み合わせという非常にシンプルなものである。しかし，シンプルであるがゆえに，素材の加工に関する技術開発には今までに思いもつかなかったような工夫が必要となる。

　当初，海外企業である米国RM社からの技術供与で乗り切ろうとしていたものの，なかなか日本のメーカーの要求に叶う製品を作ることができなかった。また，同じ頃にRM社が摩擦材に使っていたアスベストが問題になりつつあったため，結局は自社の力で素材探しから始める必要に迫られた。技術は社員を送りこむなどして吸収していたものの，独力で素材の加工技術をつくらなければならない状況にあったのである。

　製品として供給する体制を整えるために，技術開発が必要な部分をプロセス別に分けると，第1に原材料そのもの，第2に摩擦材への加工，第3に評価技

術，第4に量産化技術について目配せをしていくことになる。以下ではそれぞれにおけるダイナックスの取り組みについて詳しく見ていこう。

第1の原材料そのものについては，RM社から供給される原紙にかわるものとして，当初は製紙会社との共同開発によって原紙を開発している。そしてその後すぐに，アラミド繊維と紙を複合したアスベストフリーの原紙を開発したのが1983年のことであったのは既に見たとおりである。

第2のプロセスは，摩擦材への加工である。通常，紙をもとにした摩擦材はペーパーフェーシングと呼ばれ，それは「紙」と「紙に含浸させる液状樹脂」からなる。このペーパーフェーシングの特徴は，スポンジ状の多孔質が備わり，弾力性があることである。これにより，数千回転のスピードで回っているクラッチプレートが係合する際に，スポンジ孔の隙間に入り込んだオイルが徐々に摩擦面にしみ出ることによって摩擦界面が潤滑されるというわけである[14]。同社は1981年には，液状樹脂を含浸させるために高価な連続レジン含浸機を導入し，まだ導入されていなかったRM社とは完全に別の道を歩む決断をする。1981年の同時期には，この含浸行程の内製化だけでなく，鋼材を打ち抜くプレス工程の内製化にも着手している。

ダイナックスでは，レジン含浸機の導入だけにとどまらず，摩擦材の耐熱性を高めるため，地元の大学との産学官共同によるさらなる研究にも取り組んだ。例えば，「作動中の摩擦材表面の可視化による摩擦特性の解明（室蘭工業大学との共同研究）」や「潤滑油用添加剤の摩擦特性へ及ぼす影響（室蘭工業大学，北海道工業技術研究所との共同研究）」などは，製品開発指針として活用された[15]。こうした取り組みの結果として，原紙および摩擦材の開発を進めたのである。

第3の評価技術に関しては，企業同士の共同研究開発として主に行われ，例えば品質工学手法であるタグチメソッドを活用して，摩擦材の外観検査システムの確立に向けた研究を情報科学センターと行うなどしている[16]。

第4の量産化技術のプロセスの部分では，ダイナックスは，次々と国内の取引先を拡大した背景として，1981年に，別会社として北海道プレス株式会社を室蘭市の第一金属の資本と人材の参画を得て設立（1999年にダイナックスへ吸収合併）し，苫東に新工場を1991年に設立するなど，量産体制を拡大し

ていった。現在も第一金属は，室蘭市の自社工場でのプレス加工と同時に，ダイナックス苫小牧工場で構内プレス委託加工を行っている。そのなかで技術に深く結びついたトピックとしては，北海道で唯一チタン素材への白金メッキの被膜剥離技術を開発していた「札幌エレクトロプレイティング工業」との共同研究開発により，硬質クロムメッキ処理の量産化を実現したことがある。クロムメッキをスチール表面に施すと，摩擦による高温と化学反応に強く，優れた耐摩耗性と摩擦特性改善効果があることがわかっていたが，加工費が非常に高額になるためにあまり使われることはなかった。そうした状況のなか，当時の北海道通産局にダイナックスを紹介された札幌エレクトロプレイティング工業は，ダイナックスが1988年に各国に出願していた表面処理に関する特許について，その実施許諾を受ける形で活用し，独自に北海道大学との共同研究も交えて研究を進めた。その結果，メッキ処理を同社，後加工をダイナックスが行うことで高耐熱クラッチプレートの量産技術の確立に成功した。ダイナックスは1993年に，この高価なクロムメッキを施した湿式クラッチプレートを月産100枚程度の限定的ニーズの量産適用ながら開始するのである[17]。また，月産2000万枚におよぶ生産能力を高効率に確保するための生産技術開発に関しては，「オーエスマシナリー（旧小樽製作所）」や「シンセメック（旧松本製作所）」といった高い技術力を持つ「域内他企業」である北海道内企業との共同作業が大きな役割を果たし，ダイナックスの拡大とともに成長してきている。

　以上のように，ダイナックスは地域の中小企業からの協力を得ながら，量産体制とニーズが高度化する摩擦材に関する技術を確立させていく。成長の過程で同社は1987年ごろから新たな原材料を探索し始め，摩擦材へ加工する技術開発の研究のために，外部機関との連携による基礎研究にも力を注いでいく。最も古くから取り組まれ，成果発表も早かったのは，正木社長の母校である東北大学との共同研究[18]であったが，その背景には，摩擦・摩耗・潤滑に関わる共同研究を預ける研究機関が道内に無かったということもあった。その後，自らの研究開発力の成長に伴い，既に見たように，近隣の室蘭工業大学との研究をはじめとして，以降は北海道大学や苫小牧工業高等専門学校などとの研究も開始され，関連学会において同社と大学との連名での共同成果発表も盛んに行われている。海外の大学との連携も少なくなく，米国のミシガン大学や中国の

精華大学，上海交通大学などとの共同研究実績もある。その多彩な研究群をつなぐのは，研究対象ドメインとして，「摩擦・摩耗・潤滑」を研究対象とするトライボロジー（Tribology）を自社のコアと定め，それをとりまく基礎研究から応用研究までの分野において，世界最先端の技術を追求しようとする企業姿勢である[19]。

　同社の事業がますますグローバル化していく中にあっても，札幌エレクトロプレイティング工業との共同研究のように，官が地域企業同士をコーディネートして問題解決が図られるなど，地域の産学官の力が引き続き活かされているという点は興味深い。

(2) 事業の構成

　ダイナックスはこれまで一貫して，摩擦材部品のメーカーとして事業を展開し，旺盛な研究開発を行ってきた。摩擦に関わる素材としては，クラッチディスク（ペーパー系・カーボン・ゴム・不織布などから最適な摩擦材料を選定），そしてクラッチに接触するプレート，さらにシンクロナイザーリング（カーボン系摩擦材料を利用）がある。同社は新素材の研究を重ね，ペーパー素材だけでなく，1997年からはカーボン素材を用いてシンクロナイザーリングをつくり，2000年には不織布素材を用いたクラッチディスクもつくっている。また，乗用車向けだけでなく，フォークリフトや大型ダンプカーなど建設産業機械（以下，建機）の分野向けの摩擦材も提供している。

　世界シェア35％の同社の基盤は確かに見えるが，近年になって大手自動車メーカーは，部品のモジュール化を求めてきていたため，同社にもその要求への対応が求められていた。モジュール化とは，単体部品としてのディスクやプレートを完成車メーカーに納入するのではなく，それら部品が組み合わされた集約部品の状態で完成車メーカーに提供する世界的な流れのことを言う。元来，日本の自動車メーカーは，協力会社から供給される技術と自社の技術を結びつける統合力に優れ，アメリカの自動車業界で先に進展したモジュール化路線ではなかった。この統合力は「擦り合わせ（インテグラル）」能力と言われ，日本の自動車産業の強みの1つと言われてきた。このことからもわかるように，自動車業界は「インテグラルか，モジュールか」というように事業システ

ムを構成する考え方が二分されてきたのだが，最近になってハイブリッド車や燃料電池車が登場し，さらにはオートマチック変速機そのものが多様化するに従い，その複雑化の前には単純な擦り合わせ対応だけでは，無理が生じてきていた。こうした環境変化も手伝って，モジュール化の流れが一気に加速していくのである。

とはいえ，モジュール化され，集約部品として販売することにはメリットもある。単純な原材料として提供するよりも，集約部品として提供することで，今までのようなメーカーとの調整コストが削減され，一定程度の標準化された製品ラインを整備することで，多くのユーザーを獲得する可能性があるからである。

ダイナックスにおいても，既にモジュール化に対応した製品開発が行われており，従来の単体部品に加え，集約部品としてのクラッチモジュールやロックアップクラッチなどが製品ラインナップに続々と加わっている。「部品を売るメーカーから，機能を売るメーカーに」急速に転換しつつあるのである。

同社の製品技術は様々であり，ユーザー市場も国内・海外，そして自動車だけでなく建機などに広がっているが，自動車部品業界の一般的な事業分類から

図2-3　ダイナックスの製品

（事業1）　単体部品の製造販売事業

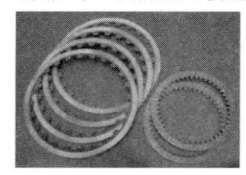

クラッチディスク 　　　　プレート 　　　　シンクロナイザーリング

（事業2）　集約部品の製造販売事業

ロックアップクラッチ 　　クラッチモジュール

写真提供：ダイナックス。

見ると，現在のダイナックスは，創業以来の柱であった単体部品の製造と，業界のモジュール化に対応した集約部品の製造という2つの事業構成（図2-3）をとっていることになる。

第3節　事例分析

3-1　創業期における海外技術導入と北海道への立地（1970年代）

　ダイナックス（この時点では大金RM）の最初の「事業システム」は，摩擦材という要素技術については，「域外企業」であるRM社の持つ技術を導入し，さらに大金製作所から供給される鋼材という要素技術に関しても供給を受けた上で，それらを接着する工程から担当するというものであった。創業当時の「企業家」は，大金製作所の創業社長である足立一馬氏であった。足立一馬社長による「事業機会の認識」は，自動車産業という伸び盛りの業界において，AT分野の成長をある程度見越し，マニュアル分野での実績はあったものの，それとは異なる新しい技術が必要とされるAT分野への挑戦意識に端を発していた。したがって，この時期の同社には明確な「コア資源」はまだ存在しない。

　創業当時の顧客はジヤトコであったが，合弁による事業の進め方では，なかなかジヤトコの基準に達する部品が作れず，全く売り上げのないなか，RM社へのロイヤリティだけは支払わなければならないという同社にとっては非常につらい時期であった。

　この時代の同社のクラッチディスクに関わる事業のフローを整理すると図2-4のようになる。

図2-4　1970年代のクラッチディスク事業のフロー

研究開発（RM社）→ 摩擦材生産（RM社）→ 鋼材生産（大金本体）→ 接着工程（自社）→ 後加工工程（自社）→ AT製造（ジヤトコ）

出所：筆者作成。

　合弁契約上，最初の段階である摩擦材の供給に関しては，RM社に任せる必

要があり，自社ではどうすることもできない状況が続いていた。いくら接着工程と後加工工程の部分で努力しても，解決する糸口が見つからない状況にあったのである。この時点において，日本の自動車産業が系列システム内での取引にこだわっていなければ，そして大金製作所の資金的バックアップがなければ会社の存続は危なかったかもしれない。

3-2　成長期における自立路線と研究能力の獲得（1980年代）

　過去の苦い経験をばねに，1980年代に入ると正木新社長のもとで，自立路線が本格的に開始されていく。まずは要素技術の段階であるが，RM社が担当していた摩擦材に関しては，素材選びから自社で積極的な研究開発を進めていく。「域外企業」である製紙会社などの協力を得ながら，国内初のペーパー素材の摩擦材を開発し，これがアラミド繊維素材による摩擦材などに進化していく。もうひとつの要素技術である鋼材に関しても，北海道プレスという子会社（実質的には一体のようなものであった）を設立して，生産体制の一貫化が進んでいく。

　そもそも摩擦材の品質を向上・安定させる連続レジン含浸機の導入にあたっては，RM社本体は反対していた。しかし，内製化が進んだことで，全体の工程を調整することが可能となり，品質管理スキルがさらに蓄積していくことになる。

　技術がつくと同時に，販路も拡大し，国内では日産・マツダ系のジヤトコだけでなく，系列を超えてスバルにも取引が拡大する。さらに，自立路線に自信を得つつあった1987年にはRM社との技術援助契約を解消し，ここで契約上の輸出制限が解除されたことにより，GMフランスという海外取引が生まれる。さらに合弁が解消されてからも，トヨタという大口顧客も獲得し，同社は

図2-5　1980年代のクラッチディスク事業のフロー

研究開発（自社） → 摩擦材生産 含浸工程含む（自社） → 鋼材生産（自社）＊グループ → 接着工程（自社） → 後加工工程（自社） → AT製造 ①ジヤトコ ②国内メーカー ③海外メーカー

出所：筆者作成。

成長のステージに一気に登りつめることになる。このような時代における同社のクラッチディスク事業フローは図2-5のようになる。

この時代の自立路線により、クラッチディスクに関する事業システムを自社で網羅するようになったため、現在のダイナックスの技術領域の基盤が形成されている。販路に関しては、系列システムの傘を超えた時期であり、研究能力の高まりとともにオンリーワンのメーカーとして飛翔する条件が整い始めた時期と見ることができる。

3-3 発展期におけるコア技術獲得とグローバル化（1990年代）

現在の社名であるダイナックスとなり、販路が拡大するにしたがって海外生産拠点の設立も相次ぎ、1990年代は同社にとってグローバル化の時期ということができる。グローバル化の一方で見過ごせないのは、2つのレベルで地域力の活用があったことである。以下で整理しておこう。

地域力の第1は「政府・自治体」との協力関係である。この時代に同社は、苫小牧市において生産機能を増強しているが、それらの実現にあたっては、トヨタ自動車の苫小牧への進出に向けた北海道による自動車関連産業の熱心な誘致が行われていたことも大きく関係している。ダイナックスによるオンリーワンの技術と自治体のインセンティブが相乗効果をあげながら、産業の集積をつくりあげていくきっかけをつくったからである。また、この時期に受けた中小企業事業団からの補助金についても、基本的には通産省（現在の経済産業省）の地方局が後押しすることで実現することが多い。

地域力の第2は、「域内他企業」との協力関係である。それまでのダイナックスは、ディスクとプレートという2つのクラッチ部品のうち、どちらかといえばディスクの開発に力を入れてきた。1990年前後から地域の「大学・研究機関」を含めた産学共同研究をスタートする中で蓄積した摩擦関連技術も多くがディスク向けであった。プレートに関しては、1981年の北海道プレス設立で、室蘭市の第一金属の資本と人材の参画を得てスタートし、1991年の苫小牧工場立上げでもプレート加工工程を拡大導入した。現在も第一金属は、室蘭市の自社工場でのプレス加工と同時に、ダイナックス苫小牧工場で構内プレス委託加工を行っており、ダイナックスにとって長年の重要な協力企業となって

いる。

　加えて，月産2000万枚におよぶ生産能力を高効率に確保するための生産技術開発に関しては，オーエスマシナリーやシンセメックといった高い技術力を持つ「域内他企業」である北海道内企業との共同作業が大きな役割を果たしている。

　こうした数々の取り組みにより，ダイナックスは「摩擦・摩耗・潤滑」というトライボロジーの技術を自社の「コア資源」として確立させる。そして，トライボロジーに関する技術で特許を取得することにも力を入れ，部品メーカーの枠に納まらない企業へと発展していくのである。

第4節　まとめ

　部品メーカーとして順調に発展してきたダイナックスであるが，近年は自動車業界の再編のなかで，モジュール化対応を進めていることは既に紹介した通りである。モジュール化によって，そのビジネスモデルも急速に変化していると言えるだろう。

　ケーススタディで見た同社の創業期のように，単に技術供与を受ける部品メーカーというスタンスでは，なかなか技術も蓄積できないだけでなく，品質にも確固とした保証ができないだけに，顧客との密接な協力を築くことも難しい。系列取引が消失しつつある自動車業界では，なおさら自らの存在意義を顧客に認めさせるのは難しいであろう。

　一方，成長期の同社は，技術開発スキルの向上と市場拡大とを同時に成し遂げていることが注目される。ここにいたって，完全にジヤトコの系列の傘から脱却し，技術的にオンリーワンの会社らしく，広く市場を求めるタイプの企業になっているといえる。一般的な市場戦略では顧客のすそ野が拡大していくと，供給業者は多様な顧客の要望に逐一対応するのではなく，徐々に汎用品にシフトしていくのが通常である。そうすることで，供給業者も競争力が備わっていき，産業効率が上がるという面もある。近年のモジュール化へのシフトも基本的にはこの理由によっている。しかし，ダイナックスの場合は，トヨタの

第4節　まとめ　77

図2-6　ダイナックスのビジネスモデル全体像

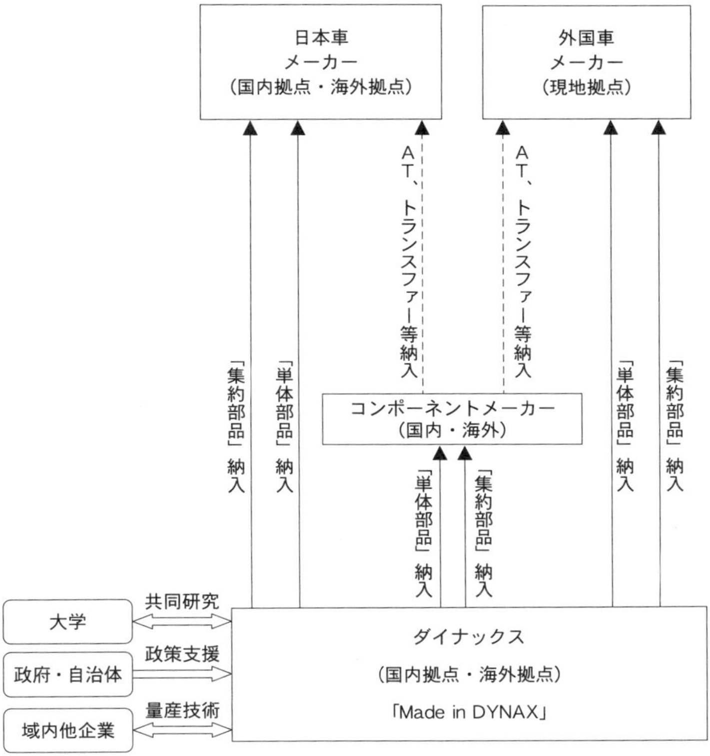

```
                    日本車                    外国車
                   メーカー                   メーカー
              （国内拠点・海外拠点）         （現地拠点）
                ↑    ↑    ↑            ↑    ↑    ↑
              「集  「単   A             A    「単  「集
               約   体   T              T     体   約
               部   部   、              、    部   部
               品   品   ト              ト    品   品
              」   」   ラ              ラ    」   」
               納   納   ン              ン    納   納
               入   入   ス              ス    入   入
                        フ              フ
                        ァ              ァ
                        ー              ー
                        等              等
                        納              納
                        入              入
                        ｜              ｜
                     コンポーネントメーカー
                      （国内・海外）
                        ↑    ↑
                       「単  「集
                        体   約
                        部   部
                        品   品
                       」   」
                        納   納
                        入   入

   ┌──────┐  共同研究
   │ 大学  │←─────→
   └──────┘              ┌────────────────┐
   ┌──────────┐ 政策支援  │   ダイナックス    │
   │政府・自治体│←───────→│（国内拠点・海外拠点）│
   └──────────┘          │ 「Made in DYNAX」 │
   ┌──────────┐ 量産技術  └────────────────┘
   │域内他企業 │←─────→
   └──────────┘
```

出所：筆者作成。

　セルシオへのATの提供に見られたように，取引そのものはオープン度が強くなっていたにも関わらず，自動車業界の伝統に沿うべく，「擦り合わせ型」の生産システムを採用してきたと言える。

　発展期に入り，さまざまな事業システムの要素について，自社技術を取りそろえ，なおかつ擦り合わせ型の生産システムを採用してきたことによって，名だたる自動車メーカーのニーズを熟知していた同社には，貴重な顧客情報という財産が備わっていた。通常，こうした段階に達した企業は，自社製品をブラックボックス化するようなビジネスモデルを採用すれば，高い利益率を確保することが可能である。折しも同社にとって幸いなことに，自動車業界全体

が，部品のブラックボックス化とも言えるモジュール化を歓迎する方向に動きつつあった。すでにコア資源としてのトライボロジーの強みも身につけており，顧客ニーズに関する情報も豊富にあったダイナックスは，従来の事業の柱である「クラッチ関連の摩擦材（単体部品）の製造販売事業」と，新たに事業の柱となりうる「クラッチモジュール等（集約部品）の製造販売事業」との2大事業システムを取り巻く全体ビジネスモデルが，図2－6のように構成されている。

① 国内工場からはクラッチ等の単体部品およびモジュール（集約部品）を国内外のコンポーネントメーカー・自動車メーカーへ直接納入している。
② 海外工場からも同じくクラッチ等の単体部品およびモジュール（集約部品）を国内外のコンポーネントメーカー・自動車メーカーへ直接納入している。
③ 国内コンポーネントメーカー「ジヤトコ，アイシンAW等」は「AT，トランスファー等」を国内外の自動車メーカーへ納入している。
④ 海外のコンポーネントメーカー「ZF（独），GMフランス，ATI等」は「AT，トランスファー等」を海外の自動車メーカーへ納入している。

モジュール（集約部品）対応事業は，やはり擦り合わせ型のシステムがあったからこそ，ニーズ情報を蓄積することができたのであって，これこそが同社の大きな強みになっているということができる。

まだまだ規模は小さいものの，北海道に一定の自動車産業の集積が進んできたのは，ダイナックスが黎明期から立地し，世界規模の企業に育ちつつあるという影響が大きい。北海道以外の地域を見てみると，東海地区，九州地区，中国地区などに存在する自動車産業集積には自動車メーカーの完成車組み立てラインが存在している。残念ながら北海道に最終製品を産出するラインが存在したことはこれまでになく，近い将来もその状況は変わらないだろう。北海道が付加価値の高いモジュールを製造するニュータイプの産業集積地の成功モデルとなれるかどうかの行く末は，中核的企業としてのダイナックスが握っていると言えるかもしれない。

（坂井俊文・内田純一）

<インタビュー協力>
　株式会社ダイナックス　常勤監査役　堺多一郎氏
　（2008年1月16日　ダイナックス本社にて）
<技術アドバイス>
　株式会社ダイナックス　開発本部副本部長　高橋仁氏

注
1　生産台数推移については，日本自動車工業会『主要国自動車統計』の数字を参照した。
2　マニュアル車のクラッチには，「乾式クラッチ」が使われ，AT車のクラッチには「湿式クラッチ」が使われるのが通常である。どちらのクラッチもプレートとディスクを接触させる摩擦によって動力の伝達を行うことは同じであるが，乾式クラッチの構造は比較的単純であるのに対し，湿式クラッチはプレートとディスクの間に潤滑油が介在するために，優れた摩擦材を使わないと動力伝達に必要な摩擦性能を獲得しにくいという面がある。
3　ここまでの記述は，森永（2005）を参考にしている。
4　「北海道自動車関連ビジネスセミナー（名古屋市）」における足立憲三代表取締役の講演抜粋資料（北海道Webサイト，http://www.pref.hokkaido.lg.jp/kz/sgr/，2007年10月29日アクセス）より。
5　工場新設にあたっては，中小企業事業団（現在の中小企業基盤整備機構）の補助金「中小企業高度化事業資金」を活用している。この補助金を活用するには，中小企業者が共同して組合等を設立することが必要で，ダイナックスの場合は関連企業6社が「ダイナックス・ユニオン」をつくることで，苫小牧工場の新設を実現した。なお，苫小牧市の場合は，特例（人口10万人以上の都市の場合，5社以上の企業集団による申請：通常は10社以上）での申請が可能であった。なお，本社のある千歳市は人口8万人程度なので，千歳に工場をつくっても本件への申請は不可能であったことになる。
6　「モジュール」の意味とは，自動車産業の場合には，単体部品（パーツ）というよりも，複数の部品が集約された部品（ユニット）を意味しており，製品名としてはアッセンブリー（アッシー）と呼ばれることが多い。こうした集約部品は，業界の中であらかじめ決まった規約に沿ったデザインを行うことが求められることが多く，モジュールによる企業間取引が自動車業界で増加しつつある流れのことを「モジュール化」と呼ぶ。
7　「株式会社エクセディ　第57期　有価証券報告書」2007
8　2004年に行われた正木会長の日本機械学会年次大会での講演に基づく（「日本機械学会2004年度年次大会講演資料集(8)」，43-44頁）。
9　「日本経済新聞」2006年9月1日記事より。
10　発表論文の実績は2007年10月の時点で177件に達する。
11　ISO9001：2000（1997年9月認証），ISO/TS16949：2002（2004年8月認証），ISO14000（2001年5月認証）等の認証登録も取得済み。
12　CVT（Continuously Variable Transmission）は，連続可変トランスミッションと呼ばれる無段変速機の一種。歯車を用いず，摩擦に依って変速比を連続的に変化させる動力伝達機構を持つ。このうちベルト式CVTは，一般的には，2つのプーリー（滑車）に金属ベルトを通し，プーリーの径を変化させることで変速を可能にしたもの。
13　DCT（Dual Clutch Transmission）は，2つのクラッチを搭載することで瞬速シフトチェンジを可能にした変速機。奇数番目のギアと偶数番目のギアをそれぞれ受け持つ2つの出力軸を同軸に配し，それぞれにクラッチが配置されている。ギアを可変する際，1速上のギアがクラッチを

切った状態で待機されているため，瞬時にシフトチェンジを行うことが可能で，変速時にシフトショックを感じない。燃費向上や排ガス削減に効果があると言われている。

14　池田邦彦（ダイナックス工場長），「紙がくるまを動かす—乗用車から160tダンプカーまで—」，『日本機械学会誌』，(1992年7月)の説明による。

15　荒木道郎（ダイナックス技術顧問）「触媒科学からトライボロジーへ」触媒学会北海道地区報，(平成12年9月12日付)の記述による。

16　前掲書より。

17　中小企業金融公庫総合研究所，「地域資源を活用した地域中小企業の取り組みの現状と展望（北海道編）」，『中小公庫レポート』，(No.2004-8)による。同文献は，北海道二十一世紀総合研究所と中小企業金融公庫の共同調査研究を中小企業金融公庫総合研究所が編集したもの。

18　Osanai, H., Ikeda, K. (Daikin R/M Co., Ltd.), and Kato, K. (Tohoku Univ.) (1990), *Relations Between Temperature in Friction Surface and Degradation of Friction Materials During Engaging of Wet Friction Paper*, SAE Technical Papers, No.90053.

19　荒木道郎，前掲書。

第 3 章

カイハラ：
技術革新で地場産業の進化を牽引する

はじめに

　広島県福山市の新市町という水田の広がる小さな町に，ブルー・デニム生地の国内シェア最大手企業が存在する。それが，カイハラ株式会社（以下，「カイハラ」）である。同社のシェアは，国内生産の50％前後を占めると見られているだけでなく，世界中のジーンズ・メーカーにとって，"KAIHARA"というのは最有力ブランドの1つとなっていると言われる[1]。例えば，リーバイス，バナナ・リパブリックなど，海外有名ブランドのジーンズにも，カイハラのデニム生地が使用されていることが，その実力を物語っている。

　以下では，地方に立地しながらも，業界内では世界的に高い認知を形成するに至った同社の事業システムの変容について，創業から現在に至る経緯を紹介し，さらに第2章で構築されたフレームワークを用いながら事例分析を行う。

　本章の内容をやや先取りすると，地場の伝統産業の中で蓄積された技術を中心とした資源をベースとして事業システムが構築され，技術環境や市場環境の変化と共に，自社開発による新技術，顧客企業を始めとする諸アクターからもたらされる技術情報や市場情報といった新たな資源を組み込みながら変容していく様を理解することができるであろう。そして，そのような事業システムの変容は，どのようにして可能であったのかについて，読者と我々は理解を共有することを目指す。

第 1 節　綿作と備後絣

　まずは，カイハラの本社所在地である福山の伝統的地場産業である，備後絣の歴史について概観しよう。なぜなら，この地場産業があったからこそ，現在のカイハラがあると言っても過言ではないからである。

　岡山市，倉敷市，そして福山市を中心とした広島県東部に渡る地域は，古くから繊維産業の集積地として知られてきた。それぞれの地域は，備前，備中，備後と呼ばれる地域であるため，繊維業界では「三備地区」と称される。中でも福山市周辺は，備後絣の産地として知られており，福岡県の久留米絣，愛媛県の伊予絣と並び，絣では日本3大生産地に数えられる。

　備後地域で綿花栽培が盛んになったのは，江戸時代初期に三河から移封して福山城主となった水野勝成が，この地域の温暖さを知り，1620年前後に備中を中心とする地域の農民に栽培を推奨したのが大きな契機となったと考えられている[2]。さらに1680年頃から，藍の栽培が行われるようになり，間もなくそれを用いた浅黄木綿，紺木綿，絣木綿など藍染織物が作られ生計の助けとして売られるようになり，現在の三備地区の織物の基礎となったと考えられる。

　さらに江戸時代末期1800年頃，地方産業を発展させる目的で，当時既に織物業が盛んであった伊予から技術者が招かれ，織布が推奨されるようになった。それからおよそ60年の時を経た1861年（文久元年）に，備後に住む富田久三郎が藍に染める原糸を糸で括り，その部分を白く染め残すことによって井桁模様を作り出すことに成功し，それは文久絣と名づけられた[3]。

　明治元年の1867年，大阪の伊藤忠商店に200反の文久絣が卸され，この頃を境に備後絣という呼称が使われるようになった。これ以降，着物，モンペ，風呂敷などに広く使われるようになった備後絣は，地場産業として大きく発展していった。

第2節　カイハラの概要と歴史

　以下では，カイハラの概要と，その創業から現在までの歴史の概略を紹介する[4]。その歴史を創業期まで遡って振り返るのは，現在のカイハラのビジネスの在り方は，創業当時に既に大きく方向付けられ，そのことが後に何度か直面する難局においても重要な意味をもったと考えられるからである。

2-1　カイハラの概要
(1)　会社概要
　　　会社名：　　　カイハラ株式会社
　　　主たる事業：　ジーンズ素材の一貫生産（紡績・染色・織布・整理加工）
　　　　　　　　　　及び販売
　　　設立年月：　　創業1893年（明治26年）　会社設立1951年（昭和26年）
　　　従業員数：　　680名（グループ会社の合計人数，2006年3月現在）
　　　株主資本：　　5,000万円（グループ全体：1億5千100万円）
　　　売上高：　　　184億円（グループ全体・373億円）
　　　主要技術：　　デニム生地に関わる紡績，染色，織布，整理加工
　　　コア技術：　　デニム生産のスペック管理ノウハウ
　　　事業所：　　　広島本社，県内4工場（本社工場，吉舎工場，上下工場，
　　　　　　　　　　三和工場），大阪営業所，東京営業所，香港事務所，高宮
　　　　　　　　　　工場，福山工場

(2)　事業規模
　カイハラは，創業を1893年まで遡ることができる，非常に歴史ある企業である。2006年3月の時点では，グループ全体での従業員が680名，資本金が1億5千1百万円，年間売上高373億円，年間生産量3600万メートル，営業拠点は本社のほかに東京と大阪に営業所，香港に事務所を構え，生産拠点としては本社工場の他に県内に6工場を有する[5]。また売上高の約30%は，冒頭で

紹介した企業を含む海外メーカーへの輸出によって構成されている。

カイハラグループは，カイハラとカイハラ産業株式会社（以下，「カイハラ産業」），広幅絣織共同組合，マルス興株式会社という3社と1つの共同組合から形成されている。各組織は，事実上，1つの企業のようにビジネスに取り組んでいる。その中でも，デニム生地の企画や販売を担当するカイハラ株式会社，デニム素材の一貫生産を担当するカイハラ産業，デニム生地生産工程の中で最終的な仕上げや確認的な性格の強い整理加工を担当する広幅絣織共同組合，この3つの組織がグループの中核を成している。また従業員数は，カイハラ株式会社が40名，カイハラ産業が550名，広幅絣織共同組合が90名となっている。

現在，カイハラのデニム生地を採用しているユーザー企業は，EDWIN, Levi's, Lee, BIG JHON, BOBSONと言った，我が国のジーンズ業界では老舗として広く認識されている企業の他，UNIQLOを今や国際展開しているファーストリテイリング，カジュアル衣料を展開する米国企業であるGAPなど，国内外で広く知られる企業が含まれる。

なお主要取引銀行としては，地元の有力地方銀行である広島銀行，中国銀行の他，商工中金，三菱東京UFJ銀行，みずほ銀行などが挙げられる。

2-2 事業展開の歴史
(1) 創業

1893年，カイハラは創業された。創業に先立つ1877年，初代社長・貝原助治郎の父である卯三郎は，藍染の原料となる藍草を仕入れ，それを農家への委託製造によって染色に使用できる藍玉という材料に加工し，備後地区の紺屋に販売するというビジネスを行っていた[6]。後に備後絣と呼ばれるようになる文久絣が，地域の産業として大きく成長していく中，助次郎は自身も絣織物の製造販売を手がけたいと考えるようになっていった。

そこで助次郎は，文久絣の考案者である富田久三郎の下で生産に携わり，絣の仕組み，藍染，意匠の技術を修得していった。そうして1893年，現在の福山市新市町に，カイハラの前身となる手織正藍染絣製造を個人創業した[7]。商標は，助治郎の頭文字である「す」に因んで「㊂」（マルス）とし，それ以後，

第 2 節　カイハラの概要と歴史　85

地場産業である備後絣の成長と伴に，さらに技術を蓄積し，成長を果たしていくことになる。

創業翌年の 1894 年に日清戦争，1904 年に日露戦争，1914 年に第一次世界大戦と，相次ぐ戦争を背景とした軍需産業の成長が著しい中であったが，㋐はごく一時期を除いて軍需産業への転換は図らず，備後絣一筋を守り抜いた。同時にこの期間は，度々訪れた不況と戦勝によってもたらされる空前の好況という，大きな景気変動の波に揉まれながらの事業継続であった。

1921 年，社長は 2 代目となる貝原覚へと継承された後，1937 年の日中戦争をきっかけに原料となる綿花の輸入が制限され，綿糸の配給統制強化が進んだ。このため，絣（かすり）の製造は，一時中断せざるをえない事態となった。

富岡製糸工場などを始めとして，1880 年代には紡績業を中心とした産業革命が進展し，1890 年代にはさらに飛躍的な成長を遂げていた日本の繊維業界では，インド，中国などからの輸入綿花を原材料として綿糸を生産し，中国や朝鮮半島への輸出を急速に拡大させていた[8]。ところが，日中戦争の勃発によって，原料の主要調達先である中国からの綿花輸入が困難になったため，2 代目社長の覚は，弾薬の取っ手になるカズラの綱を製造する製縄業に携わることにより，この難局をどうにか乗り切った。しかし終戦と共に市場が消滅し，事業を縮小せざるを得ない状況となった。

さらに，第二次世界大戦へと繋がる太平洋戦争開戦となった 1941 年には，綿糸の定期的な配給が打ち切られ，また政府主導での企業整理が進み，1935 年当時は 300 軒を数えた備後絣メーカーも 1943 年には 13 軒を数えるだけとなった[9]。そして，第二次世界大戦終了後の 1947 年 12 月，ようやく綿糸の配給が再開され，これを機に㋐は再び備後絣メーカーとしての道を歩み始める。しかし，最盛期には 300 台あった織機も，戦時下での供出を余儀なくされ，34 台だけとなっていた。

(2)　新市場への挑戦

そのような苦境の中で迎えた 1948 年 10 月，後に三代目社長となる貝原定治が，実質的なビジネスの中心となり，備後絣の織布メーカーとしての再生を図っていった。それから約 2 年半後の 1951 年 3 月，定治は専務として資本金

180万円と織機34台で，貝原織布株式会社（以下，「貝原織布」）を設立し[10]，わずか5年後の1956年には，織機は124台まで拡張整備された。なお，覚は引き続き社長として，助治郎は会長として，経営に参加していた。

　定治はこの頃を振り返り，「本当に着てもらいたい人の立場になり，自らの持てる最高の技術，技能を集結し，手が込んでも良いから他社よりも『いい商品』を作るということを創業以来常に念頭におき，物づくりをしてきた[11]」と述べており，既に当時から他社との差別化を強く意識した経営が行われていたことがうかがえる。

　1951年当時，福山の中心部近辺に位置する絣メーカーは，産地卸への納品をリヤカーや大八車で行うことができたため，輸送コストはさほど問題にならなかった。しかし，新市は福山の中心部から直線距離でも20キロほど山間のふもとへ入った位置にある。このため，貝原織布では納品のために荷馬車を雇い，製品を運送していた。この輸送コストを回収するために，他社製品よりも高い価格で納品できるような，「良いもの」を作る必要があったのだ。

　そこで貝原織布は，他社とは一線を画する品質を目指し，染色においてより手の込んだ加工を行った。他社は仕入れた原糸から直ぐに織布していたのに対し，貝原織布ではより鮮明でつやのある染糸とするために，原糸の段階から品質を吟味し，また仕入れた原糸を充分に精練漂白して不純物を取り除いてから染色を行った後，ようやく織布していた。さらに染めの回数も他社よりも多くし，堅牢度も高め，デザインにもこだわった。「15歳から25歳は，花ざかり，年ざかり。娘さんの虚栄，衝動によって売れるものを作れ。そうしないと品物が陳腐化してしまう。中高年のマーケットでは不況の時に売れなくなる[12]」という，創業以来の教えに従って，若い女性をターゲットとして，赤，黄，緑といった派手な絣柄をデザインした。

　当事，専務の定治は，初代の助治郎の頃から取引のあった大阪の糸商社である株式会社八木商店（現　株式会社ヤギ）の指導を仰ぎながら，年に1，2回，閑農期に絣の消費地である東北地方の衣料品店を回って，売れ筋の新柄を調査し，覚えた柄をスケッチするといった調査を繰り返していた。このような調査活動の中では，秋田県の複数の問屋から，もっと柔らかい織物を作れと薦められるなど，市場ニーズを感じ取ることができた。そして東京にあった広島県の

物産斡旋所に訪問した際は，米国企業が洋服向けの幅の広い絣[13]を探索中であり，備後，伊予，久留米の3大絣産地の大手メーカーに打診を計画しているという貴重な情報を収集することができた。

　1956年2月中旬，定治はさっそく広幅絣生産にチャレンジすることを決断した。綿を柔らかくする加工は技術的な手法が確立しており，さほど難しいことではなかった。しかし，織布の幅を広げるには，織機を含め準備機の改造が必要であった。絣織物は，一定の張力がかけられた経糸に対し，緯糸が収められたトングとよばれる部品が，直角方向に往復することによって，織り上げられていく。絣の幅が広くなるということは，その分だけトングの移動距離が長くなることを意味していたが，この際に必要な分だけの長さの緯糸を出しながら正確に往復させることが，従来の方式では難しかったのである。

　そこで同社の妹尾吉三[14]を中心に，トングに代わって緯糸を収める部品として，特殊な形をした「シャットル」と呼ばれる部品を開発し，さらにその中に特殊な方法で緯糸を巻きつけた木管を収め，経糸の間を直角方向に往復させることにより，広幅絣を効率的に生産できる織機を完成させた。妹尾は「鉄工所」と呼ばれる，生産設備の開発やメンテナンスを担当する4, 5名によって組織される部署に所属していた。彼は，この後の絣入サロン，デニム用の染色機の開発でも中心的役割を果たしていくこととなる。なお，この鉄工所は，現在でも正式には施設部として残っており，設備の改良やメンテナンスの多くが自社で行われる。

　わずか2カ月半で完成させた広幅絣の試作品を持って，東京の商社へ営業活動を行うと，間もなく，当時の10大紡績企業のうちの3社から取引の申し入れがあった。その中から，既に取引のあった，大日本紡績と広幅絣の事業化に着手した。ところが，広幅絣の輸出は実現できず，国内市場への出荷のみにとどまった。なぜなら，備後絣の柄は必ずしも一定ではなく，その「ズレ」が特有の風合いを生むと考えられていたが，米国企業はプリント柄のような，常に一定で規則正しい模様の生地を要望していたからである。当時の織機では，そのような絣は生産できなかったのである。

(3) 中近東向け絣入りサロン市場へ進出

　米国市場進出を目論んで開発されたものの，期待した成果を上げることのできなかった広幅絣であったが，1960年に大きな転機を迎える。サロンと呼ばれる，中近東やインドネシアで着用されるイスラム教徒の民族衣装の生地として，需要が大きく高まったのである。そもそも絣織物は，インドネシアが発祥の地とされ，これが南方諸島，沖縄，中国大陸に伝播していったとされる[15]。その絣発祥の地域へ生地を供給していた，イエメンのアデンにある商社から，神戸の商社に対して，日本の絣の入ったサロン生産の可否について打診があった。その商社は，兵庫県西脇市の産元から，生産可能との連絡を受けた。そこで，イエメンからの受注をしたが，後に生産が不可能だと判明した。困り果てた商社は，広幅絣を開発した企業が広島県にあると聞きつけて，福山の繊維工業試験場を訪ねたところ，貝原織布を紹介されたという。これが，1960年10月のことである。繊維工業試験場は，貝原織布との人事交流や特に頻繁な接触などがあった訳ではなかったが，公設の繊維工業試験場として地域の繊維関連企業の動向をフォローしていたのである。

　商社からの打診を受け，貝原織布では，早速36インチ幅の絣入りサロンを試織した。基本的な生産方法は，広幅絣と全く同じであったため，貝原織布にとっては造作も無いことであった。サンプルを受け取ったアデンの商社からは，間もなく返事があり，貝原織布の製品供給を要望した。これを受けて，貝原織布では，36インチ幅の絣入りサロンを本格的に生産することとなった。備後絣とサロンを比べると，サロンの緯糸に使用する絣糸の量は，備後絣の6分の1から8分の1程度，経糸に至っては絣糸の使用が不要であったため，極めて低コストでの生産が可能であった。

　絣入りサロン製造を始めて程なくして，36インチ幅のサロンが用いられるのは子供服であり，それはサロン市場全体の25％にしか満たなく，残りの75％は大人用で，その幅は48インチということを貝原織布は知った。そこで早速48インチ幅のサロン生産に対応できるよう再び設備改良を行い，1961年4月には試作に成功し，間もなく量産を開始した。インドネシア現地では，手織りの24インチのサロンを2枚繋ぎ合わせて48インチとしていたのに対し，貝原織布では48インチ用の織機4台を1人が担当して製織していたため，生産

性やコスト面で圧倒的な優位性を持っていた。

　この絣入りサロンの輸出好調を受け，36 インチ幅用の織機を 30 台，48 インチ幅用を 24 台増設した他，自社工場と協力工場で合計 36 工場，285 台の織機を使い，増産体制を強化していった。またサロン生産を開始したのとほぼ同時期の 1960 年，本業であった備後絣においても，ウール素材の絣生産に成功し，こちらの需要も好調であったため，ウール素材絣の織機は 240 台となった。

　これらの結果，絣入サロンの生産を開始した 1960 年以前は 165 名であった従業員も，285 名と大幅に増員され，また生産量の増加に伴う機械設備増設のために工場周辺の土地を買収するなど，貝原織布は大成長を遂げた。なおこの時期，貝原織布は外注生産を行いながらも，広幅絣生産のノウハウを保持するために，特許部品は全て先述の鉄工所と呼ばれる自社の設備開発とメンテナンスを担当する部門で開発し，また広幅絣の機械生産にとって最重要となる部分である特殊な絣緯糸巻機は，全て貝原織布の管理下に置き，巻き上がった糸を連日外注工場へ配送するという形をとっていた。

2-3　デニム・メーカーへの転換
(1)　デニム進出の経緯

　絣入りサロンの輸出とウール素材絣需要の好調を背景に，大きく成長を遂げた貝原織布であったが，1967 年 11 月，事業の存続に関わる大事件が起こった[16]。絣入りサロンの輸出先企業の所在地は，英国統治領のイエメンであり，現地通貨も英国ポンドであったのだが，その通貨価値が 14.3％も切下げられたのである。さらに同月，英国軍が現地から撤退し，イエメンは南イエメン人民共和国として独立するなど，政情不安が続いた。このため，絣入りサロンの輸出は，急速に激減していくこととなった。

　そこで，当時の専務であった貝原定治は，在庫を処理するために，イエメン独立から 3 カ月と経たない 1968 年 2 月に，自身に 3 億円の生命保険をかけてアデンへ向かった。しかし，無事にアデンへ到着した彼は，とにかく在庫を一掃すべく，通常の半値での販売交渉を行った。ところが，その甲斐も空しく，同年 12 月には，およそ 1 年分の出荷額に相当する 2 億 5 千万円の在庫を抱えたまま，絣入りサロンの生産は中止へ追い込まれた。

貝原織布としては，当時の売上の3分の2を占めていた絣入りサロンの生産が完全に中止となり，残り3分の1を担っていたウール素材の絣に収入を頼るしか無かった。また絣入りサロンのデザインは，緑や赤の格子の中に絣柄が入ったデザインなど，あくまで中近東市場をターゲットとしたものであり，国内向けの販売も不可能であった。このため，ウール素材絣からのみの収入では，絣入サロンで大きく成長した組織を養うには，あまりにも不十分であった。285名在籍した社員は多くが退職し，創業一族と親しい関係にあった145名が残っただけとなり，女子寮も2棟が丸々空になった。

このような逆境の中，1970年に貝原定治は，専務から社長となる。メインバンクからは融資をストップされ，社員は半減するという，極めて厳しい状況での社長交代であった。またこの年，彼の義弟であり，現代表取締役会長の貝原良治が，貝原織布に入社した。成城大学経済学部を卒業後，大手繊維商社の八木商店での5年間の営業担当経験を経ての入社であった。彼は，いずれ貝原織布を継ぐ意思はあったものの，同社への入社はまだまだ先の話だと考えていた。しかし，絣入りサロンの不振を受けて，急遽入社することとなった。

こうして絣入りサロン事業の不調，社員激減の中，貝原織布は，新たな活路を見出さざるを得なくなった。貝原織布が，絣入りサロンの輸出・生産の完全停止から学んだのは，外貨の為替リスクと発展途上国の政治的リスクであった。そこで目を向けたのが，国内市場で成長の見込めたデニム生地であった。

1950年頃から，占領軍のアメリカ兵達が着ているジーンズは，当時の日本国内の若者にとって憧れのアイテムの1つであり，東京や大阪の一部地域で中古ジーンズの売れ行きが好調であった[17]。1960年代に入るとそれらの店舗では，アメリカ製の中古ジーンズの他，アメリカ軍基地内の売店で販売されているものを，アメリカ兵を通じて入手して販売していた。当時の平均的な初任給1カ月分程度にあたる2万円が，1日にして売り上がった[18]。しかし，中古品やアメリカ兵の横流しだけでは，製品の安定的調達と供給は不可能である。そこで，1965年には，大石貿易によってアメリカのキャントン社製のデニム生地が輸入され，その縫製が国内の協力工場で行われるようになる。さらに1967年には，その協力工場の1つであったマルオ被服によって，企画・縫製とも国内で行われたジーンズとしては最も初期の量産モデルの1つとされる

BIG JOHNブランドが立ち上がり，渋谷の西武百貨店や新宿の伊勢丹でもジーンズが販売されるようになっていったのである[19]。

こうして，1970年前後は，ジーンズの需要は引き続き高まっていたにも関わらず，デニム生地は輸入に頼っており，またその輸入にも国内産業保護と為替管理のために通産省によって制限がかけられていた。その当時，アメリカから輸入されたデニム生地は，大石貿易と後にBIG JHONとなるマルオ被服の2社によって独占されていた[20]。このため，デニム生地需要は逼迫しており，国産化への期待が高まっていた。

そのころ，1967年末の絣入りサロン輸出激減に直面して頭を悩ませていた貝原織布は，デニム生地用の糸を染色できないものかという打診を受けた。同社に声をかけたのは，貝原定治社長の高校時代の友人であった地元ジーンズ・メーカー龍虎被服の社長と，同じく高校時代の先輩であった地元の織布メーカー菅原織物の社長である。ジーンズ市場の成長からデニム生地需要が逼迫していたため，菅原織物にとっても，また龍虎被服にとっても，貝原織布がデニム生地用の糸を染色してくれれば，原材料の安定調達が可能になるし，何より友人である貝原定治も助かるであろうと考えたのである。貝原定治もすぐに，東京都内の駅のコンコースに新聞紙を敷いて座り込み，ジーンズを履いている若者の数を実際に数えてみたところ，予想以上に多くの人がいることを知り，確かに需要は伸びているという実感も得た。

(2) ロープ染色機の独自開発

デニム生地の国産化には，乗り越えなければならない課題があった。通常のデニム生地の場合，経糸に染糸，緯糸に白糸が使われる。課題となったのは染糸である経糸である。デニム生地用の経糸は，周囲を染料によって藍色に染め上げつつ，いわば芯にあたる中心部分は染色前の白色が保たれている。これを芯白性という。ジーンズを履き込むと，良く擦れる部分に「あたり」とか「ひげ」と呼ばれる白っぽい部分ができ，独特の表情が出てくるのは，この芯白性によるものである。

しかし，この芯白の糸を製造する技術が，日本国内には無かったのである。このため，それ以前に日本国内で製造されるデニム風の生地は，芯までイン

ディゴ・ブルーに染まった糸によって織布された，厚手の綿生地しか存在しなかった。つまり，当時の若者の憧れであった，アメリカからやって来たブルー・ジーンズのような風合いが，出なかったのである。

　貝原織布では，1968年2月から試織に取り掛かっていたが，やはり芯白の染色を実現できない状態が続いた。そこで，アメリカでのデニム生地用の糸がどのように染められているのかを調査したところ，ロープ染色機と呼ばれるタイプの染色機が用いられていることを知ることになる。

　ロープ染色機とは，ロープ状に束ねた綿糸をインディゴ染料に浸し，それをローラーで数メートルの高さまで引き上げて，染料を絞りつつ酸化させるという工程を何度か繰り返しながら染色する機械である。一定の張力をかけながら，途中で染料を絞るということを繰り返すと，芯白の糸ができるのである。

　1970年4月，貝原織布では広幅絣の時と同様に，妹尾吉三率いる鉄工所が中心となり，ロープ染色機の試作に取り掛かった。染色の工程については，絣糸の藍染に関するノウハウが，存分に活かされた。備後絣メーカーとして，既に80年近い歴史をもっていた同社は，染色に必要な染料の配合割合，酸化して発色させるために空気に触れさせる時間など，多くのノウハウが既に存在していたのである。また，芯白性は実現できなかったものの，それまでもデニム生地用の糸を染色していたことから，染色そのものに関わる困難性は比較的少なかったという。

困難を伴ったのは，染色されたロープ状の糸を，再び1本ずつの糸に分ける分繊と呼ばれる工程である。ロープ状の束のままでは，生地が製織できないため，再び一本ずつの糸の状態で巻き上げる必要があるのだ。この分繊のために，熱湯をかけたり，油剤をかけたり，あるいは乾燥機を改良したりと，様々な方法を試してみたが，どれも決定的な解決方法とはならなかった。そして辿り着いたのが，やはり備後絣の生産に用いられていた方法を応用した，目板法と呼ばれる方式であった。備後絣を生産する際にも，染め上った絣糸を反物の図柄に応じていくつかのグループに分ける，「分け」という工程がある。その際に利用されていた方法を応用することにより，分繊工程も大幅に改善された。

こうした工夫が凝らされ，1970年10月，ロープ染色機の試作機第1号が完成した。絣入サロン輸出ストップからの苦しい3年を耐えて辿り着いたということから，この試作機は「忍耐号」と名付けられた。

(3) デニム生地の製織とノウハウの蓄積―リーバイスとの取引開始―

1971年4月には，貝原織布で染色した糸を外注で製織するようになり，同年7月には初反の出荷にこぎ着けた。また，同年の後半には，ユニチカ，大和紡績，富士紡績から，翌1972年には八木商店，倉敷紡績からデニム生地用の糸の染色を受注し，順調に業容を回復していった。この業容回復期に，現在のカイハラを語る上で忘れてはならない出来事がある。1973年のリーバイ・ストラウス社（以下，「リーバイス」）製品への，貝原織布製デニム生地用糸の採用である。このことが，カイハラを世界のデニム生地メーカーへと飛躍させる，重要な契機となった。また，リーバイスが採用しているということは，貝原織布の品質に対する高い評判を形成し，そのことは国内のNBメーカーを中心とする，他のジーンズ・メーカーとの取引を開始するための，大きな「売り」となった。

リーバイスとの取引が始まる契機となったのが，1972年のヨーロッパ，アメリカでのジーンズの大流行である。この大ヒットにより，デニム生地需要が世界的に逼迫したため，リーバイスでは新たなサプライヤーを探していた。そこで，既に香港に極東本部を設け，1971年には日本支社を立ち上げていたリーバイスは，自社のジーンズのスペックを満たす生地を供給できそうな織布

メーカーは無いか，日本国内で候補となるメーカーや商社へ打診を行ったのである。その候補は，鐘紡，倉敷紡績，ユニチカなどの数社であったとみられるが，先述の通り，倉敷紡績とユニチカが取り扱っていたのは貝原織布によって染色された糸である。これが契機となり，リーバイスは，1973年に貝原織布によって染色された糸を用いて外注織布されたデニム生地を，ジーンズ製品に採用することとなった。

① スペック管理

リーバイス製品に採用されたことにより，貝原織布は高品質なデニム生地生産に欠かせないノウハウを蓄積していくこととなる。貝原良治・現代表取締役会長は，「リーバイスにデニムとは何ぞや，どうあるべきかということを学んだ」と振り返る。中でも，現在のカイハラの強さにも繋がっているのが，リーバイスの徹底したスペック管理である。

備後絣メーカー時代から，品質にこだわった高付加価値製品の開発と生産を重視してきた貝原織布であったが，その品質管理は，言わば「職人による匠の技」によって行われていた。ところが，リーバイスでは，織布に使用される糸の太さは言うまでも無く，インディゴ・ブルーの濃さ，色目，仕上がる生地の風合いや，固さ強力といった細目に至るまで，非常に多くのことが数値によって表現され，それに基づく管理が行われていた。

例えば，ジーンズ製品に洗い加工を施した際に，どの程度の縮みが出るのかを表す指標として収縮率があるが，それをコントロールするためのノウハウは，リーバイスとの取引を通じて数値化が進み，その蓄積が大いに進んだ。また，リーバイスでは，剛軟度と呼ばれる生地の柔らかさまでも数値で表現されていたことは，驚きであったという。それまでの貝原織布には，柔らかさを数値化したスペックで管理するなど，その概念すら無かったという。こうして，従来はスペック管理をする発想すら持たなかった点にも及んだ数値化により，デニム生地の生産ノウハウ蓄積は大いに進んだのであった。

つまり，リーバイスの指定する品質を満たすデニム生地を生産するためには，やはり匠の技のような，職人の感覚による作業が依然として必要ではあるものの，完成品としてどこを目指すのかということについては，一意性が非常に高められるよう，品質管理が工夫されていたのである。こうしたリーバイス

の品質管理に応えるような形で，貝原織布の中には，新たな生産管理の概念やデニム市場についてのノウハウが蓄積されていったのである。なお，現在のカイハラでは，履き込む程度と色落ち具合についても，スペックで表現され管理が可能となっている他，過去の製品については使用された染料の種類とその配合割合，染め回数，酸化時間などのデータが蓄積されており，同じオーダーに対しては，人間が認知できるレベルでは100％同じと言っても過言では無いレベルの製品が供給できるようになっている。

② 自社による織布

1974年11月，それまではデニム生地用に染色した糸を出荷し，織布は外注で行っていたが，それに加えて貝原織布自らも製織に乗り出した。ユニチカとの共同出資によって，自社の上下工場内に株式会社デニーを設立し，豊田織機製GU8を68台用いて14オンス・デニムの製織を開始した。14オンス・デニムとは，「1平方ヤード（91.44cm平方）あたりの生地の重さが14オンス（28.3495g×14＝396.893g）」という意味であり，生地の厚さの指標として使われる。当時のリーバイスを始めとした代表的なジーンズ製品は，14オンス・デニムであった。実はこれ以前に，貝原織布単独でもサロン入り絣織機を改造したものでデニム生地製織を試みたものの，絣織物のような軽布用の織機では故障が続発し，せいぜい10オンス・デニムが限度であり，しかも生産効率も上がらず，競争力のある製品とはなりそうに無かったのである。

貝原織布の投資はさらに続く。1978年には吉舎工場を完成させ，そこに新たにスルザー社製の織機120台を導入し，自社による織布を加速させていった。なお，スルザー織機の導入が行われたのは，貝原で染色した糸を倉敷紡績の安城工場で製織する際に用いられていたこと，そしてその生産効率が豊田織機のものより高かったことからである。また1980年には，吉舎工場に製品の最終仕上げとなる，整理加工機の自社導入を行った。この工程では，表面にできたケバをガスバナーで焼き，生地表面を滑らかにする他，ヨジレ防止，防縮，生地にコシを持たせる糊付けといった処理が行われる。

　こうした積極投資の結果，1982年3月には，国内2工場で336台の織機を備える，デニム生地の国内最大メーカーとなっていったのである。さらに1986年には，製織月産300万mを達成し，国内シェアも60％となった。

2-4　プレミアム・デニム・メーカーへ

　糸の染色のみならず，織布も自社で行うようになり，デニム生地メーカーとしての成長を遂げた貝原織布であるが，さらなる成長へ向けて投資の手は緩めなかった。1991年には，自ら綿糸の紡績を行い，遂に紡績，染色，織布，整理加工という，デニム生地生産に必要なプロセスを自社で一貫して行えるようになったのである。このことによって，より高い品質の確保が実現され，プレミアム・ゾーン[21]と呼ばれる高価格帯ジーンズに使用されるデニム生地を生産する，プレミアム・デニム・メーカーのトップ・メーカーとして成長していくこととなる。

(1)　一貫生産体制の構築

　1991年は，1985年のプラザ合意以降，1995年に1米ドルが79円75銭という空前の円高に至るまで，多少の変動はあるものの，トレンドとしては円高ドル安が進行していた頃にあたる。円が強く，海外から安く原糸を輸入することも可能であったし，人件費を考えても，国内で生産するプロセスを増やすことは，輸出企業としてはコスト要因となるはずであった。しかし，日本国内の紡績設備が激減していく中で，貝原織布が求める品質，日本国内市場でも受け入れられる高品質のデニム生地を供給するためには，上質な原糸が必要であると

いう判断から，投資[22]に踏み切ったのである。

　貝原織布は，まず自社で紡績を行うことにより，自分たちの目指す高品質なデニム生地に適合した糸の調達を，安定的に行うことを可能とした。通常の紡績メーカーから原糸を調達するのに比べ，デニム生地メーカー自身が，デニム生地の為に，しかも自社の染色や織布の工程の特性を理解した上で，専用の糸を紡績するため，自社の狙った品質を実現することは，より容易となる。したがって，同様の糸を他社から調達するためのコストを考えると，月産300万mの織布を生産するために必要な綿糸のボリュームがあれば，自社による紡績設備への投資も合理的であると考えることができる。

　また一貫生産体制を整え，工場を24時間操業することによって，良品率を約1％上昇させることが出来た。月産300万mの生地を生産する貝原織布にとって，単純計算すると1％は3万mに当たる。同社の標準的な製品の価格は，1mあたり600円前後であり，1％のロスが無くなるということは，売上に換算すると1カ月あたり1800万円に相当するロスが無くなるということである。決して小さな数字では無い。

　なお，1990年には社長であった貝原定治は会長に，そして入社以来デニム事業に尽力してきた貝原良治・現代表取締役会長が社長に就任し，1991年には貝原織布からカイハラ株式会社（以下，「カイハラ」）と社名変更している。

(2) プレミアム・ゾーンを支える「品質」

　ジーンズ・メーカーにとってデニム生地は原材料であり，これを縫製し，さらに洗い加工，ダメージ加工などを施して，初めて製品となる。したがって，一定の品質を保ったジーンズを量産するためには，同じ加工を施したデニム生地は，同じ仕上がりになる必要がある。つまり，「高級＝高品質」ではなく，同時に品質の安定性が求められる[23]のである。

　このようなジーンズ・メーカーからの要求に応えるために，カイハラでは，備後絣メーカー時代から蓄積してきた染色と，リーバイスとの取引で培ったスペック管理のノウハウを活かし，全ての製品について，染料の種類，配合の割合，空気に触れさせる時間，還元剤の種類や量といったことを記録し，オーダーがあれば以前と同じ条件の製品供給を可能とした。

　さらにカイハラが優れているのは，多品種少量生産に対応できる能力は持ちながらも，最終製品であるジーンズのバリエーションの広さから見ると，少品種大量生産に近い形でデニム生地を供給している点である。デザイン，縫製，洗い加工やダメージ加工など，最終製品へ仕上げるための工程は，顧客企業の管理下で行われるため，生地として提供すべき製品のバリエーションは，さほど広げる必要は無い。それよりも，顧客企業が加工を施しても仕上がりが安定したデニム生地を，大手顧客企業が必要とするボリュームで供給することが重要なのである。

　とりわけ，染色は非常にデリケートであり，空気に触れる時間が異なってもならないし，同じ材料を用いても，水が違えば全く仕上がりが異なってしまう。このため，染色の仕上がりを常に一定に管理することは，本来は簡単なことではないが，工場が立地している三備地区の水質が，藍染には程良い軟水であり，このことが染色工程を中国で行う企業に対して，大きな強みとなっていると言われる[24]。

　なお，2005年には，織布を行っていたデニーを吸収合併し，さらに60億円の投資を行って三和工場を新設して織布を行い，一層の良品率向上を目指している。またこの間，2003年に貝原良治は代表取締役会長へ，MBAホルダーである貝原潤司が代表取締役社長となり，現在に至っている。

(3) プレミアム・ゾーン市場からの情報収集

　カイハラは，ジーンズ・メーカーやSPA[25]といったユーザー企業との直接取引を重要視しており，それは取引全体の40%から50%を占めている。特に，プレミアム・ゾーンに分類されるジーンズを生産するユーザー企業からの，直接的な情報収集および販売によって，より現場のニーズにマッチした生地の開発と生産を意識しているのである。

　カイハラは，こうした言わばダイレクト・マーケティングを通じて，プレミアム・デニム生地市場において極めて高いシェアと，顧客企業との長期的な取引関係を形成しており，プレミアム・ゾーンに分類されるジーンズの開発や生産動向について，世界で最も情報を有している企業となっている可能性が高い。特に，小売店舗での販売動向を逐一把握しているSPA型の企業との取引は，より実需に近い情報を吸収することができる。その結果，年間で少なくとも500種類，多いときには900種類もの試作品をユーザー企業へ提案し，その採用率は25%から30%程度と高くなっている。

　さらに，カイハラでは，最終消費者に関する独自の情報収集も度々行っている。全国展開しているジーンズ・ショップに頼んで，吉祥寺，新宿，渋谷，横浜などの店舗から，カットされたジーンズの裾を着払いで送ってもらい，そこから市場トレンドについての分析を行ったりしている。生地を見ることによって，どのような洗い加工が流行っているのか，どのような縫製がされているのかが判断できるのである。このような地道な努力と取引から得られる情報を合わせ，カイハラは，ユーザー企業に対する製品提案力を高めていると考えることができる。

第3節　事例分析

　これまでは，カイハラの備後絣メーカーとしての創業期から，プレミアム・デニム・メーカーとなるまでの変容について，その歴史的経緯を紹介してきた。以下では，その事実に基づきつつ，第2章で構築されたフレームワークを用いて，事例分析を行う。なお，事例分析にあたっては，本書の問題意識がア

クター間の相互作用によって企業のビジネスモデルが歴史的にどのように変容してきたのか，より具体的には，事業機会の認識，コア資源の展開やその他の資源獲得，それらに基づく事業システムの在り方がどのように変化してきたのかについて，いくつかの時代区分を設定して分析を行うことにする。すなわち，備後絣メーカーとしての創業期，備後絣に加えて広幅絣メーカーとして成長を遂げた第1成長期，デニム生地メーカーとして成長を遂げた第2成長期，以上大きく3つの時代区分を設定する。これら3つの時代区分が設定されるのは，それぞれのフェーズにおいて，コア資源を活用しつつも，ビジネスの仕組みが大きく転換されているからである。

3-1 創業期―コア資源の獲得―

　現在のカイハラは，初代社長である貝原助治郎の企業家としての活動に端を発している。主に域内の他企業の影響を受けながら，事業機会の発見，コア資源の獲得が，彼によって行われ，ビジネスがスタートしている。それらは，まだ個別企業としての圧倒的な競争優位をもたらすまでのものではなかったが，その後のカイハラの発展を大きく方向付けるものであったと考えられる。

　貝原助治郎が，事業機会を認識したのは，富田久三郎が考案した文久絣すなわち後の備後絣が，地場産業として大きく成長していたからであった。この地場産業の成長と共に，自身のビジネスも成長することが期待されたのである。つまり，富田久三郎という域内他企業のアクターの成長を通じ，事業機会を認識したと理解できる。

　また，絣生産に必要な染色や織布の技術は，文久絣の考案者である富田に直々に師事し，獲得している。したがって，コア資源を持たなかった企業家貝原助治郎は，域内他企業の富田久三郎から，言わば強連結のネットワークを通じてコア資源の獲得を行ったと理解できる。

　この段階で，既に後のカイハラの発展を大きく方向付けていると考えられるのは，貝原助治郎の高い技術志向である。カイハラの歴史的経緯の中で紹介したように，「本当に着てもらいたい人の立場になり，自らの持てる最高の技術，技能を集結し，手が込んでも良いから他社よりも『いい商品』を作るということを創業以来常に念頭におき，物づくりをしてきた[26]」という記述からも明ら

かなように，創業当時から他社を凌駕する技術の蓄積が強く意識されている。この高い技術志向は，後にカイハラが事業転換を余儀なくされた時に，何度と無く自社開発による技術でその難局を乗り切っていくという歴史的経路を辿ることを，大きく決定付けたと言えよう。

なお，新市町で創業したことによって，後に海外企業との競争上重要な意味を持つ，天然の水資源にも偶然に恵まれたことになる。しかし，この時点では，域内他企業が主な競争相手であり，水資源の利用可能性はカイハラに限られたものではなかったため，まだ競争優位をもたらすものでもなかった。

3-2 第1成長期―競争できる資源の獲得―

カイハラが絣織布メーカーとして，第二次世界大戦後に飛躍的に成長を遂げていくにあたって，企業家として大きな役割を果たしたのが，貝原定治である。彼は自社の立地と域内他企業との競争上の理由から，新たな事業機会を求めて域外市場へ進出し，またそこでの事業システムに必要な資源を獲得し，少なくとも一時的には，競争優位を形成していったと考えられる。この点について，以下でより具体的な分析を加える。

(1) 備後絣メーカーとしての差別化―伝統産業で蓄積された資源―

当時，交通事情の良くなかった新市町に立地していたカイハラは，同じ地域内にありながら交通上有利であった福山の中心部に近い備後絣メーカーとは，運送コストがかかるだけ不利であると考えられた。つまり域内他企業との競争を強く意識し，それらとの差別化の必要性を認識したのである。

そこで，貝原織布では，他社とは一線を画する品質を目指し，染色においてより手の込んだ加工を行った。また，若い女性という明確なターゲットを設定し，ニーズへの適応を積極的に行ったことも，他社製品との差別化となった。これにより，カイハラでは高価格，高付加価値の製品を，全国の若い女性をターゲットとして販売していくという事業システムを構築していくのである。

この際，重要な資源となったのは，他社とは一線を画した鮮明で艶のある染糸とするための漂白と染色の技術であったが，これらは創業期以来の技術志向による差別化を目指した結果，自社で開発された技術である。やはり，創業期

に獲得された絣生産のための技術が，コア資源となっているのである。

また，この時期にブランドという概念は理解されていなかったであろうが，「㋓の製品は他社とは一線を画した品質を持っている」と消費者に識別されるような製品にしようという強い意図があったことは，明らかである。このような，企業の意図と消費者の認識の相互作用によって形成される製品のイメージは，マーケティング上，非常に重要かつ模倣困難な資源である。

(2) 広幅絣への挑戦―競争のための新たな資源を求めて―

さらに続く新たな事業機会の認識は，域外企業と域外の非営利機関からもたらされ，その事業に必要となった資源は，やはり自社開発によって生み出されている。広幅絣事業への進出と，そのための織機開発である。

貝原定治は，当時，絣の一大消費地であった秋田県の問屋を巡っている際に，従来の絣よりも柔らかい素材が求められていることを知り，また東京の広島県物産斡旋所では洋服向けの幅広絣が求められていることを知った。つまり，域外の企業と域外の非営利機関によって，事業機会を認識したのである。

そして，洋服向けに広幅絣を生産するために必要な織機を，僅か2カ月半で開発する。このような短期間での技術開発が可能であったのは，カイハラに創業以来根付いている技術志向の高さと，それに基づく絣生産の技術というコア資源の蓄積があったからと考えられる。既に絣生産に関わる染色と織布のコア技術があったからこそ，それに工夫を加えることで，新たな資源を生み出し，蓄積できたのである。

しかし，この広幅絣は，事業として日の目を見ることはなかった。実際に製品を開発してみたところ，十分な需要が存在していなかったのである。ところが，このことが次の事業機会である絣入りサロン事業において，重要な役割を果たすことになるのである。

(3) 絣入りサロン事業―資源を通じた事業機会の認識とその獲得―

カイハラは，広幅絣のために開発した技術によって，繊維工業試験場からの打診に即応し，結果的に絣入りサロン事業に参入することができた。さらに，この事業の成長によって，カイハラは企業として急速な成長を経験し，また不

足した生産能力は外注によって賄ったが，その際にはノウハウ流出を避けるために，重要な工程や設備は自社管理下に置く事業システムを構築した。

つまり，カイハラは，偶然にも他の事業機会の為に蓄積していた資源を転用することで，新たな事業機会に対応したのである。そして，自社に蓄積された資源があったからこそ，新たな事業機会の認識と評価が可能となり，その機会を活かして急成長を果たしたと考えられる。これまでは，事業機会を認識して，資源の獲得や開発を行ってきたが，ここでは自社の資源を通じて新たな市場機会を認識したという点で対照的である。また，広幅絣のために開発・蓄積された技術資源によって，コスト面で圧倒的な優位性を持って，絣入りサロン市場へ参入できたという点も，注目に値する。

この段階で，同社の事業システムは，やや複雑性を増している。不足した生産能力を域内他企業への外注で賄う一方，技術資源が流出しないよう，設備の開発や管理は自社で徹底して行っている。つまり，域内他企業の資源を活用しながらも，競争優位の形成に欠かせないコア資源は，自社内に蓄積できるような事業の仕組づくりをしていたと理解できるのである。前段階とは，明らかに異なる事業システムである。

諸アクターとの関係を見ると，絣入りサロンという事業機会に関する情報は，繊維工業試験場という，接触頻度の低い域内の非営利組織からもたらされており，カイハラは諸アクターとの強い関係だけでなく，域内の非営利組織との緩やかなネットワークも形成していたことが分かる。こうした弱連結によってもたらされた情報から，事業機会が認識され，さらには海外市場へ参入を果たす契機が生まれているのである。

3-3　第2成長期—コア資源をベースとした事業転換と成長—

絣入サロン事業で成長を果たすも，イエメンの政情不安とポンドの大幅切り下げによって，その市場からの撤退を余儀なくされたカイハラが，新たにチャレンジした事業こそ，現在も継続しているデニム生地事業である。カイハラは，絣生産で蓄積した資源をベースにしながら，デニム生地という全く新たな事業へ参入し，さらにプレミアム・デニム・メーカーとしての現在の地位を確立していった。以下では，そのプロセスを第2成長期として分析を進めよう。

(1) デニム事業への転換―コア資源を通じた市場参入―

　新たな事業機会を探索していた同社は，デニム生地用の糸の染色事業に乗り出した。その新たな事業機会は，龍虎被服と菅原織物という，域内他企業からもたらされた情報に端を発している。ただし，ここで注意が必要なのは，域内他企業とは言っても，それらの企業と貝原定治との間には，社会的関係が既に形成されていたことである。これが単なる取引関係や，近隣に所在する企業というだけの間柄であれば，他企業との既存の取引関係を配慮して，貝原織布へデニム生地用の糸の染色は，打診しなかったかもしれない。少なくとも，高校時代からの友人という社会関係が既に形成されていたが故に，龍虎被服および菅原織物からは，貝原織布へ打診がしやすかったと考えられる。また，友人の経営する企業であったが故に，その苦境を解消することに強い関心を持ったことも理解に難くない。

　さらに，カイハラとしては，全く新たな技術が求められるわけではなく，備後絣の染色で蓄積した技術資源の利用可能性が高かったことが，新たな事業機会へのチャレンジを大きく後押した。インディゴ染めに必要な技術やノウハウというのは，備後絣生産で蓄積した藍染の技術やノウハウがほぼそのまま転用できる点で，カイハラにとって好都合であった。また，ジーンズ市場と伴に成長を果たそうとしていた，地域内の織布メーカーやジーンズ縫製メーカーにとっても，不足するデニム生地用の糸を供給してくれるサプライヤーの登場は，好都合であった。つまり，備後絣生産に取り組み始めた創業当初以来蓄積の進んだコア資源の利用可能性が高かったことは，カイハラにとって大きな魅力であったし，域内企業の協力も得やすかったと考えられるのである。

(2) デニム生地生産のための資源の獲得―資源の開発と吸収―

　域内他企業からの打診を受けて，デニム生地用の糸を染色し始めたカイハラであったが，ここでハードルとなったのは，糸の芯白性であった。カイハラは，米国にあったロープ染色機を自社開発することにより，これを乗り越えた。さらに，カイハラは，リーバイスとの取引を行いながら，スペック管理によるデニム生産のノウハウを蓄積していく。その後，自社での織布を開始し，生産ノウハウの一層の洗練と蓄積により，安定した品質のデニム生地供給を可

能としていった。

　これらの事実を，我々の分析のフレームワークに沿って理解すると，次の2点が特に重要であると考えられる。

　第1に，芯白の糸を染めるために必要なロープ染色機を自社開発できたのは，カイハラが備後絣生産を開始して以来の高い技術志向と，それによって蓄積された技術的な資源がベースにあったと考えられる点である。必要な機材や技術を外部から購入することも選択肢として考えられるが，創業以来の高い技術志向と，広幅絣生産，絣入サロン生産と新事業における技術開発の成功体験が，自社による技術資源開発を大きく後押ししたと理解することができる。

　第2に，リーバイスという，デニム生地生産のノウハウ蓄積に優れた域外企業との取引関係を通じて，スペック管理の概念と方法を吸収し，自社のコア資源へと統合していった点である。リーバイスによる情報収集によってカイハラが見出されたという点では，カイハラからすると取引開始の契機は偶然の要素が強かったと言えよう。しかし，リーバイスの要求品質に応えながら，新たなノウハウを吸収していくことにより，リーバイスとの取引関係を継続的なものとしていった。いわば，新たなノウハウを取引相手から吸収することにより，偶然に得た取引の契機を，必然に転化させたのである。さらに，リーバイスとの取引関係の存在が，他企業との取引関係の開拓，形成に寄与したという事実からも，この時期のデニム生地生産ノウハウの吸収が，現在のカイハラのコア資源となっていったと理解することができる。

　なお，あまり目立たないものの，この段階に至ると，カイハラが新市町に立地することにより，染色に適した天然の水資源に恵まれていることは，安定した品質のデニム生地を供給するために，重要な役割を果たすようになっていたと考えられる。

(3) プレミアム・デニムへの注力―新たな事業システム構築へ―

　デニム生地メーカーとしての強固な基礎を確立したカイハラは，プレミアム・デニム・メーカーとしての性格を強めていった。これは，品質への要求が厳しい国内市場，および円高が進行する中で海外市場において競争するためには，価格競争ではなく，品質面と製品開発で競争を展開する必要があったほ

か，プレミアム・ゾーンで勝負することによってこそ，自社技術の高さを売りにもできたからである。さらに，技術力に裏付けられたカイハラ・デニムを確立させた同社は，日米のナショナル・ブランド・メーカーや大手SPA，有名ブランドとの直接取引を可能とした。またその直接取引の過程で，いち早くジーンズ市場の動向を知り得ることとなり，それがカイハラの新製品の提案力と需要予測の精度を高めていった。以上を我々の分析のフレームにしたがって整理すると，次のように理解できる。

カイハラの事業システムは，複数タイプのアクターとの継続的取引を通じた情報交換をしながら，進化を続ける仕組みが織り込まれていると考えられる。つまり，複数タイプのエンド・ユーザー企業との直接取引を継続させることにより，異なるタイプの情報を常に更新しながら，他のデニム生地メーカーよりも精度の高い情報を基にした製品の開発や生産を可能としているのである。

SPA企業などは，「今，市場で動いているもの」についての情報，つまり極めて鮮度の高い情報を持っている一方で，ジーンズ専業のナショナル・ブラン

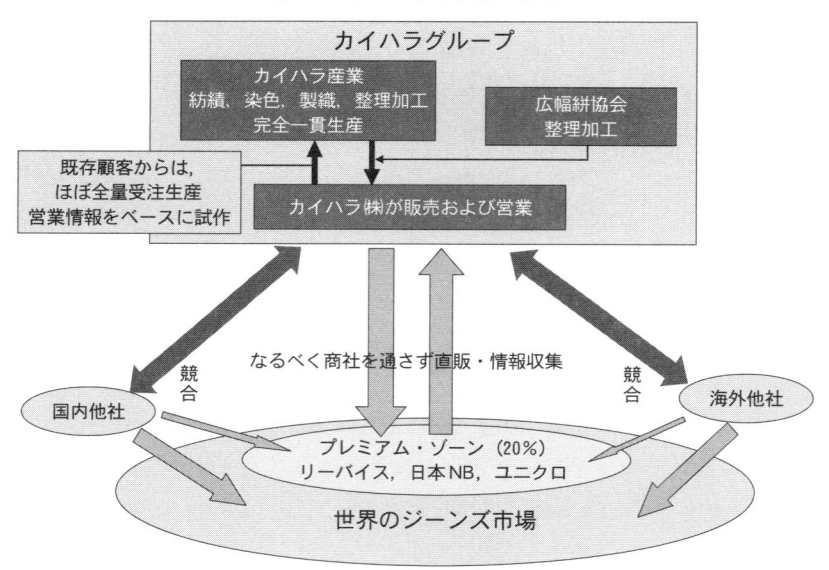

図3-1　カイハラの事業システム

出所：筆者作成。

ドやプレミアム・ブランドなどの場合は,「今後,どのようなブランドを育てていくか」ということに基づいた,より将来的なトレンドに関する情報を持っている可能性が高い。デニム生地の需要量予測や生産計画には前者,製品開発には後者のような情報が,より重要となることが多いのである。

このような,複数タイプの企業との継続的取引に基づく情報交換は,競合他社に直ぐに模倣できるとは考えにくく,またそこで交換され,蓄積されてきた情報もやはり模倣困難であり,競争優位を形成する資源となると考えられる。したがって,カイハラの形成している取引関係とそれを通じて蓄積される情報が,ビジネスの進展に伴って,随時コア資源へと統合されていくような事業システムを構築していると考えることができるのである。

こうして形成されてきた現在のカイハラの事業システムは,図3-1のように表すことができよう。

第4節　まとめ

前節では,カイハラのビジネスの変遷を,大きく3つのフェーズに分けた上で,我々の分析のフレームワークにしたがってケース分析を行ってきた。つまり,前節での分析は,フェーズごとに時間的に短い幅を想定して,いわばある一時点で切り取られたワン・ショットの分析に近いアプローチをとった。しかし,前節冒頭でも述べたとおり,本書の大きな関心は,事業機会の認識,コア資源の展開やその他の資源獲得,それらに基づく事業システムの在り方がどのように変化してきたのかにある。したがって,前節での分析に加え,本節では各フェーズを通した通時的な一貫性という視点から,本章の議論を整理し,まとめにかえよう。

4-1　技術志向のコア資源蓄積とその経路依存性

備後絣メーカーとして創業して以来,広幅絣,絣入サロン,デニム生地と次々に新たな事業を展開してきたカイハラであるが,これらを通時的に見たときに明らかなのは,同社に根付いた技術志向の高さと,それに方向付けられ,

蓄積されてきたコア資源の存在である。高い技術資源の蓄積が可能になったのは，創業初期の段階から高い技術的志向によって同社が方向付けられたこと，そして備後絣生産で蓄積したコア資源の転用が可能な事業に取り組み，さらにそこで開発された新資源をコア資源へと統合してきたことによっている。このように，企業が獲得できる資源や，資源活用の方向性は当該企業が辿る歴史的経路に規定されることから，それ以外の他企業には簡単に模倣することが困難となるという性質がある。これを経路依存性と言うが（Barney, 1991），現在のカイハラの強みである過去のオーダーと全く同じスペックの生地を供給できる体制は，技術志向の高さ，備後絣生産で蓄積された染色に関わる技術に加え，ユーザー企業との過去の取引情報が蓄積されている歴史的経路により実現されており，後発企業にとっては利用不可能な資源と言える。

4-2 コア資源を事業転換に適用するケイパビリティ

　カイハラの歴史は，事業転換の歴史であったとも言えよう。その事業転換においては，備後絣生産で蓄積された技術や生産ノウハウといったコア資源をベースに，新たに開発された資源が組み合わされてきている。このことから，カイハラは自社の資源を競争優位が発揮できるような形で組み合わせる能力が高いということができる。このような複数資源の組み合わせ能力をケイパビリティと呼ぶ（Grant, 1991）。カイハラは備後絣生産で蓄積されたコア資源の中から，広幅絣生産では染色技術はそのままに，織布技術をベースとして新たな織機を開発し，それらを組み合わせることによって製品化に漕ぎ着け，さらにデニム生地生産においては，備後絣の染色技術をベースとしながら，新たな染色機開発を実現し，リーバイスから吸収したスペック管理ノウハウや情報収集の仕組みと組み合わせながら，現在の競争優位を形成している。このように，自社の既存資源のどの部分が利用可能で，何が新たな開発や外部からの吸収が必要な資源なのかという見極めと，それらを実際に組み合わせて利用するケイパビリティが優れていたのである。

4-3 リスク受容性の高さ

　カイハラは大きな事業転換を，何度も成功させてきた企業である。この背後

にはカイハラのリスク受容性の高さがあったと考えられる。通常，大きく事業を転換する場合，新事業の市場で顧客からの支持を得られるかどうか，競合企業との競争に勝てるかどうかといった市場リスクや，既存技術がどの程度利用可能なのか，新たな技術を獲得することができるのか，新たな技術への投資は回収が可能なのかといった技術リスクなどが存在する。また企業内では，様々な部門や階層において蓄積された知識や認識が異なるため，新事業への転換について知覚するリスクもそれぞれ異なる。このことにより，新事業への転換については，部門間対立が起こりがちとなる。

しかし，カイハラが新たな市場と技術に対するリスクを受容し，短期間のうちに事業転換できたのは，創業家一族がカイハラの経営陣を占めていたため，社長を中心としたトップダウンでの意思決定が可能であったからと考えることができる。社長を始めとする経営陣に権限が集中している場合，企業全体の技術革新の方向性，経営資源を集中させる必要性の認識，職能部門間での協力，連携を促進する効果は高いと考えられるからである（高嶋・桑原，2008）。

4-4　ネットワーク形成のバランス

カイハラが長年に亘ってビジネスを成長させてきた要因として，他のアクターとのネットワーク形成のバランスが巧みであったことも指摘できよう。カイハラはいわゆる強連結のネットワーク[27]と弱連結のネットワーク[28]（Granovetter, 1973, 1974）とをうまく使い分けているのである。

創業当初の備後絣生産に必要な技術は，先駆者であった富田に師事することにより吸収され，カイハラが世界に冠たるデニム生地メーカーへと成長していくプロセスでは，リーバイスとの継続的な取引関係を通じたスペック管理ノウハウの吸収があった。長期継続的な取引関係が形成されることによって，企業間にはお互いの知識が蓄積されたり，機会主義的な行動が抑制されたり，さらには関係特定的な投資が行われることがあり，このような関係下では企業間の資源交換が促進されやすいのである（高嶋，1998）。カイハラとリーバイスの関係は，まさにこのような強連結のネットワーク関係であったと考えられる。

このような互恵的関係を伴った強連結のネットワーク関係は，長期継続的な取引が生じやすい生産財企業間において観察されることが多い。しかし，現時

点での企業間関係に最適化していても，新たな市場機会の認識やそれを事業化するための資源獲得を将来にわたって続けていくためには，従来の取引関係とは異なった関係性が必要とされる（高嶋，1998，南 2005，高嶋・南，2006）。

カイハラのような技術志向の地域企業にとって，地域外に存在する企業や非営利組織によって弱連結を通してもたらされる市場情報は，極めて重要である。広幅絣と絣入サロン事業において，日頃はあまり接触が多くはないアクターからの情報が，新たな事業機会を生んでいた。弱連結のネットワークでは，日頃の情報交換が少ない代りに，互いの持たない多様な情報が交換される可能性が高いのである。

このように，カイハラでは，強連結と弱連結のネットワークをバランス良く形成し，新たな資源の移転と新たな事業機会に関する情報の収集を，必要に応じて適宜行えていたと考えることができるのである。

4-5　市場セグメンテーションの選択

カイハラの場合，デニム関連の事業を開始して程なく，リーバイスとの取引関係が形成され，その取引関係が継続されていく中でスペック管理に関するノウハウを蓄積した。またそのことが，後に取引先企業を拡張しながら，プレミアム・デニム・メーカーとして成長していくための基礎となっている。顧客の要求内容や水準が，近い将来に業界標準となると目されるようなリード・ユーザー企業の場合，顧客企業との取引を通じた資源吸収・蓄積によって，自らも先端的な企業となれる可能性は高い（von Hippel, 1986）。つまり，初期段階の取引相手がリーバイスであったことは，非常に重要であったのだ。

生産財マーケティングでは，特定の顧客企業のニーズに継続的にコミットして適応することで，資源を蓄積していくことが多く，それによって組織構造や企業戦略が影響を受けるために，顧客の選別と取引の在り方は，消費財の場合以上の意味を持つ（高嶋，1998；高嶋・南，2006）。つまり，特定企業のニーズに特化することは，取引の継続性や安定性が見込まれ，資源蓄積という点で大きな魅力であるが，その依存関係の中へ埋没していくことが危惧されるのである。例えば，特定企業との取引のために過度に経営資源が振り向けられたり，さらにそこで蓄積された資源や能力が他企業との取引関係には利用しにく

いものになってしまったり，特定企業以外との取引のための機会情報や技術情報の収集が不十分になってしまったりする。そのため，市場や技術の環境変化に柔軟に適応することが困難になり，結果としてその依存度が一段と高まるという悪循環が生じてしまうのである。

　しかし，カイハラはリーバイスとの取引関係を形成しながら，同時に日本国内のナショナル・ブランド・メーカー，プレミアム・ゾーンの製品供給を行う国内外ブランドやSPA企業へと取引関係を拡張し，依存関係への埋没を回避することに成功している。デニム生地事業へ転換した初期には，リーバイスとの取引で生産ノウハウを蓄積しながら，生産設備に積極投資を繰り返して生産能力を高めることにより，国内のナショナル・ブランド・メーカーとの取引を拡張している。また，プレミアム・デニム・メーカーとしての地位を確立していくのに伴って，国内外のジーンズ・メーカーに加えて，より市場の実需に近い情報を有しているSPA企業との取引を開始している。このように，現在の同社は複数タイプの顧客との取引関係を形成し，市場の情報をバランス良く収集することにより，生産財メーカーが陥りがちな依存関係への埋没を回避しているのである。

（猪口純路）

＜インタビューリスト（氏名五十音順）＞
カイハラ株式会社会長　貝原良治氏
　　2006年8月25日　日本アパレル工業組合　大阪・岡山・広島　三青年部会合同研修会にて
　　2007年6月1日　カイハラ株式会社本社にて
ベティスミス・ジーンズ・ミュージアム名誉館長　柏野静男氏
　　2007年10月11日　倉敷ファッションセンターにて
株式会社ニッセン　代表取締役社長　角南功治氏
　　2007年11月30日　株式会社ニッセン本社にて
株式会社晃立　代表取締役社長　藤川由典氏
　　2006年10月26日　株式会社晃立本社にて

注
1　国内のデニム生地生産に関する正確な統計資料は存在していないため，カイハラのシェアを明確

112　第3章　カイハラ：技術革新で地場産業の進化を牽引する

に算出することは困難であるのが実情である。しかし，有力競合他社の生産量からの推察，および日本ジーンズ・メーカー協議会や筆者がこれまでにインタビュー調査の機会を得たアパレル企業関係者の多くの発言から，カイハラが世界のジーンズ・メーカーの間で高いブランド価値の認められている企業であり，また圧倒的なシェアを誇っていると認識されていることは確かである。なお，中国新聞平成18年8月21日「備後発　オンリーワン　ナンバーワン　カイハラ」によれば，生産量のシェアは45%となっている。

2　繊維月報2006年6月号2面「三備地区デニム開発の歴史」年表，および日本繊維新聞社（2006）「備中・備後紀行―日本のデニムバレー―」『ヒストリー日本のジーンズ』より。以後，この節の備後絣に関する記述は，特に断りが無い限り，この2つの資料を基にしている。

3　伊予絣は，既に1800年前後には考案されていたと考えられており，それが備後地方へ伝わるのに50年もの時間がかかるのは不自然であるため，寛政末期（1800年頃）には，無名の女性の手で絣生産が行われていたのではないかとする説も存在する。詳しくは，福井貞子（1981），『改訂 日本の絣文化史』京都書院を参照のこと。

4　これ以降，第2節2-2までの記述は，カイハラ株式会社（2001）『温故創新―積み重ねてきた技術の歩み，110年を礎に―』，および2006年8月25日開催の日本アパレル工業組合　大阪・岡山・広島　3青年部会合同研修会において配布された，カイハラグループの2006年3月時点の資料中の「沿革」，主に2点の資料に基づく。

また，第2節2-3以降のカイハラの歴史に関する記述については，2006年8月25日および2007年6月1日の貝原定治氏へのインタビューに基づく。

5　カイハラグループ発表資料より。

6　日本繊維新聞社（2006），「カイハラ　世界に誇る日本デニムの雄―藍染備後絣がルーツ―」『ヒストリー日本のジーンズ』より。

7　前掲書，参照。

8　井上光貞・笠原一男・児玉幸多（1993），『改訂版新詳説日本史』山川出版。

9　ここでの年次と企業数については，備後絣共同組合のwebサイト http://www.kasuri.or.jp/rekisi_2tai.htm（2007年10月28日アクセス）による。

10　2006年3月カイハラグループ発表資料より。

11　カイハラ株式会社（2001）『温故創新―積み重ねてきた技術の歩み，110年を礎に―』，15頁より引用。

12　前掲書16頁より引用。

13　従来の備後絣の反物の幅は，最大でも38cm程度であったが，洋服に利用できるようにするためには，一般的には90cmの幅が必要とされる。

14　同氏は，広幅絣生産技術発明の功績が称えられ，1961年に黄綬褒章を，またその後のロープ染色機開発を含む様々な技術開発の功績が称えられ，1975年には勲四等瑞宝章が贈られている。

15　福井貞子（1981），前掲書によれば，絣織物は「縛る」を意味する「ikat」と呼ばれるインドネシアの手法が起源とされる。

16　カイハラ株式会社（2001），前掲書によれば，1967年10月20日と記述されているが，英国ポンド切り下げが行われたのは，同年の11月であることから，本章ではそのように記述した。

17　「ニッポンジーンズ人列伝」，『ヒストリー日本のジーンズ』，日本繊維新聞社に収録されている大島雄市氏（ビッグジョン元専務）の証言より。

18　当時の小売店舗の状況，および売上に関する記述は，2007年10月11日に行われた柏野静夫氏へのインタビュー調査に基づく。なお，BIG JOHNを中心とする当時のジーンズ市場の状況については，猪口純路・小宮一高（2008）「産業集積における事業システムの多様性―児島ジーンズ集積の事例から―」『研究年報』（香川大学経済学部）Vol.47，82-108頁，を参照のこと。

19 2007年10月11日に行われた柏野静夫氏へのインタビュー調査に基づく。
20 現ベティスミス・ジーンズ・ミュージアム名誉館長（旧ビッグジョン常務）柏野静男氏への，2007年10月11日に行ったインタビュー調査に基づく。同氏は，我が国の国産ジーンズの量産モデルとしては，最も初期の段階の製品の1つと考えられているBIG JHON製品の企画，素材調達，販売，生産管理を担当した，国産ジーンズの生き証人とも言うべき人物である。
21 同社がプレミアム・ゾーンと呼ぶのは，小売価格にして70米ドルから120米ドル程度で販売される高価格帯のジーンズ製品である。現在，世界のジーンズ市場は25億本程度と見込まれているが，カイハラでは，そのうち約20％程度がプレミアム・ゾーンとそれ以上の高価格帯に分類され，残り80％前後の市場は，ウォルマートで販売される15米ドル程度のジーンズのような30米ドル以下の製品市場と見ている。カイハラでは，低価格市場でのコスト競争に陥らないためにも，この20％の市場をターゲットとした製品の開発と生産を行っているのである。また，ファッションの世界的トレンドとして，洋装化とカジュアル化が進んでいることから，カイハラではジーンズの市場規模はまだまだ成長すると見込んでいる。
22 紡績設備への投資は多額であり，現在の社員1人当たりの装備率で見ると1億円程度であり，これが織布なら8000万円程度，染色なら5000万円弱であるという。
23 例えば，軽石とジーンズを一緒に洗い加工することにより，デニム生地の表面が擦れて中古風の独特のムラを作るストーン・ウォッシュと呼ばれる加工があるが，ジーンズ・メーカーとしては，同じ条件で加工を施した場合には常に同程度のムラが出来ていることを必要とする。
24 現在では世界から注目を浴びる「ジャパン・デニムの聖地」と称される岡山県倉敷市児島地区において，ジーンズの洗い加工の先駆的企業として知られる株式会社晃立の代表取締役社長 藤川由典氏へ2006年10月26日に行ったインタビュー調査，および同地区において染色と洗い加工を含む「後工程」の企業としてデニム業界では国内外で広く知られる株式会社ニッセンの代表取締役社長角南功治氏へ2007年11月30日に行ったインタビュー調査，さらにカイハラ会長の貝原良治氏へ2007年6月1日に行ったインタビュー調査での言質に基づく。
25 Speciality store retailer of Private Label Apparelの略。店舗展開する小売り企業自らが，企画生産から店頭販売までを行う業態。もともとは米国のギャップ社が提唱した概念と言われる。日本では，ファーストリテイリング社の「ユニクロ」が典型例。
26 カイハラ株式会社（2001）『温故創新―積み重ねてきた技術の歩み，110年を礎に―』，15頁より引用。
27 参加者が互いに多くの時間を共有し，情動的な強度が高く，親密かつ互恵的な活動によって特徴付けられる強連結のネットワークの典型例は近親者や親友などで構成されるネットワークである。
28 弱連結のネットワークでは，参加者の多様性が高いことから，情報共有は進みにくいものの，互いの保有している情報は様々な分野に及ぶという多様性を秘めている可能性が高い。

第 4 章
白鳳堂[1]：
伝統工芸を現代に活かして世界へ発信する

はじめに

　広島県安芸郡熊野町一帯の筆づくりは，江戸時代末期に始まった。第二次世界大戦前，「熊野の筆」といえば，大阪，新潟，愛知，東京，奈良の筆などと並んで全国的に有名であり，産地を形成していた。しかしながら，戦争中の衰退はもちろんのこと，戦後一時，教育の場から毛筆が消えるなど，全国的に見れば，多くの生産者は転廃業を迫られる状況にあった[2]。その後，習字教育の復活，経済復興，経済成長のなかで，毛筆生産量は1972年までは増大傾向であったものの，その後，減少傾向へと移行した。

　こうした中，伝統的工芸品である書筆としての毛筆づくりに基礎をおきつつも，従来の筆[3]の概念にとらわれず，新たな製品分野の開拓・進出・革新に挑みつづけ，世界的に展開するまでになった企業も誕生した。そのひとつが株式会社白鳳堂である。白鳳堂は1974年の創業後，書道筆の技術を応用し，化粧筆の生産を手がけてきた会社である。熊野に限らず，筆の生産メーカーは常に海外製品との競争，とりわけ書筆においては価格競争にさらされている。しかしながら白鳳堂は，伝統的な技術を応用し，生産工程の管理に力を入れることにより，高品質の筆を大量に生産することを可能にし，「高級化粧筆」という新たな分野を切り拓いてきた。

　本章では伝統工業に根ざしながら，その技術を応用し，世界的に販路を拡大しつづけている白鳳堂に焦点を当て，検討してゆく。

第1節　熊野の筆づくりと白鳳堂

1-1　熊野筆の歴史と筆づくり
⑴　熊野筆の歴史

　熊野筆の歴史は今から約170年前までさかのぼることができる。安芸国熊野（現広島県安芸郡熊野町）は，広島市，呉市ほかに隣接した位置にあり，四方を海抜500m前後の山やまに囲まれた山あいの地域である[4]。このことから，熊野付近では昔から広い農地を確保することが難しく，住民は農業だけで生活を成り立たせることが出来なかった。そこで熊野の住民は農閑期になると，熊野を離れて出稼ぎに行くものが多数いた。出稼ぎの行き先としては，主として近畿地方，特に奈良や京都，紀伊国熊野（現和歌山県田辺市）地域であった。これら出稼ぎに出た熊野の人々は，出稼ぎの帰りに奈良や京都で作られる筆や墨を仕入れ，広島へ戻りこれを売りさばくことで，収入を得ていた。

　19世紀初頭になると，多くの藩同様，広島藩も財政難に直面していた。その対策として，広島藩では藩内各地で手工芸の奨励を行い，産業の振興による藩財政の建て直しを図っていた。そういった中で，筆づくりに目をつけた商人らの活動を契機とし，熊野における筆づくりがスタートした。佐々木為次という人物が，1835年から1839年までの4年間，摂津国有馬（現兵庫県）で筆づくりを学び，熊野に筆づくりを伝えたことが，熊野で本格的な筆づくりが始まるきっかけとなった。その後も佐々木と同様に有馬へ行き筆づくりを学んだ乙丸常太，広島藩が招いた筆司（筆職人）吉田清蔵に筆づくりを学んだ井上治平などにより，熊野に筆づくりの技術がもたらされ，これが村人に継承され，熊野において筆づくりが本格的に定着することとなった。その後広島藩の努力などもあり，熊野の筆は徐々に全国に広まっていった。

　熊野の筆生産が大きく伸びるきっかけとなったのが，明治維新とその後に始まる初等教育である。明治政府は1872年に初等教育をスタートさせるが，その中で書写・習字を取り入れたことで，全国的に書道筆に対する需要が高まることとなった。1900年には義務教育が4年制となり，義務教育を受ける者の

数が増加すると，書道筆への需要がさらに大きくなった。これら一連の出来事は，熊野の筆に対する需要も大きく拡大させ，熊野の筆生産を拡大させるきっかけとなった。

しかし第二次世界大戦における日本の敗戦により，熊野の筆生産は岐路に立たされることとなる。戦後わが国を統治した連合国軍最高司令官総司令部（GHQ）は，日本の軍国主義復活を防ぐという目的から，これまで教育に組み込まれ行われてきた伝統教育を禁止したが，その中には武道などと並んで習字教育も含まれていた。これにより書道筆に対する需要が激減し，熊野では生活のためにこれまで書道筆で培った技術を用い，画筆や化粧ブラシ[5]の生産を始めることになった。

その後1958年に習字教育が復活することで，書筆生産は盛り返すことになるが，このころには熊野以外の筆の生産地では，軽工業中心から重工業への，産業構造の転換の影響が現れてきていた。これまで筆を多く生産してきた新潟県，奈良県，大阪府などでは，産業構造の変化により筆生産の衰退が起こっていた。そのなかで熊野は四方を山に囲まれた地理的条件から工業化の進展あるいはその影響が少なかったことが，逆に熊野の筆産業の衰退を食い止める結果となった[6]。そして現在，熊野の筆生産は全国の約8割を占めるといわれるまでに成長したのである[7]。

しかしながら，とりわけ1970年代半ば以降の毛筆需要の減少という危機を乗り越え，伝統的技法を活かしながら，画筆，化粧ブラシ市場へと事業展開を進め，今日の高い筆生産シェアを得るまでになるには，産地を構成している各々において，当然なことながら大きな苦労があったであろう。そのプロセスについて白鳳堂を事例として取り上げ，考察することとする。このことは，一企業の成長・発展をもたらした内的要因に接近することにとどまらず，産地としての地域全体からの影響を受け，また逆に一企業の成功が産地に波及し活性化をもたらし，さらにその作用も受けるなどの外的要因にも接近することにもつながる。

加えていえば，熊野筆を取り巻く外部環境，とりわけ20世紀下半世紀の外部環境は厳しい状況が続いてきたといってもいいだろう。かつて主力であった書筆の生産は，少子化や日常生活における筆の使用が減っていることで，市場

は縮小傾向にあり，1973年以降，その傾向に歯止めがかかっていない。中国製品の台頭も著しく，習字用の書筆，特に小学生向けの書筆については，中国製品にそのシェアを奪われている。筆の生産は未だほとんどの工程を手作業に頼っていることから，現段階では中国製品とのコスト競争は勝負にならない[8]。また，労働力の主な供給源である熊野町の人口は，1947～65年ほぼ9000人台であったものが，1970年代以降広島市のベットタウン化もあり2万人台（2007年：約2万6000人）になったが，筆司として一人前になるには時間がかかり，根気のいる手作業がほとんどのため，経営規模を維持するだけにおいても後継者[9]は不足しがちであり，それをさらに経営規模を拡大しようとすれば若年および女性労働力の確保に課題をかかえることとなる。結果として多くの熊野筆のメーカーは，新たなニーズの掘り起こし，新市場への進出など，今後の方向性を明確にし，工程革新も含め，それに対応する手立てを用意しておかなければならない。白鳳堂の事例によって，伝統ある熊野筆の継承にもつながる取り組みを一方で見ながら，他方で岐路に立ったときの課題解決につながる示唆を期待する。

(2) 生産の工程

筆の生産は，ひとつひとつが手作業を前提とした，細かい作業の連続である。生産工程は細かく数えると80近くにもなるが，大まかに分けると(1)下仕事，(2)台仕事，(3)仕上げ，に区分することが出来，それぞれの仕事はいくつ

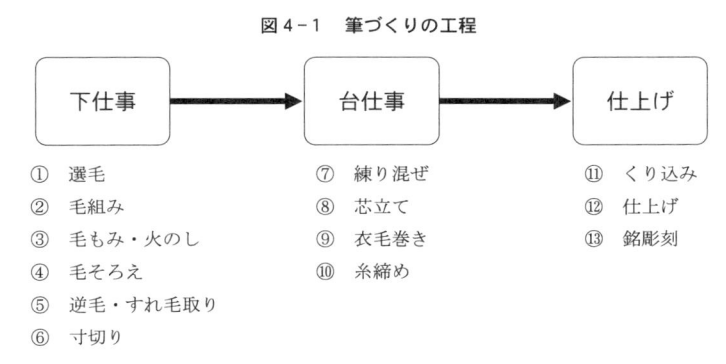

図4-1 筆づくりの工程

下仕事 → 台仕事 → 仕上げ

① 選毛
② 毛組み
③ 毛もみ・火のし
④ 毛そろえ
⑤ 逆毛・すれ毛取り
⑥ 寸切り

⑦ 練り混ぜ
⑧ 芯立て
⑨ 衣毛巻き
⑩ 糸締め

⑪ くり込み
⑫ 仕上げ
⑬ 銘彫刻

＜熊野筆（筆の里工房）ホームページ http://www.fude.or.jp を参照＞

かの作業に分けられる。以下熊野筆ホームページの記述に従って，筆づくりの工程を示しておこう。

(イ) 下仕事

　筆づくりで最初に行われる仕事が，筆の毛を料理の下ごしらえのように，筆としての形を整えるために必要な下準備を行うのが下仕事であるが，この下仕事はさらに6つほどの工程に分けることが出来る。

　先ず「選毛」と呼ばれる，毛の選別作業を行う。これから作ろうとする筆の筆先の場所に応じて材料を選別し，長さや質を調える。この選毛の作業をこなせるようになるためには，長い経験と勘が必要であると言われている。そしてここで選んだ毛を，作る筆の種類に合わせて，毛が組み合わせられる。この作業は「毛組み」と呼ばれ，筆の大きさや穂先の長さにしたがって，細かい調整を行いながら毛がまとめられてゆく。

　次に「毛もみ」「火のし」と呼ばれる作業が続く。毛筆は動物の毛を使用するので，毛に付着した汚れ及び脂肪分を十分に除去しなければ，筆が墨を含まず，筆として使い物にならない。そのために「毛もみ」という作業を行う。この作業は熱した「火のし」を当てながら行う。毛に熱を含ませ，十分にもみほぐすことにより，汚れと脂肪分を丹念に取り除いてゆく作業である。

　汚れや脂肪分が取り除かれ，毛先を残したうえで長さを切りそろえられた毛は，「毛そろえ」という作業に進む。この作業では付着した綿毛が取り除かれる。少しずつ毛が積み重ねられ，金櫛がかけられ，毛の質が整えられる。続く「逆毛・すれ毛取り」の作業においても，逆毛やすれた毛が小刀を用いて取り除かれる。毛の質についてはこのように何度も何度も整えられ，良い毛だけが残されてゆく。

　下仕事の最後になるのが，「寸切り」と呼ばれる作業である。ここでは毛筆の形になるように，毛を切りそろえてゆく。毛先の部分から一番太い腹の部分，根元の部分に至るまで，それぞれの部分を構成する毛ごとにまとめられ，丁寧に切り揃えられる。こうすることで「塊（くれ）」と呼ばれる，筆の部分ごとの毛のかたまりが作られる。ここまでが筆づくりの下仕事である。

(ロ) 台仕事

　下仕事が終わると，次に台仕事といわれる作業に移る。この台仕事は各部分

用に切り分けられた毛のかたまりである「塊」から，筆の形が作られてゆく。この工程は4つの作業に分けられる。

　まず「練り混ぜ」と呼ばれる作業が行われる。ここでは毛の「塊」が分解され，水に浸され，薄く伸ばされ，毛組みにムラが出来ないように質が整えられる。整えられた毛は布糊で固められ，「平目」と呼ばれる状態になる。

　次に，芯立てという作業が行われる。先ほど固められた「平目」を，筆一本分の大きさに分け，筆の形へと整形してゆく作業である。その時に不要な毛が取り除かれ，質が整えられてゆく。こうして筆の芯が出来上がってゆく。

　筆の芯が作られると，その周りに衣毛と呼ばれる毛を巻きつける作業が行われる。これが「衣毛巻き」である。衣毛は筆の表面になる毛であり，一般的に芯に用いられる毛よりも上質な毛が使われることが多い。この作業は表面にムラ無く毛を巻きつけてゆく必要があるので，筆づくりの中でも難しいといわれる。穂首と呼ばれる筆の形が出来ると，乾燥させられ，根元は麻糸でくくられる。この糸の結び目に焼きごてをあて，固めることを「糸締め」といい，これが行われることで筆の穂首が完成する。

　(ハ)　仕上げ

　最後に仕上げの工程である。まず出来上がった穂首は，筆管と呼ばれる筆の軸に据え付けられる。これが「くり込み」と呼ばれる作業である。「仕上げ」には，筆の寿命を保つために，穂首を糊で固める作業が行われる。そして最後に筆に名前や生産者の銘を彫刻し，筆の完成となる。

　以上が一般的な筆の製作工程であるが，これは筆の種類によっても若干異なってくる。筆づくりでは，下仕事から台仕事にいたるまで，毛の選別および整形にかなりの手間がかけられる。

　もともと筆職人（筆司）はこれらの工程すべてを1人でこなす必要があり，そのため一人前になるためには長い年月がかかる。現在熊野には約1500人の筆司がいるが，その中で特に高い技術を持つ者には伝統工芸士[10]の資格が与えられており，現在熊野には17人がその資格を持っている。

1-2　白鳳堂の概要

(1)　概要[11]

会社名
　　株式会社　白鳳堂（英語表記：Hakuhodo Company, Limited）

事業内容
　　化粧筆，書道筆，面相筆，日本画筆，洋画筆，デザイン筆，工業用筆の製造販売

代表者・取締役
　　代表取締役社長　髙本和男
　　専務取締役　髙本壯，常務取締役　髙本美佐子，取締役統括部長　髙本光

登録ブランド
　　白鳳堂，Misako Beverly Hills, HAKUHODO, hakuho-do, ふでばこ（季刊誌）

会社設立
　　1974年8月9日

決算日
　　7月末日

資本金
　　5,000万円

従業員数
　　75名（その他パート約80名）（2008年2月1日現在）

主要取引銀行
　　広島県信用組合，広島銀行，三菱東京UFJ銀行

事業所
　　広島本社，東京青山店，東急東横店，三越広島店，髙島屋大阪店，ロサンゼルス店

(2)　沿革[12]

1974年　　有限会社白鳳堂設立
1982年　　代表取締役に髙本和男就任，自社ブランド開発に着手

1990 年	営業拠点および OEM 取得のため，株式会社誠和設立（銀座）
1993 年	モンゴル国に筆づくりの技術供与により友好勲章受賞
1995 年	中国の深圳に協力工場を設立
	カナダの M.A.C.社と OEM 契約（以後有名化粧品会社との OEM 契約が続く）
1996 年	アメリカ・ロサンゼルス（ビバリーヒルズ）に直営店開設
	ウェブサイトを開設，自社ブランドの直販を開始
	「筆の穂製造法」で特許取得
1998 年	ロサンゼルスの直営店閉店・撤退
1999 年	中国・深圳から撤退。協力工場閉鎖
	株式会社に組織変更
	大手通信販売会社と，自社ブランド製品の提携販売を開始
2000 年	有名メイクアップ・アーティストとの共同開発が活発化
	全国有名百貨店で，化粧筆のイベント販売を開始する
2002 年	中国からすべて撤退
2003 年	ロサンゼルスに再進出　トーランスに店舗兼営業所を開設
	東京・青山に直営店開設
	日本文化デザイン大賞受賞
2004 年	2004－2005 グッドデザイン賞受賞
2005 年	IT 経営百選に認定される
	社長・髙本和男が内閣総理大臣表彰「ものづくり日本大賞」伝統技術の応用部門において，内閣総理大臣賞受賞
2006 年	経済産業省「元気なモノづくり中小企業 300 社」に選定される
2007 年	エスティローダー社より，優れた品質及びサービスを提供した会社として，「2006 年度納入業者優秀賞」受賞
	「第三回デザイン・エクセレント・カンパニー賞」受賞
	取締役社長・髙本和男が平成 19 年度秋の褒章にて，黄綬褒章受賞

第2節　白鳳堂の歴史

2-1　白鳳堂の成り立ち～創業から高級化粧筆メーカーへ

　白鳳堂は，髙本和男・美佐子夫妻（現社長・常務取締役）によって，1974年に設立された。

　髙本家は曽祖父の代から筆業にたずさわってきたが，髙本和男氏は東京農業大学で学んだ後，三男ということもあって建設会社に営業担当として就職した。しかし，1960年代前半，学校用の筆も好調で，50年代後半に輸入された米国製品に倣い開発された小さな化粧ブラシを入れたコンパクトも爆発的に売れはじめ，本家が多忙を極め，髙本氏も家業に参画することとなり，営業を担当した。髙本氏が営業で飛び回る間に，中国産の安価な輸入筆との価格競争も目のあたりにし，いくつかの疑問や不安が生まれた。

　ひとつは，熊野の筆製造の増産増産の中で産地全体が本来の職人仕事を忘れ，工程を省いた形での量産に傾いてきたことがもたらす将来的な影響である。事実，熊野筆は品質低下をもたらしてきていた。また他方で，自社ブランドを確立せずOEM（製造品の他社ブランドでの販売：Original Equipment Manufacturing）生産に依存する経営体質もあった。髙本氏は，こうしたことが続けば，顧客ニーズの実現ができなくなり，企業としての存続ができなくなるのではないか，将来，長きにわたる産地継続が難しいのではないか，との危機感をいだいた。

　そこで，自らが納得できる，道具として機能する筆，いわば「書筆」，「画筆」，「化粧筆」それぞれの違いを確立したなかでの理想的な筆を夢みて，34歳の時に志とともに独立・創業した。夫人との二人三脚は，10坪（約33m^2）のプレハブから始まった。

　会社設立当初は，製品としては化粧品用コンパクトに付属する廉価な化粧ブラシの生産を手がけ，大手化粧品会社に，卸売業者を通じて化粧ブラシの納入を行っていた。しかしながら当時の化粧ブラシのOEM生産は，閑散期と繁忙期の差が激しく，受注はOEM先である化粧品メーカーからの発注に左右され

ていた。そのため資金繰りは安定せず，経営は苦しかった。加えて当時のOEM生産は，間に卸売業者や商社を挟んだ間接的な取引関係であることから，生産者と顧客の間の直接的コミュニケーションは成立していなかった。また当時の日本における化粧ブラシ市場は，卸売業者が介在する強固な流通システムにより取引が行われ，また日本の化粧品メーカーが，あくまでも製品の付属品に過ぎない化粧ブラシに対して関心を示していなかったことにより，直販や独自の販路開拓などは，事実上不可能であった[13]。

しかし80年代に入り，化粧ブラシ全般の品質に対する髙本和男社長の危機感はさらに高まり，商社を通さず，直接顧客とのコミュニケーションが可能なOEM生産へのシフトを開始，また同時期に他では例を見ない「化粧筆」の自社ブランド展開を開始した。夫人の名前にちなんだ「MISAKO」をブラン

図4-2　白鳳堂のフラッグシップ：MISAKOブランドの化粧筆　S100シリーズ朱軸

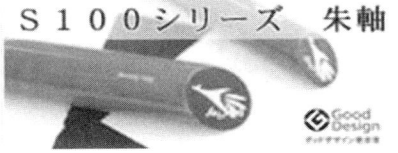

図 4-3　鳳マーク

ド・ネームとし，そのデザインと，社名にちなんだ鳳凰のマークを作成した。

　当初，化粧品の付属品にすぎなかった化粧ブラシというものを，独立した製品として捉えただけでなく，品質を重視し，高級品として「化粧筆」という新しい商品を売り出すというアイデアは，他に例を見ないものであった。しかしながらこのやり方は，流通システムの壁に直面し，また価格が「高い」と取引先には言われ，なかなか軌道に乗らず，数社の化粧品メーカーからの高級ブラシの注文などの他，画筆等の生産を行い，しのいでいた。それでも海外の化粧品メーカーの日本法人との OEM 契約を行うなど，徐々にではあるが新規顧客を獲得していった。

　転機が訪れるのは 1990 年代に入ってからである。このころ白鳳堂のつくる「化粧筆」は，主にメイクアップ・アーティストなど，化粧道具の品質に敏感なプロの人々を中心として「すばらしい化粧筆」と口コミで評価を高めていた。またこのことがきっかけで，海外のメイクアップ・アーティストや海外の化粧品メーカーへの販路が徐々に広がっていく。

　さらに，白鳳堂にとって大きな転機となるのが，1995 年に海外大手化粧品メーカーである M.A.C.社（カナダ）（現在はエスティローダー社傘下）のOEM で化粧筆を製造し始めたことである。このことをきっかけとして白鳳堂は高級化粧筆メーカーとして軌道に乗り始める。

　しかしながらこの時期，海外進出での失敗も経験している。1995 年に生産面でのコスト削減などを狙った中国進出は，製品の品質が不安定になるなどの問題を解決できないまま，7 年あまりで撤退をしている。また 1996 年にはアメリカ・ロサンゼルスのビバリーヒルズに直営店を出店するも，現地スタッフとのコミュニケーションが上手くいかないなどの問題により，わずか 2 年で撤退している。同社の海外進出は試行錯誤の連続であったとも言えよう。

　白鳳堂は，M.A.C.社との OEM 契約後から化粧筆メーカーとしての知名度が

徐々に上昇し，売上高を伸ばしていくことになる。このことにより白鳳堂が，メーカー依存の下請け的性格の企業から，高付加価値製品を生産し，独自の販路を持つ企業へと変質していくきっかけとなったのである。そして現在白鳳堂は国内トップレベルの化粧筆メーカーとして，現在も成長を続けている。

2-2　生産の内訳・製品の種類

　白鳳堂は筆の生産に特化しているが，生産する筆のうち，95％までが化粧筆であり，種類は1000種，生産本数は年間600万本[14]，1カ月約50万本，1日の生産量は約2万本である[15]。売上高の約70％がOEM生産品であり，OEM先は150社に及ぶ。残りの30％程が自社ブランドとして世に送り出される。化粧筆のシェアは国内トップであり，世界の高級化粧筆市場では約60％のシェアを誇る。

　全生産量のうち，残りの2％は和筆（書道筆，面相筆，日本画筆等），画筆（洋画筆，デザイン筆等）が2％，工業用筆が1％を占めている。最後の工業用筆については，近年生産を始めたばかりであり，会社の筆生産が化粧筆に偏るなか，今後の新たな筆市場として目をつけ，生産・市場の拡大を狙っている分野である。

2-3　製品および技術開発の経緯

　白鳳堂は当初から高級化粧筆の生産を手がけていたわけではなく，上述のように商社からの注文を中心とした，欧米化粧品会社のコンパクト用化粧筆のOEM生産からスタートした。1970年代後半までは，熊野の筆生産者に多くの注文が舞い込み，多くの業者がこれまでの伝統的生産方法から，大量生産にシフトしていった。同時に欧米の量産品との間に価格競争が起こることによって，筆生産者は原価の切り詰めを余儀なくされ，それに伴って熊野産の筆全体の品質低下がみられるようになった。

　この危機感から現社長は，安価を追及した筆づくりから，高品質の筆づくりへのシフトを考えた。ファンデーション等化粧品の質が向上していた（粒子が細かくなっていた）ことにより，化粧筆の品質もそれに対応して向上させなければ，いずれ使ってもらえなくなるのではないか。しかしながらこの時代，高

級な化粧筆という製品ジャンルは存在しなかった。したがって白鳳堂としては，その製品ジャンルを自らが作り出す必要があった。

本来，品質の良い筆というものは大量生産が出来ず，80余りの工程すべてをひとりの職人が，手でひとつひとつ作り上げなければならないものであった。しかしながら旧来からの筆生産方法を採っていたのでは，生産量の拡大には限界がある。加えて質の良い職人の確保には限界があり，質の高い製品を安定的に生産することは出来ない。そこで白鳳堂では，80近い工程のすべてを1人の職人が行っていた従来の筆づくりのあり方を見直していった。筆づくりの工程に分業システムを導入し，工程を細分化することにより，ひとつひとつの作業を単純化してゆき，必ずしも熟練していない工員でも，生産作業にたずさわれる体制を整えた。つまり化粧筆の生産にライン生産方式を導入したのである。この工程革新は，安定した品質の製品の大量生産へとつながってゆく，画期的なものとなった。

生産管理は，大手電機メーカーに勤めていた長男の髙本壮専務取締役が，前職で培ったノウハウを活かし，これに取り組んだ。それまで家内工業の延長線上であったために，雑然としていた工場内に，徹底した整理整頓と効率化を導入し，コスト削減を図っていった。この頃工場内のいたるところに散在していた材料および仕掛品の在庫は，スペースを圧迫し生産効率アップを阻む一因となっていただけでなく，会社の資金繰りを悪化させており，早急に改善する必要があった。特に髙本専務入社時は，会社の事業拡大による借入金が膨らみ経営を圧迫していた時期であり，生産管理による経営効率化は急務であった。髙本専務はこれまで会社が溜め込んできた，大量の材料在庫についても思い切って処分していった。こういった生産管理のあり方は，はじめ従業員の大きな反発を招いたが，髙本専務が率先垂範することにより，徐々に社内に根付いていった。このことは白鳳堂を「家業」から「企業」へと変化させていった。その後，2003年に次男の髙本光部長が地元銀行を退職して白鳳堂に入社し，生産管理を含む経営管理を受け継ぐことになる。

筆に使用される材料についても，かつては国産の獣毛がふんだんに入手可能であったが，それが大きく減少し価格は高騰したという問題が存在した。代わりに用いられるようになったのが中国産の獣毛であるが，温暖湿潤なわが国と

異なり，乾燥の激しい大陸の気候で育った動物の毛は，同様の種類の動物であっても，国産の獣毛とは風合いが異なり，加工の方法を大きく変えなければならなかった。白鳳堂では，研究を重ねることにより，中国産の材料を用いながら伝統的な熊野筆の味わいを出すための研究を重ねた。

また白鳳堂では，他の日本企業と同様に中国の安価な労働力と材料に注目し，深圳に協力工場を設立した。1995年のことである。しかしながらこの試みは2002年に終了することになる。理由は中国では日本で行っているような，十分な品質管理が不可能であり，生産される筆の品質に大きなばらつきが生じてしまい，満足の行く製品ができなかったことである。その後白鳳堂は海外への生産拠点の移転から，国内での生産を拡充する方向へシフトすることになり，2005年に本社新工場を建設し，生産体制を確固たるものにしていく。

2-4 高級化粧筆市場の開拓と確立

この工程革新と輸入材料の活用により，高品質の化粧筆を安定的に，しかも大量に生産することが出来るようになったことで，白鳳堂は高級化粧筆の市場の確立へと踏み出すことになる。

まず取引相手であるが，初期のように商社を通じた製品の取引では，どうしてもユーザー側の意図がメーカーである自社に伝わりにくく，品質向上に役立たないという意識から，化粧品メーカーと直接接触ができるOEM生産を主とし，しばらくはそれに特化する形で生産を増やしていった。その結果世界的な化粧品メーカーであるM.A.C.社とのOEM契約をきっかけとして，クリスチャンディオール（フランス），ランコム（フランス），コーセー（日本）など，多くの世界的ブランドとのOEM契約を獲得することに成功し，現在では世界シェアの約60％を占めるまでに成長した。

自社ブランド展開については当初，有名なメイクアップ・アーティストなどの支持をとりつけるなど，白鳳堂化粧筆の品質の高さをアピールする方法で取り組んだ。インターネット通販やイベント販売など直販を基本に，徐々にその数を増やしていった。特に自社ブランドの展開において，大きな役割を果たしたのが，IT技術の活用である。国内の営業・販売の拠点が広島の山間部という地理的に不利な場所にある同社にとって，インターネット技術はまさに天佑

というべきものであった。白鳳堂は1996年，ウェブサイトを開設しこれを通じた製品の直販を開始した。この試みは，まだインターネットが十分に普及していなかった当時のわが国では，一般ユーザーを取り込む力とはならなかったが，メディアに取り上げられる頻度が高くなり，同社の広告宣伝に寄与する結果となった。1999年には，化粧品の口コミサイトである「@cosme（アットコスメ）」と製品の共同開発・提携販売をするようになった。ここでは，消費者の出すコンセプトを商品化するという企画が行われており，その中で白鳳堂による企画製品は，準備された500セットが1日で完売するなど，好評を博すようになっていた。アットコスメとの共同開発・提携販売により，市場調査，製品開発および販売促進を，インターネットを通じて行うことが出来た。こういった企画を通じて，白鳳堂はその知名度およびブランドイメージをさらに高めてゆくことに成功しただけでなく，より多くの一般ユーザーに浸透し，顧客として獲得することに成功することになった。

その結果現在では，化粧筆の全売上の30％余りを自社ブランドの売上が占めるようになった。現在白鳳堂の認知度も大きく高まっており，ファッション雑誌やメイクアップ雑誌等で，その製品は頻繁に取り上げられ，高い評価を得ている。

2-5　今後の白鳳堂

現在白鳳堂は，化粧筆の売上のさらなる増大を狙い，生産力の拡大に努めている。2007年秋現在のところ3年先に売上高を20億円ぐらいにすることを目論んでいる。そのための設備投資を行い，職人の育成も目下進めているところである。販売においても，売上高の増大には直販のさらなる拡大も必要であり，インターネットのさらなる活用など，今後取り組むべき課題は多い。

また化粧筆に中心をおきつつも，画筆や工業用筆への展開を強化するなど，白鳳堂の高い技術が生かせる分野への進出を考えている。画筆については，アニメ用のデザイン筆が，宮崎駿のスタジオ・ジブリにおいて使用されるなど，評価が高まっている。また工業用筆については，自動車のフロントガラス接着用の筆などをはじめとした分野への進出をはじめており，高い付加価値を狙えることから，今後積極的に取り組んでいくとの方向性を明確にしている。

海外進出については，2003年には一旦撤退していたアメリカ・ロサンゼルス（トーランス）に直営店を再展開し，北米の拠点とした。以前に比べて社内の異文化に対する理解が深まっているだけでなく，海外とのビジネスに対応できる人材の成長および生産能力の拡大により，海外市場への対応能力の向上が，北米への再進出を促した。

今後の海外展開については，すでに進出している北米市場を中心に考えているが，今後欧州および中国を市場として進出していくことを計画している。

第3節　事例分析

以下では，白鳳堂の歴史を次の4つのフェーズに区分し，第2章で提示されたフレームワークに基づいて分析していく。第1フェーズは付加価値製品である高級化粧筆の製品開発を行うとともに，市場形成していった創業期（1974～1994年），第2フェーズは海外化粧品メーカーとのOEM契約，海外工場設立，海外直営店設置などの海外業務展開を始めて成長した第1成長期（1995年～1997年），第3フェーズは海外工場・直営店から撤退するとともに，生産体制を革新したり自社ブランドを展開したりして，企業経営の再編を行った再編期（1998年～2002年），第4フェーズは工場増設，海外再展開などの事業拡大を行う第2成長期（2003年～現在）である。

3-1　創業期における事業機会の認識およびコア資源の確立

創業の1974年当時，廉価製品生産への傾斜，それにともなう製品の品質低下が熊野地域全体に広がっていることをみて，創業者は熊野筆という伝統産業が廃れるとの強い危機意識を持っていた。また，生産計画がOEM先からの発注に左右されていたことから，閑散期と繁忙期が生じ，同社の資金繰りは不安定な状況にあった。さらに当時は，化粧筆の大部分がOEM製品や卸売業者経由の製品であり，自社ブランド製品を展開する力もない状況にあった。このような状況において，創業者夫妻は，高級化粧筆という新たな付加価値製品に事業機会を認識し，和筆製造の技術を基盤としてその付加価値製品を創出した。

しかしながら，それまで高級化粧筆という製品自体が確立しておらず，また取引メーカーにさえも高級化粧筆に商品価値を見出してもらえなかったことから，OEM先や消費者の購買を喚起し，市場を確立するまでに創業以来約20年を要した。このように20年もの歳月はかかったものの，高級化粧筆という新市場を開拓したパイオニアとして，同社は他の追随を許さない高度な技術力・開発力を持っており，それが同社のコア資源を形成している[16]。またその中心となっているのが，筆の穂先をつくる技術（手組み技術）をもつ創業者夫人，および最終検査（不要な毛抜き，バランス取り，全体チェック）を行う創業者の技術力であり，夫妻の持つ高度な技術力を適切に継承するため，伝統職人は雇用せず，新人をゼロから人材育成する方針がとられている[17]。こうして形成される白鳳堂の技術力・開発力は，同社の第1の競争優位性となっている。初期ユーザーは，白鳳堂製品の品質がわかるメイクアップ・アーティストなどのプロであった。

3-2　第1成長期における事業機会の獲得

日本の化粧筆が卸売業者を介在した強固な流通システムにおいて取引されていたため卸売業者を介さない取引が困難であったこと，国内の化粧品メーカーが高級筆に関心を示さなかったことから，白鳳堂は1990年代より有名メイクアップ・アーティスト[18]や海外大手化粧品メーカーへの直接的アプローチを通じて，積極的に独自に新規流通ルートを開拓し始めた。

白鳳堂が評価されるきっかけとなったのは，当時ニューヨークで活躍していたメイクアップ・アーティスト安藤広美氏の評価である。安藤氏の存在を偶然に雑誌で知り，親戚に頼んで連絡先を調べ出し，創業者自身がニューヨークに安藤氏を訪ねると，そこで使われていた50本ほどの筆の大半が白鳳堂の製品であったという。これで自信を得た創業者は，取引先化粧品会社開拓へと駒を進めた。カナダ在住の高校の同級生であったジョージ下見氏[19]に依頼し，安藤氏から入手した化粧品会社名のひとつであったカナダ企業M.A.C.社[20]にアプローチした。そして，その数カ月後には社長自らが交渉を開始し，M.A.C.社トスカン社長ともすぐに合意して納期2カ月の7〜8万本もの発注を受け，これをすぐさま受諾し，当時の社員40人が一丸となりフル操業で納品にこぎつ

けた。

　このように，白鳳堂は新たな事業機会を海外に求める必要に迫られたため，創業者は企業家としての性格を強め，1995年にはM.A.C.社とのOEM契約に成功したのである。また，企業家としての髙本和男氏には，人的ネットワークを通じて地域企業と海外企業の関係を構築し，海外顧客を獲得し，世界市場への足掛かりを掴んだという優れた渉外力がある。この渉外力から得られたM.A.C.社との取引を契機として知名度が上がり，取引が増加し，1995年には中国工場およびロサンゼルスの直営店を設立・設置して生産拠点・販売拠点を海外に拡大するに至るのである[21]。

　また，取引先の拡大に対応して，手工業による製造工程の分割というイノベーションにより量産体制を確立した。具体的には，従来全工程に精通する1人の職人によって行われていた80もの工程を細分化し，一部の工程の専門家である職人の流れ作業によって生産を行うよう製造工程を改革したのである。これにより，分業体制が確立するとともに生産性が向上し，大量生産が可能となる。同時に，分割された工程において，単純な作業については社長自らが考案した機械により部分的に機械化を行い，生産の効率化を図った[22]。中でも，高品質商品を大量生産するための「筆の穂製造法」については，1996年に特許権を取得している。

　一方で，第1成長期には，卸売業者を通じた取引を行う国内の流通慣行を崩し，化粧品メーカーとの直接取引を行うようになった。このため，流通コストを低減することが可能となった。また，第1成長期から再編期にかけて，高級化粧筆という付加価値製品の生産拡大により，廉価品を受注するメーカーに依存する体質の下請企業から脱却を図るのと同時に，自社製品の直販割合を高めていくといった販売戦略を取り始めた。

　この時期には，生産量の増大による規模の経済効果，効率的な生産，流通改革による流通コスト低減などを通じて事業活動における競争優位性が獲得されたが，一方で海外事業に関しては直営店では現地スタッフとのコミュニケーションが上手くいかないといった問題，中国工場では品質が安定しないといった問題を抱えるなど，海外投資活動において問題が残る結果となった。

3-3 再編期における事業システムの確立

　1996 年に東芝の生産関連部門に勤務していた社長長男髙本壮氏（専務）が入社し，営業や生産管理において経営改革を始めるところから再編期は始まる[23]。再編期においては生産方法の改善が行われ，同社の生産体制に大きな変革がもたらされた。まず，化粧筆などの大量生産品においてはライン生産方式（流れ作業）を採る一方で，面相筆などの少量生産品の製造においてはセル生産方式を導入した。さらに，工場のレイアウトを工程ごとにまとめるといった生産管理を行い，生産効率を高めた。また，生産工程の分割によって作業を単純化（分業）し，一部の工程に特化する職人を育成することで，作業を均一化し，品質の安定化を図った[24]。工程の細分化は品質管理を容易にしただけでなく，人材管理にも役立った。以前はすべての工程において熟練した職人を約 10 年かけて育成していたが，工程を細分化することにより工程の一部において熟練した職人を短期間で育成することが可能となった。このため，作業員の交代も容易になり，納期管理にも役立った。さらには，工程の細分化を通じた仕損品の減少により，コスト削減，生産の効率化にも寄与した[25]。また，棚卸資産および仕掛品の減少によって回転率を高め，キャッシュフローの効率化を図った。さらに，1995 年に設置した海外の生産・販売拠点についても，ロサンゼルスの直営店は 1997 年，中国工場は 1999 年に撤退し，投資活動の再編を行った。

　再編が軌道に乗ると，①インターネットの活用，②既存型店舗の活用，③通信販売の利用の 3 つを連携させ，国内需要の開拓に力を注いだ。

　①　インターネットの活用[26]

　白鳳堂は，日本におけるインターネット創成期である 1996 年にはすでにウェブサイトを開設した。当初のそれは直接的な販売効果があったというよりは，新しい動きとしてメディアに取り上げられたため，まずは化粧筆そのものを広く認知・浸透させていくための広告宣伝としての役割を担った[27]。それはまた，後にオンライン・ビジネスを本格化させるための学習の場ともなった。

　1999 年には，化粧品口コミサイト「@cosme（アットコスメ）」[28] との共同開発・提携販売を開始し，インターネットを利用した市場調査，製品開発，販売促進を本格化させた。このインターネット直販は数社の卸売業者の反発に合

い，取引が打ち切られるという事態も生み出したが[29]，とりわけ若年層への白鳳堂製品の認知度を高めただけでなく，男性用化粧筆の開発・販売とも併せて，ユーザーの拡大につながる効果をもたらした[30]。さらに白鳳堂は，インターネットの活用と並行して，メイクアップ・アーティスト教室への参画，女性誌への特集記事掲載など，複数媒体を活用して相乗効果をもたらすマーケティング手法を採っており，このようなマーケティング手法は自社ホームページでの直販に貢献した[31]。

② 既存型店舗の活用

インターネット活用は，卸売業者を経由した取引形態を転換，縮小する方向に向かわせるものであるが，これへの対応策として白鳳堂は2000年以降百貨店の活用を始め，百貨店でのイベント販売などを進めてきた。例えば，2007年12月に銀座三越で開催された「白鳳堂化粧筆フェア2007」は，2000年に東京新宿の広島県アンテナショップ「広島ゆめてらす」において行われた化粧筆の実演販売が好評だったことをきっかけとして開催されたものであり，化粧筆試用体験，有名アーティストによるメイクアップセミナーの開催，銀座三越限定製品の直販という3本柱で実施された。

③ 通信販売の活用

1999年から通信販売会社のルートでの販売も始められた。例えば，2004年のテレビ通販では，用意した500セットの10倍も注文があるなど，好評を博している。

以上のように，インターネット直販，百貨店におけるイベント販売などを通じて直販比率を高めたこと，あるいはまた通信販売等を活用して自社ブランド製品販売比率増に努めたことによって収益性が向上し，コスト面での競争優位性をより確かなものにしたといえる。

3-4 第2成長期における事業システムの展開

2003年には，地元の広島銀行の融資関連部門に勤務していた社長次男髙本光氏（部長）が入社し，経営管理を手がけるようになった。これにより，専務は営業に専心することが可能となり，経営チームが形成された。

第2成長期には，自社ブランド製品の販売拡大に力を入れている。2003年

には，ロサンゼルス・トーランスに営業所・店舗を再設置し，海外販売拠点（とりわけ，北米におけるOEM営業・販売拠点）とした。1998年のロサンゼルス・ビバリーヒルズ撤退以降，初めての海外販売拠点の再設置である。それは，時を経て人材が育ち，英語による事務対応などの受入態勢が整ったことや社内における異文化理解が進展したこと，生産能力の拡大により海外での営業活動が可能となったことなどから，海外店舗展開の条件がそろったために行われた。

同じく2003年には，国内においても東京青山に直営店を出店し，その後，東京，大阪，広島，さらに2008年には札幌の百貨店にも出店しており，自社ブランド製品販売の比率を増やす方向にある。第2成長期には，白鳳堂の技術・製品や経営が評価され，さまざまな賞を受賞したために，それがブランド価値向上に大きく寄与しているのである。

さらに，2005年には，本社に新工場を建設し，生産拡大に貢献している[32]。現在，全売上高に占めるOEM製品の売上は約70%（主にM.A.C.社），自社ブランド製品の売上のうち店舗販売は約3分の2，インターネット販売は約3分の1である。また，化粧筆市場では，国内のシェア約60%を持つに至った[33]。

また，白鳳堂のコア資源である技術力・開発力をもとに，自動車のフロントガラス接着用の工業用筆やアニメ用デザイン筆など，新分野の開拓にも力を入れている。また，多様な顧客のニーズに対応した筆づくりを行っており，多品種生産を行っており，少量生産から大量生産まで幅広く柔軟に対応する体制が整っている。

本節での分析から，白鳳堂の主な競争優位性（産業要素を除く）は，表4-1のように要約されるだろう。

また，白鳳堂の事業展開の契機となった要因として，次の点が挙げられる。
・渉外力：人的ネットワークを通じて積極的に事業機会を獲得し，海外企業の関係を構築して世界市場への足掛かりを掴んだ。
・生産管理・経営管理：専務の入社により品質管理，コスト管理，納期管理，人材管理などの領域において事業が再編され，「家業」から「企業」へと転換し[34]，企業の収益性が向上した。
・流通改革：国内において，創業当時の慣行を打破し，卸売業者を通さず化粧

表 4-1　白鳳堂の競争優位性

コア資源	・高級化粧筆という新市場を立ち上げたパイオニア企業として卓越した製品開発力・技術力をもっている。
市場でのポジショニング	・伝統工芸品である筆市場において多品種生産を行っており，少量生産から大量生産まで幅広く柔軟に対応する体制が整っている。 ・競合他社は主に域内企業である。 ・化粧筆では国内シェア60％のリーディング企業である。
事業活動	・高級化粧筆という付加価値製品の製造を基幹事業としており，これが利益の源泉となっている。 ・製造工程の分割により伝統工芸品の大量生産を行っている。 ・主にOEM取引・直販を行っているが，複数の流通経路を持っている。 ・海外販売拠点を置き，海外での営業活動・投資活動を行っている。 ・インターネットを通じて市場調査，製品開発，販売促進を行っている。 ・自社ブランドを確立している。 ・マスコミ・口コミ，他企業との共同企画などを通じた広告宣伝効果を狙い，広告投資を削減している。 ・OEMとの直接取引および直販体制の確立により，流通コストを削減している。

品メーカーと直接取引するという新たな流通システムを確立するとともに，化粧筆業界においてインターネットやテレビという媒体による通販や直営店での販売により顧客に直接する販売体制を確立した。
・ブランド確立と生産拡大：同社の技術・製品や経営が評価され，ブランドが確立した。それを背景として，積極的な事業展開を行っている。

第4節　まとめ

　典型的な製造業の企業活動をおおまかに仕入，製造，販売，経営（一般管理），資金調達とし，それらをローカル（地域）・国・グローバル（海外）という3つのディメンジョンでアクターとの関係において捉えれば，白鳳堂のビジネスモデルは図4-4のようになる。
　同社は，国内において製品開発・製造・経営（一般管理）業務を行っており，伝統的な定義に従えば，白鳳堂は多国籍企業ではなく国内企業である。ただし，原材料の輸入や製品の輸出は行っているので，貿易という点で国際経営にかかわっている。とりわけ，原材料となる獣毛の仕入の3割を熊野筆事業協

図4-4 白鳳堂のビジネスモデル

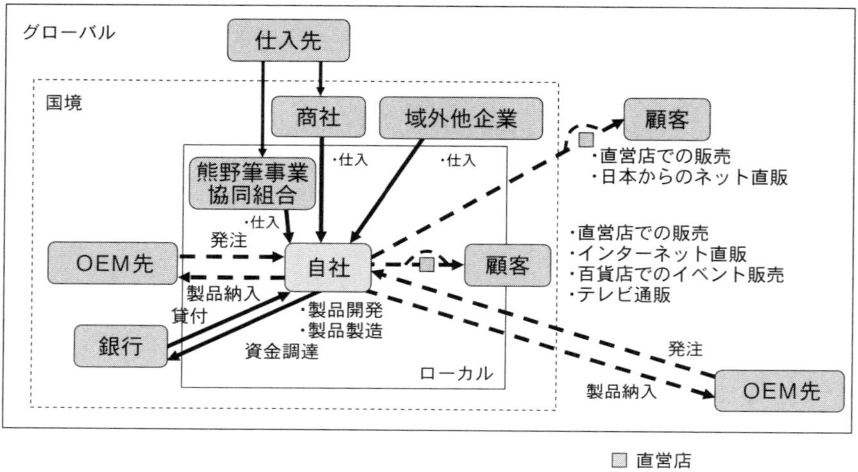

　同組合を通じて共同購入している点は，産業の集積する熊野地域との関連において大変興味深い[35]。残りの仕入7割は商社から購入しているが，これらの仲介者を通じた獣毛の仕入は中国からの輸入に依存している。

　化粧筆の軸については，域外企業である輪島の漆を用いるなど，大阪府，島根県，徳島県からの仕入を通じて，伝統工芸に関わる域外企業との結びつきがある。このように，熊野には，筆の材料が何ひとつないといっていいくらいであるが，筆づくりは発展している。

　資金調達に関しては，創業以来，政府や地方自治体からの補助金の直接的な受入はなく[36]，自己資金と（とりわけ地元の金融機関からの）銀行借入金によって資金調達を行ってきた。

　ここで，化粧筆業界の会計上の特質について簡潔にまとめ，白鳳堂のビジネスモデルが生み出してきた収益性について検討してみよう。

　化粧筆業界は，現金販売，手形支払が中心であり，資金繰りに恵まれた環境にある。中国産獣毛の供給が安定的でなく，原材料の在庫を確保する必要性があるため，仕入のための借入金が必要である。また，手作業に頼る部分が多いため，機械工業の場合のように巨額の設備投資が必要なく，白鳳堂の場合，製

造原価は材料費が約5分の3,人件費が約5分の2といったコスト構造となっている。

図4-5には,白鳳堂の売上高および売上高経常利益率の推移が示されている。ここにおいて興味深いのが,経営陣の充実度と売上高との関係である。専務が入社し生産管理・経営の改革を行った1996年には売上高が対前年度比53％増,部長が入社し経営チームが形成された2003年には,売上高が対年度比32％増となっているのである。さらに後者については効果が継続的に現れており,売上高は2006年には2002年を基準年とすると100％増となっている。また,売上高経常利益率の動きを見れば,第3節で検討したフェーズとほぼ対応していることが分かる。なお,図4-5の直近年である2007年は,売上高1507百万円,経常利益130百万円となっている。

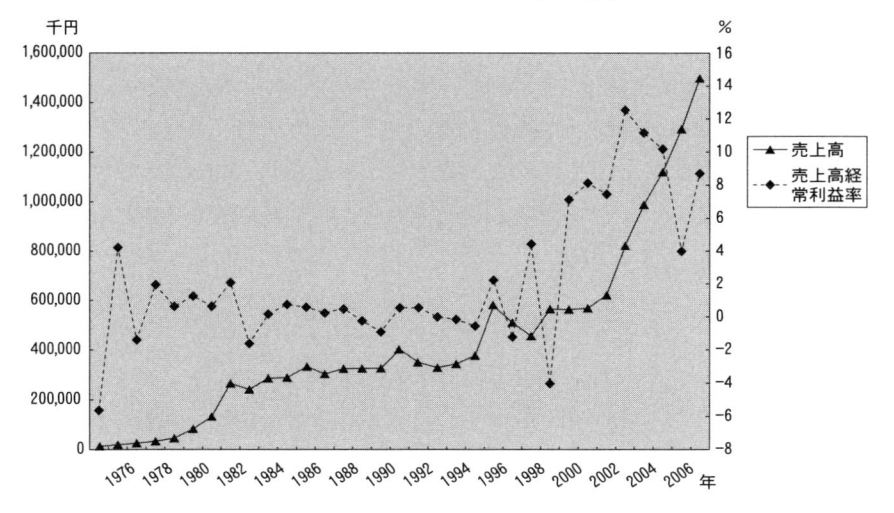

図4-5 白鳳堂の売上高および売上高経常利益率

あらためて図4-4に戻ると,とりわけ同社の収益性の源泉となっているのは,流通・販売のビジネスモデルである(点線矢印部分)。国内販売では,卸売業者との関係が難しい卸売業者経由の販売は行わず,OEMと直販(直営店,インターネット販売,テレビ通販,百貨店におけるイベント販売など)に集中している。

一方で，海外販売については，1995年以降自社によるOEM先への直接販売，ならびに2003年以降はロサンゼルスの直営店における直販，2007年以降の英文ウェブサイトを通じた直販も開始した。ここにおいて，海外販売の大部分は直接OEM製品を販売するという形態をとり，ディストリビューターを海外業務展開の調整役としている点は注目すべきであろう。

　国際化の視点でみれば，白鳳堂のケースでは，原材料の調達および製品の販売においては国際化が進んでいる。他方で，伝統工芸の海外への技術移転の困難性などから生産の国際化は進んでいない[37]。また，他の多くの日本企業の傾向と同様に，海外業務展開に際し，財務活動（資金の調達，運用，回収，返還，再投資）のプロセスにおいても国際化は進んでいない。

　だが，白鳳堂の成長の経緯をみれば，グローバル環境の影響を受けているのは明らかである。創業のきっかけになったのは，毛筆生産・販売に対する中国筆の輸入圧力や米国製に倣ったコンパクト用化粧ブラシの増産にともなう品質低下現象であった。創業後は，生活スタイルの変化も見越し，伝統の毛筆の技術を活かした「高級化粧筆」を開発し，OEM相手先の廉価な製品の生産で経営はしつつも，高級化粧筆を取り扱う自社ブランドの構築・成長のために一歩一歩基礎固めをしていった。その間，鍵となる品質向上と市場拡大の接点をメイクアップ・アーティストに置き，製品開発や工程革新を進めてきた。国際的に飛躍する転機となったのは，ニューヨークの安藤広美氏訪問，カナダの旧友ジョージ下見氏への依頼，そしてカナダ企業M.A.C.社とのOEM契約につながった1995年の数カ月間である。その後，国内外の化粧品メーカーやアーティスト・ブランドとOEM契約を締結する一方で，自社ブランド成長のための方策や直販体制の拡充も進め，さらなる成長の基盤を築いている。このように，化粧筆という製品の特性から，販売市場は日本に限らず世界に広がっている。この点で，化粧筆は，各国文化の影響を受けにくいグローバル製品であるといえる。

　今後の成長の鍵を握るのは，原材料と人材確保に集約されるだろう。今後，動物等の生活環境悪化，あるいはまた中国産輸入原材料高傾向にともない，品質のよい原材料の確保の方策をどのようにするか，生産にあたっての人材確保はいかにするか，販売する市場をどこにするかなど，難しい意思決定を迫られ

るだろう。それらの解決に際しては，さまざまな人とのつながりからもたらされる渉外力（判断）など，本章の考察で検討された点が再び問題解決の糸口となるかもしれない。

　本章で取り上げた白鳳堂のケースは，技術力をもつ地方の中小企業が国際的事業展開を行う際の，ひとつのモデルケースとなるだろう。

（城多努　第1・2節）
（大東和武司・潮﨑智美　第3・4節）

＜インタビューリスト（氏名50音順）＞
株式会社白鳳堂　社長　髙本和男氏
　　2007年5月17日　株式会社白鳳堂本社にて
株式会社白鳳堂　取締役統括部長　髙本光氏
　　2007年9月2日　株式会社白鳳堂本社にて
熊野商工会　事務局長　福垣内有徳氏
　　2007年5月17日　熊野商工会にて

注
1　白鳳堂は，中小企業基本法第2条第1項で定められるところの，資本金3億円以下，従業員300人以下の中小企業に該当する。また，資本金が5億円超，負債が200億円超の会社法における大会社には該当せず，会社法の区分においても中小会社ということになる。
2　毛筆の全国生産額（ただし，工業統計表：職工5人以上の事業所データ）をみると，戦前は，1935年まで，1922年20.8万円のピークとボトム1927年0.9万円のボトムの間を推移し，1935年以降，23.7万円から1941年には162万円と急激に増えた。この急成長期に広島のシェアは拡大したが，おおよそ10～20％程度であった。[http://www2.lib.town.kumano.hiroshima.jp/doc/1987n02sfjimge5_/02bynmsi/02bynmsi.pdf]
　戦後になると，大阪，東京での毛筆生産が転廃業によって衰退し，加えて新潟がシェアを落とし，広島と愛知のシェアが相対的に高まり，とくに広島の地位は上がった。[http://www2.lib.town.kumano.hiroshima.jp/doc/1987n02sfjimge5_/02csmyij/02csmyij.pdf]
　毛筆生産量の推移をみれば，1929年7000万本，1942年4000万本，1947年1500万本，1972年4000万本，1996年3000万本となっている。
3　筆は，用途からみれば，書筆（毛筆），画筆（水彩，油彩，アクリル，水墨，日本画），化粧筆の3種に大別される。
4　小西（2004），188頁を参照。
　「熊野」の由来には，盆地の意である山の曲（くま）に因っているという説と，製筆産業導入のきっかけとなった紀州熊野との関わりに因るという説がある。（同上，182-183頁，188頁を参照。）
5　白鳳堂が「化粧筆」を開発する以前には，「化粧筆」という言い方はなく，「化粧ブラシ」という表現が一般的であった。「化粧ブラシ」は，毛先のないものや，毛先はあっても化粧をする機能がないものであり，「化粧筆」とは区別される。

6 　工業統計表（4人以上事業所）における毛筆生産額の1950年の産地別構成比は，新潟35.8％，奈良26.1％，大阪23.4％，東京5.4％で，広島はわずか1.5％であった。（熊野町史刊行委員会（1987）を参照）

7 　書筆（毛筆）と画筆の出荷額をみれば，1948年3.5億円から1967年に一時落ち込みがあるものの，1975年には241億円になっている（『戦後の工業統計表』産業編，第1巻，1982年参照）。1980年ごろの熊野筆の全国的な位置は，事業者数で30％強，従事者数で約60％，生産量で60％強（書筆のみでは80％）といわれている。ただ，当時の平均単価（生産額／生産量）でみると，熊野筆117円，川尻筆138円，豊橋筆409円となっている。絶対量が多く，結果として高級品の割合が少なくないとしても，熊野筆は，安価な普及品（無銘品）を多く生産していたといえる。なお，1979年には毛筆輸入は1200万本（うち中国産が70％で金額的には6億円程度）を超え（1974年比2倍），国際競争の影響を受けることとなった。（熊野町史刊行委員会（1987），38-48頁を参照。）

8 　貿易統計において，全国の「美術用または筆記用の筆その他それに類似するブラシで化粧用のもの」の輸入をみると，近年においても中国からの輸入が80％程度を占めており，2006年には534万本輸入し，輸入単価は34円であった。

9 　熊野町の地域再生計画（熊野筆産業振興および雇用促進計画）において，次の点が認識されている。

　　いままでの親方からの一子相伝による仕組みが，中国からの安価な筆の大量な輸入によって仕事量を減らす事業が増え，事業所内で養成することになりつつある。他方で，公共的な仕組みのなかで養成しようとすると企業秘密（技術漏洩への対応）がネックとなっている。職人養成と技術の継承のバランスに課題があるものの，現実は熟練技術者が高齢化し，後継者育成が進まず，後継者不足は深刻な状況となっている。

　　2006年度から熊野筆マイスタースクールを設立し，高度技術を伝承する研修講座を公的に運営しはじめた。いままで1年かかっていたことを3カ月で初級レベルをマスターさせ，中級，そして上級クラスへつなげ，「10年かかる」ものの短縮化を図ろうとしている。

10 　伝統工芸士は，経済産業大臣指定の伝統的工芸品製造に従事している技術者のなかから，高度の技術・技法を保持するとして，（財）伝統的工芸品産業振興協会から「伝統的工芸品産業の振興に関する法律」第24条第8号の規定にもとづき認定を受けた方である。（http://www.kougeishi.jp/ 参照）

11 　http://www.hakuho-do.co.jp/aboutus/outline.html 参照。

12 　http://www.hakuho-do.co.jp/aboutus/outline.html 参照。

13 　日本の化粧品の流通システムにおいて，次の4つのチャネルが主要なものであった。①制度品流通システム：メーカーから自社系列の販売会社を経由し，取引契約を結んでいる小売店を通じて消費者に販売されるシステム，②一般品流通システム：一般の卸・問屋流通を経由し，小売店を通じて販売されるシステム，③訪問品流通システム：メーカーの支社・代理店などを経由した化粧品が，地区営業所に所属するセールスレディによって，直接消費者に販売されるシステム，④通販品流通システム：消費者がカタログやテレビの宣伝などを参考に電話・インターネット等で申込み，メーカーから直接送付・販売されるシステム。

　　かつては，資生堂など制度品化粧品会社を中心に発展し，流通チャネルも制度品流通システムが大きな役割を占めていたが，通販品流通システムの重要性が高まっている。

　　詳細は，水尾（1998）ほかを参照されたい。

14 　平成12年度熊野筆の生産量は毛筆2500万本，画筆3500万本，化粧筆3500万本となっている（中国財務局資料参照）。白鳳堂は，高級品，普及品などすべての化粧筆を含むが，熊野産化粧筆の約20％を生産していることとなる。

注　141

15　熊野筆の生産量，生産額，シェアは，1996年において毛筆3000万本，50億円，80％，画筆4000万本，30億円，70％，化粧筆4000万本，25億円，70％，であったが，2000年には，毛筆2500万本，45億円，80％，画筆3500万本，20％，85％，化粧筆3500万本，20％，90％となっている（中国財務局調査参照）。それぞれ製品において生産数は減少している。ある意味では，相対的に熊野筆のシェアは高くなり，全国でも絶対的な位置を占めているものの，産業としては全国的には衰退傾向にあるといえるだろう。なお，毛筆の単価でみれば，1985年181円，1995年193円，2001年294円と，輸入品との競争の結果か，普及品から高級志向が見られる。また，画筆と化粧筆は輸出しているが，熊野筆のシェアは，それぞれ約60％と見られている（熊野筆組合調べ）。
16　2005年，社長の髙本和男氏は，内閣総理大臣表彰「ものづくり日本大賞」伝統技術応用部門，内閣総理大臣賞を受賞している。また，2007年には黄綬褒章を受章した。
17　広島県熊野地方は，約2800人が筆づくりに従事するという人的資源の豊富な立地にある。
18　有名メイクアップ・アーティストに製品を直接見てもらい，評価をもらうようになったのは，1980年頃のシュウ・ウエムラによる評価がきっかけである。そこでの品質についての高い評価が自信となり，その後，他のメイクアップ・アーティストにも評価をもらいつつ，課題であった量産化に努めた。小西（2005），139-140頁を参照。
19　ジョージ下見氏とは，M.A.C.社との接触という点でディストリビューター（通訳活動や，白鳳堂とM.A.C.社との連絡任務）としてのみの役割を任せて個人的に取引をしており，営業活動は依頼していない。
20　1998年，M.A.C.社はエスティローダー社により完全子会社化された。
21　海外事業展開に際しては，現地での資金調達を行わず，自己資金（資本金および利益剰余金）で賄っている（2007年5月髙本和男氏へのインタビュー）。例えば，2003年ロサンゼルス直営店再設置に関する投資額約700万円も自己資金による投資である。
22　そのほか，各工程で使用する道具も内製し，生産の効率化を図っている。
23　専務が白鳳堂に入社した当時は，数億円の借入金があり，債務超過の状態にあったという。髙本（2002），181頁を参照。
24　さらに，社長が自らすべての自社ブランド製品について検品を行うなど，品質管理を徹底している。
25　当時の不良品率は30％程度だったが，現在では0.3％以下と大幅に減少したという。髙本（2002），184頁を参照。
26　2005年，白鳳堂は経済産業省によって，経営戦略やITの活用状況が優れている中小企業を認定する「IT経営百選」に選出された。IT経営百選選考企業においては，白鳳堂の①業績の好調さ，②ビジネスモデル，③経営の自立化，④営業・マーケティングの改革が評価された。また，経済産業省・中小企業基盤整備機構（2007）では，白鳳堂の①対外交渉力，②知識の創造，③チームワークにおける知的資産活用が評価されている。
27　白鳳堂のIT活用の取り組みは，後に「平成18年度IT経営百選最優秀企業」への選出などを通じて評価されることとなる。IT活用経営については，そのほか『日経ベンチャー』，2007年9月号，104-105頁を参照せよ。
28　従来は毛先の固い化粧の仕上がりのよい筆を作っていたが，アットコスメとのコラボレーションを通じて，筆づかいの心地よさを求める顧客のニーズに対応して毛先の柔らかい肌触りのよい筆を開発した。
29　小林（2003），90頁を参照。
30　小西（2005），140頁を参照。
31　2000年ごろから販売量が急増し，2007年春時点で月500〜700万円の売上となっている。林（2007）を参照。

32 2005年に本社工場増設資金として3年満期の無担保社債5千万円を起債するなどしているが，基本的には自己資金により投資を行っている。
33 化粧筆業界で店舗を持っている企業は白鳳堂の他に広島県熊野町の竹田ブラシ製作所の1店舗のみである。
34 髙本（2002）。
35 熊野地域には，白鳳堂のほか竹田ブラシ製作所，越智製作所，竹宝堂，丹精堂など数社が化粧筆を製造している。例えば，竹田ブラシ製作所は，オリジナルブランド「Takeda Brush」をもち，2007年には蓋付き携帯用ブラシの特許を取得，パリの美容室と取引を開始するなど，経済産業省「元気なモノづくり中小企業300社2007年版」にも選ばれている。また，化粧筆以外では，博雲堂のように，自らのペットの毛を利用した携帯用ストラップやキーホルダーなどの小物グッズを開発している企業もある。さらに，熊野商工会筆部会の8事業所は共同して，ペン感覚で，アルファベットと水彩画が誰でも描けるような絵てがみ筆「FU-DE」を開発し，2005年フランスのメゾン・エ・オブジェ見本市に参加し，14件の商談を成立させ，FU-DEのあらたな展開を産地として行っている。
36 2006年に経済産業省からの働きかけもあり補助金を申請した。経済産業省・中小企業庁による「中小企業地域資源活用プログラム」などにより，熊野地域に対する資金助成は商工会などを通じて行われているが，白鳳堂という企業を直接の対象とした資金助成は受けていなかった。
37 熊野地域の生産の国際化の事例として，越智製作所がある。同社は，中国・天津に生産拠点（現地スタッフ250人）を移し，15年かけ職人を育成し，筆づくりを行っている。

第5章

システム・ケイ：
世界の技術をコーディネートする地域企業

第1節 札幌におけるIT関連産業の発展

1-1 北海道のIT産業規模と立地状況

　北海道は第2次産業の比率が2割強しか存在せず，歴史の浅さや大消費地から遠いこともあって，ものづくりの伝統が少ない地域である。しかし，唯一IT関連産業に関しては，我が国におけるIT産業の黎明期から，北海道とりわけ札幌に企業群が育っていき，最近ではサッポロバレーと呼ばれるような産業集積地を形成している。

　北海道のIT産業は，そのほとんどが札幌圏に集中している。1986年に造成された札幌テクノパーク（厚別区）[1]，オフィス街のある中央区，そして札幌駅の北側地区である北区・東区に多く立地しており，特に北区・東区に立地している企業には独立型の中小企業が多い。札幌駅北口周辺は北海道大学に隣接しており，緑の多いエリアである。これら北区と東区にまたがる地区は，バブル期にビル開発が進んだものの，ほどなくバブル景気が収束して入居者の見つからないインテリジェントビルが安い家賃でテナントに出されるようになっており，その賃料の手頃さから独立系のIT企業家が多く入居することになったものである。この結果，札幌駅周辺には独立系だけで30社程度のIT関連企業が立地している。2000年にはサッポロバレーを象徴する企業家交流のためのサロンである「サッポロBizCafe」[2] が札幌駅近くにオープンして話題となったことも記憶に新しい。

1-2 札幌市におけるIT産業の歴史

　札幌にIT産業が誕生した歴史は，世界的なIT産業の発展史から見ても古い。まだマイコンと呼ばれていたパーソナル・コンピュータの原型が普及を見せ始めるのは，1971年に米インテル社がマイクロプロセッサ「i4004」を発表して以降であり，1975年にはMicrosoft社の原型となる業務をビル・ゲイツらが開始している[3]。1976年には，スティーブ・ジョブズらによってApple Computer社が設立されたが，同じ1976年に日本では，日本電気がマイクロコンピュータ事業を開始している。当時はテレビゲームのブロック崩しが流行するなど，マイコンブームが到来した頃であったが，そのような時代にあって，北海道大学の青木由直教授（当時助教授）が「北海道マイクロコンピュータ研究会」を作り，この研究会に参加していた北大の大学院生4人が，1981年にビー・ユー・ジーを立ち上げ，マイコンベンチャーの先駆けとなる。既に札幌に本社を置くハドソンやデービーソフトといった会社が，ゲームソフトの世界で有名になっていたが，こうした札幌の企業が，1982年頃には，シャープ[4]，富士通[5]，ソニー[6]などといった大手メーカーに，OSや簡易言語を提供していたように，札幌はマイコン分野において日本の先端を走っていた。

　これら黎明期の企業からスピンアウトした企業家が独立系のIT企業を数多く設立するようになり，そうした流れが札幌にIT産業の集積地をつくるエンジンとなった。

1-3 札幌IT産業の現状

　札幌のIT企業は，携帯電話を活用したモバイル分野や，やはり電話系と融合しつつあるインターネットの通信技術分野においては一定の強みを持っていると言われている。しかし，高い技術を持ちながらも，マーケティング力が弱く，まだまだ市場にインパクトを与えられてはいない。その黎明期にゲームソフトのヒットがあったことや簡易言語が大手メーカーへ採用されたことで業界には一定の知名度はあった。しかし，その後の札幌IT産業は企業数こそ増えていくが，全国規模での目立った活躍は少なく，例えばビー・ユー・ジーの製品がNTTのISDN網に採用されたり，ビー・ユー・ジーからスピンオフして1997年に設立されたオープンループとソフトフロントとが，オープンループ

はセキュリティ技術の可能性によって 2001 年に，ソフトフロントは高度な VOIP[7] 技術の開発能力を期待されて 2002 年に，それぞれ当時のナスダックジャパン（現・大阪証券取引所ヘラクレス）に上場したりといったニュースが目立った程度であった。つまり，1980 年代以降から現在に至るまで，ほとんどの企業が本州企業の下請け的な位置づけにとどまってきたというのが実情である。いくつかの例外を除き，札幌の IT 企業は独自の販売ルートを持たずに，本州企業のソフトウェア開発などを一部請負うタイプの業務展開を行ってきており，人件費の安さに起因するコストの低さを売り物にする状況に甘んじている。しかも，昨今のグローバル化によって，中国やインドなどのより低コストの IT 企業が日本企業から業務を直接受注するようになり，札幌の IT 産業は一段と厳しい状況に置かれることになった。

　このように，札幌の IT 産業は，伝統的に本州の大手メーカーとのつながりからビジネスを行ってきたため，現在においてもサッポロバレー企業のほとんどが，域内の取引はせずに，域外とりわけ東京に立地する企業とのビジネスを行っている。その一方で，海外との取引関係は全般的に希薄であり，アジア企業との業務提携関係を持つ企業もほんの一部の例しかない。しかも，その例のほとんどがビジネスのグローバル化というよりは，部分的な外注，技術交流にとどまるものである。

　このような状況に札幌 IT 産業がある中で，本章で事例として紹介するシステム・ケイは，海外のパートナー企業と広く提携関係を結び，海外の技術と自社技術を融合しながら自社ブランド商品を国内で販売するなど，マーケティング能力に優れた企業として独特の存在感を持つ企業である。同社は，海外から積極的に新規技術に関する情報獲得に努め，提携などの手段を使って，いち早くその技術を取り入れてライバルよりも早い段階で市場化することを強みとしており，札幌 IT 企業のなかでは，最もグローバルなビジネスモデルを展開する企業であると言える。以下で同社の注目すべき事業展開を詳しく見ていこう。

第5章 システム・ケイ：世界の技術をコーディネートする地域企業

第2節　システム・ケイ社のケース

2-1　成長への軌跡
(1) 企業概要
会社名：　　株式会社システム・ケイ
主たる事業：　1．受託システム開発
　　　　　　　2．ネットワークカメラ
　　　　　　　3．インターネット関連パッケージ
設立年月：　創立 1991 年（平成 3 年）2 月 25 日
従業員数：　41 名（平成 19 年 1 月現在）
株主資本：　資本金 655,350,000 円
　　　　　　資本準備金 606,050,000 円
　　　　　　発行株式数 4,762 株
売上高：　　80,000 万円
主要技術：　SIP（Session Initiation Protocol)
　　　　　　画像認識技術
　　　　　　3D-GIS
　　　　　　Mobotix Recording
コア技術：　IP サーベランス・システム
主要商品：　Web カメラ＆ PC 監視カメラサービス「インターネットカメラシステム」
　　　　　　ビデオ会議システム「agoraZone」
　　　　　　インターネット 3 次元地図配信システム「GEONOVA」
　　　　　　インターネット映像配信システム「Live Channel」
　　　　　　音声認証システム「VoiceK」
　　　　　　帳票印刷ツール「PrintCity」
事業所：　　札幌本社，東京支社，福岡営業所，中国事務所（大連）

(2) 創業の経緯

システム・ケイ社の代表取締役である鳴海鼓大社長は1958年北海道に生まれ，富山県の商船高専を卒業後，運輸省の航海訓練所において大型船舶機関士の資格を取り，1978年から1979年にかけて1年間の世界航路に出ている。その後に北海道に戻り，北海道の電力会社に入社するも，1年で退社。その後は警備員やマージャン荘の店員などさまざまな職業を経験する。その時期はコンピュータが小さくなり，NECのPC8000シリーズが出た頃であったが，鳴海氏はサラリーマン時代に大型のいわゆる汎用機を経験していたので，コンピュータの小型化にチャンスがありそうだと直感する。24歳の時にコンピュータ専門学校に入学し，卒業後はNECのグループ会社に入社した。最初は東京の本社において，ACOS，ITOS，PTOSなどNECのOSで動くオフコン用のアプリケーションを開発するなど実務経験を積む。その後札幌に転勤したが，30歳になったことを機に，独立を志す。そうして1991年に創業したのが，システム・ケイ社の前身である株式会社システム開発である。

創業当初の顧客は，日本道路公団の関係で得た予算管理システムの仕事であった。前職時代に同公団を担当していたノウハウからあたりをつけ，創立から2年間は同公団の仕事を受託し，それを中心に事業をまわしていった。最初は鳴海氏ひとりであった会社は，外注を使いながら業務を拡大し，顧客も郵政省などの官庁関連に広げていく。同時に社員も徐々に増えていった。

同社は現在でも受託システム開発を3大事業分野の一つに据えている。その理由は，同社の受託が単なる下請けではなく，ユーザー企業からの直接請負を原則に業務を受注していることにある。札幌のIT企業とりわけソフトウェア会社の多くが，本州の大手企業からプログラム開発の仕事を受注してきたが，その方法では既に技術力が向上し，人件費が安いアジアの企業に仕事を取られる時代となった。特定のシステムについて一括して受注し，自社で足りない技術は，自社の責任で外注していけば，ユーザーに独自の価値を提供できる企業になれるというわけである。さらに，ユーザーの業務を深く知る立場にあることで，時代の流れを知り，自社の独自技術の開発にも波及効果がある。

その後のシステム・ケイは，成長の過程で自社製品事業を育てることになる札幌IT企業の中で数少ない会社になるのだが，これまで受託システム開発を

おろそかにしたことはなく，むしろ従来の地方ソフトウェア会社のビジネスモデルを超えて一括受注を行い，さらに積極的に自社製品へのヒントとしてきたことは特筆すべき点である。

(3) 成長のきっかけ

事業の転機は，鳴海社長自身のアメリカ体験であった。創業から数年経った頃に，慶応大学の斉藤信夫教授を座長とする研究会に所属し，アメリカに視察に行く機会を得た。アメリカではちょうどインターネットの商用接続が開始された頃で，シアトル，シリコンバレー，ボストン，ワシントンDCなどのベンチャー企業や，ロータス，マイクロソフト，オラクルなどの大企業を周り，さらにMITでの研究開発事例も目にした。あらゆるところでインターネットが取りざたされているのを知り，鳴海社長は大きなチャンスがインターネットにあると確信した。帰国後，インターネットのWEBサーバを立ち上げ，ホームページを作るなど新しい事業を模索する。当時はコストも高く，64Kの専用線の回線使用料が数十万円もした時代だが，早くからインターネットに会社として取り組んだおかげで，クライアントサーバシステムやイントラネットなど，いわゆるTCP/IPの通信規格を使った技術に強い会社へと成長する。特にイントラネットでデータベースを利用するシステムを得意とするようになり，世の中が急速に汎用機からダウンサイジングしたPCベースのシステムにスイッチするなかで，事業を拡大するきっかけをつかむことになる。

90年代前半の日本のオフィスは，それまでのホストコンピュータ端末，あるいはオフコンやミニコンの端末が，壁際の机に置かれていた風景が徐々に変化してきた頃である。マイクロソフトのOSであるWindows3.1には通信機能はなかったが，そのOSにTCP/IPの通信プロトコル機能を別ソフトのインストールによって付け加え，PCは一気にLANによってつながっていった。企業のネットワークが一変したのである。ホストコンピュータの画面をPC上に再現するエミュレーションソフトをインストールして，ホスト端末をオフィスから撤去する流れも加速していた。そして，1995年の暮れにはマイクロソフトが標準でTCP/IP通信機能を備えたWindows95を発売し，ネットワーク機能がPCに備わったことで，インターネットが一挙に日本でも普及した。

既に,システム・ケイはTCP/IPベースの技術開発を進めていたので,このインターネット時代の波にスムーズに乗っていくことになる。

(4) 市場導入スピードのアップのための技術探索と国際展開

インターネット時代に先頭を切って走っていくことが,システム・ケイの新たな目標になった。受託システム開発の分野で同社は,早くからクライアントサーバ型のシステムに強みを持っていたとはいえ,中小企業でもどんどんIT化が進むようになると,受託システムによるシステム開発だけではなく,パッケージソフトウェアと少々のカスタマイズによってシステムが構築できるようになってくる。また,特に台湾から安く供給されるネットワーク製品にいくつかのソフトをカスタマイズして構成することで,新しいシステムを実現することが容易になってきていた。このような時代では,独自の技術開発に注力してその技術を大手企業に販売するより,海外の先進的な技術を取り入れ,価値あるシステムに組み直すコーディネート技術を持ち,自らユーザーを獲得していったほうが事業の魅力度は大きいはずである。そこで同社は,早いサイクルで技術が代替わりするインターネット時代において,海外の先進的な技術をいちはやく取り入れる方向に注力していくことになる。率先して技術情報の収集を行ったのは鳴海社長本人であった。

鳴海社長の情報収集スタイルは,まずは自社の顧客企業にこれから必要だと思える技術やシステムが,既に欧米にあるかどうかを調べることから始まる。インターネットの先進地はアメリカであり,世界的なソフトウェア会社はアメリカを始め,西ヨーロッパに多かったからである。例えば,目指す技術がアメリカにあると知れば,自ら現地に飛んでいって周辺技術を調べていく。そしてライバル企業を調べ,重要な部品を構成している企業が仮に台湾にあると知れば,今度はその台湾の企業にアプローチし,日本での製品化のためにパートナーシップを持ちかけるわけである。まだ日本にない技術であるため,その台湾企業と日本の大手企業との取引は始まっていないはずであり,喜んで台湾企業は同社のパートナーになってくれるというわけである。

このように,技術探索のために海外企業との関係が始まった他,同社が力を入れていったのが,高い技術力を持つアジアの企業との協力関係である。技術

力が高くてコストの安い企業から協力を得ることは，同社のように早い市場導入を目指す企業にはぜひとも必要な機能である。海外から先進的な技術を買っても，システム化するにはさらに開発に時間がかかる。同社は1998年あたりからアジア企業にも外注先を求めていくが，そうしたアジアの企業にとっても，システム・ケイは日本市場をつなぐ大切なパートナーとなった。現在，技術導入や開発協力で同社と取引のある企業は，表5-1のように世界10カ国12社に及ぶ。

そして，1999年には初めての海外支店である中国支店を大連に作り，より現地の企業とのパートナーシップを深めることになる。その後も韓国のソウル，インドのバンガロールのパートナー企業にシステム・ケイの支店機能をつくっていく。

表5-1 システム・ケイ社と取引関係・提携関係のある海外企業数

国名	アジア・中東						北米・ヨーロッパ			
	ベトナム	韓国	台湾	中国	インド	イスラエル	アメリカ	カナダ	スウェーデン	ドイツ
企業数	1	2	2	1	1	1	1	1	1	1

(5) イノベーションとグローバル化への挑戦

鳴海社長はサラリーマン時代に中国の企業を下請けに使って失敗した経験を持っている。そのとき鳴海社長は，単純な下請けを発注するのではなく，むしろ日本の持つノウハウと中国に存在する優秀な技術とを結びつけていくほうが，より成功するのではないかと考えたという。その後，独立後に再び大連に赴いた鳴海社長は，日本の大学を出たある中国人研究者と出会い，その高い技術力と能力に感嘆した。以前から感じていた連携スタイルを現実化する好機と感じ，すぐさま彼に研究開発を委託し，500万円の発注をする。その後はそこを基盤に1999年に中国支店をつくり，2000年には大連において中国出張所としての登記も済ませたというわけである。

第2節　システム・ケイ社のケース　　151

　このように，同社は中国の大連において，下請けグループ企業を置くというやり方ではなく，開発拠点を作ることを決断したわけである。外注はその中国拠点から現地企業に出していけばよい。単なる下請け拠点ではなく，コーディネートする拠点として捉えているからこその支店なのである。大連の人々は歴史的な経緯もあって，日本への関心が高く，日本語を話せる者が多い。同社の進出は先駆的であったが，現在は日本のIT企業の中国拠点として最も注目される地域である。しかし，それら企業の多くは，安いコストを求めて進出したのであって，あくまでも大連をプログラミングの拠点としてしか見ていないと言っても良い。システム・ケイのように開発拠点をつくるケースは非常に珍しいということなのである。

　一般的なIT企業のように，同社は中国に下請け拠点が欲しかったわけではない。研究力のある開発拠点を求めて，中国にたまたまその能力のある企業があったというだけの話である。ところで，鳴海社長が中国でも開発を行うという意思決定をすると，興味深いことに札幌の本社においても「研究開発を自分たちもやってみたい」という社員が出てきて，中国に負けまいとして独自の技術が社内に次々に生まれてくるという副作用があった。この作用によって，製品技術のタネが一気に増えていくという効果が現れてきたことは，同社にさらなる活力を与える結果となった。実際には，まだ大連での研究開発によってヒット商品の製品化が実現されたわけではなく，受託システム開発の業務が中心であったが，開発をグローバルに展開し，新しい技術を素早く市場に送り出すというスタイルが社内に定着したことの意義は大きい。

　その後も同社は，韓国ベンチャー企業との提携によって，ソウルにある韓国企業が保有していたVOIP技術を使って，システム・ケイが日本向けのシステム化に取り組んだ商品群（ビデオ会議システム，コールセンター向けシステムなど）をいち早く世に送り出しており，IT産業が飛躍しつつあったインド企業の中から，BSWソフトというベンチャー企業を見出し，安価な帳票システム作成ソフト「PrintCity」を共同開発し，国内で販売している。なお，2005年には韓国・ソウルの拠点を同社のソフトウェア開発拠点としても位置づけ，韓国人技術者を2人採用して，インターネット経由の遠隔監視システムやテレビ会議システムの技術開発を行わせている。これによって大連の受託システ

開発拠点と，ソウルの自社商品開発拠点という海外での大きな二本柱ができあがった。

以上のようなイノベーションとグローバル化への対応は，表5-2のように短い期間の中で立て続けに行われていることがわかる。

表5-2　最近のシステム・ケイ社のグローバル化対応

年月	出来事
2000年09月	中国大連事務所を登記 受託システムの開発拠点，協力企業との結節点とする
2001年05月	インドBSW SOFT Private Limitedと業務提携 PrintCityの開発提携のためBSW SOFT社に鳴海氏が出資，社外取締役に
2001年10月	米国ボストンに事務所設置 主に最新技術の探索と特許情報などの収集のため
2001年12月	韓国TRAVILE INTERNATIONAL.COと業務提携 webカメラ開発の提携により，圧倒的なコスト削減で低価格商品を開発

2-2　コア技術と製品ライン

(1)　コア技術の誕生

システム・ケイは，海外の技術を単に日本に持ってくるというわけではなく，海外企業と独占契約を結び，改造を加えて製品化していくという形をとっている。日本にはまだまだマーケットがあり，そのマーケットを間近で見つつ，受託システムによってユーザーのニーズを深く理解しているシステム・ケイは中国や韓国の企業にとっても魅力的なはずである。最近の中国・韓国の技術は向上し，独力での海外展開も不可能ではないが，パッケージソフトウェアの販売などに経験を持つ日本の会社が全体のビジネスモデルを組み立てることで，中国や韓国の企業にとっても単独で展開する以上のメリットをもたらせるというのが，鳴海社長の考え方なのである。

また，現在は韓国やインドの企業から技術を得るだけでなく，同社が作った日本向けのシステムを韓国やインドで販売するための代理店にもなってもらっている。こうすることで，お互いが持つ技術と市場をつなぐというWIN-WINな関係が維持できるからである。

なお，同社は次世代を背負うイノベーションを生み出す際に，補助金などの

公的な資金に頼ることをほとんど行っていない。この姿勢は鳴海社長の信念にもとづき，貫かれており，補助金は麻薬のようなものと考え，極力頼らないこととしている。

　前述したアジア企業とのグローバルなネットワークにより，同社はいくつかの先進的技術を得ることになる。そのひとつが，VOIPを使ったソフトウェアとそのソリューション事業である。VOIPは札幌の上場企業であるソフトフロントでも技術開発に取り組まれてきた注目技術であるが，ソフトフロントはその高い技術を業界標準としていくというビジョンが市場での成功につながらず，その後のビジネスモデルの転換を迫られている。システム・ケイは，最初から韓国企業にVOIPの技術供与を受け，VOIP利用のソフトウェアやソリューションで事業を行っていこうとした。そのために，「ビデオ会議システム〈agoraZone〉」といった商品の形に市場化するスピードが早かったことが成功を招いた。現在のSIP[8]ソリューション事業の基礎もVOIPにある。この技術は引き続き，韓国拠点も巻き込みつつ成長させる途上にある。

　もうひとつの先進的技術は，WEBカメラを使ったソフトウェアとそのソリューション事業である。WEBカメラ自体は台湾やドイツのカメラ製造会社から供与を受けるが，それを監視カメラとして使うソフトウェアと組み合わせ，「インターネットカメラシステム」として発展させている。システム・ケイのシステム構成の独自性は，監視カメラがデジタルなだけでなく，その後工程の記録や通報機能などが全てデジタル化されていることにある。原始的かつ最も普及している監視カメラの仕組みは，アナログカメラで撮影した映像をVHSテープなどのアナログ記録メディアに保存する方法である。大手の警備会社などが導入してきたこのシステムでは，それぞれの拠点間を専用線で結び，機器同士を同軸ケーブルで接続するといった重い構成が珍しくない。現在もこの構成は支配的で，せいぜいVHSがDVDやHDDに変わり，「半分アナログ半分デジタル」なシステムに変わってきたに過ぎない。一方，システム・ケイはデジタルなWEBカメラを使い，構内をLAN，拠点間はインターネットでつなぎ，記録は基本的にPCベース（長期間あるいはデータ量が多い場合は専用のデータサーバー用PCを用意）という「全てデジタル」な軽い構成を実現している（図5-1）。もともと企業に存在するPCや通信のインフラが使

えるため，圧倒的に安いコストで監視システムを導入することが可能になるのである。

同社の強みの源泉としては，こうした技術導入の面だけでなく，自社データセンターの存在も大きい。2002年にデータセンターを自社内に置いたのは，主に受託システムに関連して，企業データベースのシステム構築事業などに運用管理を含めて対応可能な体制を築くことだった。もちろんその用途でも大いに利用されているわけだが，主力になりつつある「インターネットカメラシステム」とデータセンターを組み合わせて，撮影データをシステム・ケイが保存するといったサービスも行っているのである。近年の同社は，受託事業に加え，システムのまとまりをパッケージにして販売する発想で，中小企業向けの納入実績を増やしているが，自社内にデータサーバーを置くことが出来ないような企業向けにもインターネット警備システムが導入できる点で，さらなるユーザーの広がりが期待できることになるわけである。

現在，ソフトウェアとの組み合わせに関しては，自社独自のコア技術と呼べるのが，「IPサーベランス・システム」と同社が呼ぶ技術である。サーベラン

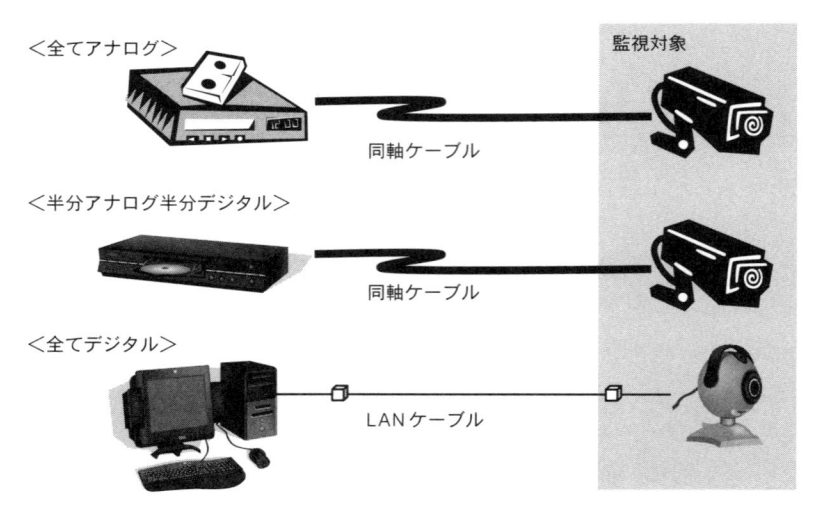

図5-1 監視カメラの構成技術におけるデジタル／アナログ部分

出所：筆者作成。

スとは防犯用の監視ということだが,同社の「インターネット警備システム」は,上述したように全てがデジタルなIPネットワークで構成されている。ここに同社独自の人間認識システムを加えることで,カメラが撮った映像のうち,人が通った時間だけをチェックしたり,その前後だけを保存して残りを消去したり,あるいは人影を検知したらメールを送るといったことまでが可能になる。同社はいち早くこの人間認識システムに力を入れており,2006年には特許を取得している。

海外展開がスタートして以降,特に2002年1月に社名をそれまでのシステム開発から,システム・ケイに変更した際には,プロバイダ事業や無線インターネット接続事業など,新しい試みを一挙に展開していく。ちなみに,社名のケイはアルファベットのKで,ジャンプ競技の「K点越え」のKを表しているという。受託事業を中心にした企業から,新技術をいちはやく取り入れたイノベーション主導型の企業に変わっていくという,まさにK点を越えるような変革の時期であった。

(2) 製品構成

現在のシステム・ケイ社の主要製品ラインナップは以下の表5-3の通りである。これらのうち,特に主力商品として販売の中心として力を入れているのは,コア技術がからむ〈映像配信・モニタリング・監視〉分野の「インターネットカメラシステム」事業と,〈VoIPソリューション／ビデオ会議〉分野の「agoraZone」事業の2つということになる。以下でそれぞれのビジネスを詳しく説明する。

① インターネットカメラシステム事業

WebカメラとパソコンのPCの組み合わせによる監視カメラサービスが「インターネットカメラシステム」事業である。安価なWebカメラを利用し,さらにセキュリティ会社が通常使用するような専用線による運用によらずとも,図5-2にあるように,インターネットを利用することによって遠隔地の画像をPCや携帯電話で確認することを可能にし,コストを大幅に圧縮して,中小企業にも導入しやすい価格帯を実現していることが本事業の強みである。なお「インターネットカメラシステムLite」は必要な機材・機能をパッケージ化し

156　第5章　システム・ケイ：世界の技術をコーディネートする地域企業

表5-3　システム・ケイ社の主要製品ラインナップ

＜ソフトウェア分野＞	＜ハードウェア分野＞
映像配信・モニタリング・監視	**VoIP**
●AIRA 2005	●VoIP Gateway（インターネットテレフォニー）
●インターネットカメラシステム	**ビデオサーバー**
●インターネットカメラシステム Lite	●MPEG4 ビデオサーバー
●Mobotix Recording System	**電子メールセキュリティ**
●モバイルインターネットカメラシステム	●MINEsweeper SMTP Appliance
●ネットワークビデオレコーダシステム	**遠隔制御周辺機器**
●LIVE CHANNEL PRO	●I/O コントローラー
●ACTi 用 NetworkCamera Recording System	●I/O コントローラー連動遠隔管理システム
SIP ソリューション	**ネットワークカメラ（Web カメラ）**
●SystemK IP-PBX / SIP Server	●屋外専用ネットワークカメラ MOBOTIX シリーズ
●通話料定額システム	●MPEG-4 対応ネットワークカメラ・ビデオサーバー ACTiシリーズ
VoIP ソリューション／ビデオ会議	**電話周辺機器（一般電話機・IP 電話機）**
●ビデオ会議システム agoraZone	●電話盗聴防止ユニット SnapFone
●遠隔相談システム LowCounter	●電話通話内容の録音が簡単にできるマイ・ロガー
内部統制支援	●ipDialog SipTone™ II 1.2.0　IP 電話機
●内部統制文書管理システム	
電子メールセキュリティ	
●MIMEsweeper for SMTP5.2	
データ暗号化・保護ソフト・情報漏洩	
●VoiceK Enterprise Security	
帳票設計ツール	
●PrintCity	

たモデルである。

　導入コストは，設置場所とデータセンター両方で録画するタイプのプロモデルで Web カメラが一台の最小構成の場合で 40 万円ほどであり，セキュリティ専門会社のシステムに比べても非常に安い。この料金価格の中には，記録した画像のうち，動体検知（センサー反応）画像はシステム・ケイ社が持つインターネットデータセンターへ送られて保存され，連続画像は現地の拠点管理サーバへそれぞれ保存される機能を含んでいる。なお，Web カメラは1台5万円ほどで増設することができる。

　さらに，カスタマイズを加えることで，屋外モデルに変更し，雨，風，雪な

どの厳しい環境でもモニタリングをしたり，I/O コントローラ連動モデルに変更し，機器の電源 ON/OFF，温度・風速・雨量などのデータ取得といった遠隔操作をはかれるようにするなど応用も可能である。

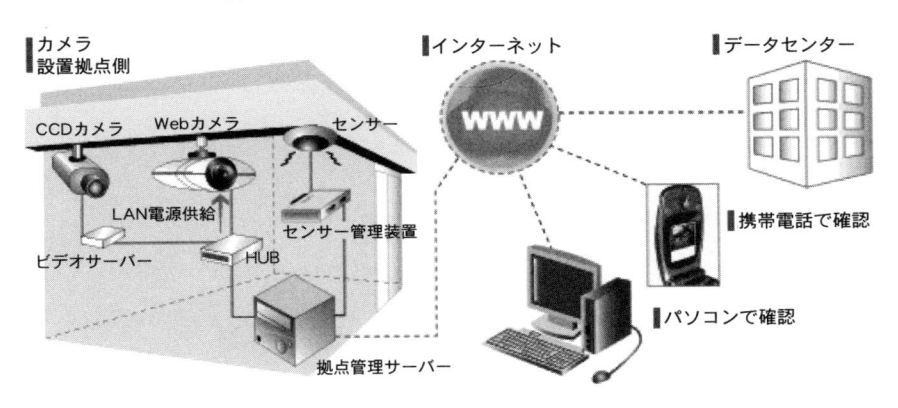

図5-2 インターネットカメラシステムのサービス

出所：システム・ケイ社 Web サイトより。

また，もう1つの同社の事業の柱である VOIP をつかった VoIP Gateway 連動モデルでは，インターネットカメラシステムの設置拠点にオプションの VoIP Gateway を接続することによって，カメラを設置した拠点との無料通話を行うことも可能になる。同じく同社が持つ技術であるモバイル技術で，有線通信インフラのない環境での構築にも対応できる。

現在までに，本事業は，屋外駐車場，金融機関，マンション管理会社，病院などの防犯や遠隔監視が必要なユーザーに利用されており，既に550件以上の導入実績を持っている。

② agoraZone 事業

マルチメディア・メッセンジャー型の電子会議システムである agoraZone（アゴラゾーン）は，ブロードバンド回線に接続されたパソコンを使って，動画と音声によるビデオ会議を実現するソフトウェアである。技術的には，VOIP を使ったアプリケーションの一つである。

使い方としては，まず agoraZone クライアントソフトウェアと呼ばれるビ

デオ会議を行うソフトを，使用 PC にインストールしておく準備をあらかじめ行っておくことから始める。このソフトはフリーライセンスとなっており，社内全部のパソコンにもインストールすることが可能である。システムの構成は，図 5-3 のように，まず 1 台の PC において agoraZone サーバーシステムを稼動させ，それをシステム動作の最小構成単位とする。

　agoraZone には大きく，メッセンジャー機能と会議室機能とが付いており，ユーザーのログイン・ログアウトの記録や，P2P チャット，ボイスメッセージなどのメッセンジャー機能によるアプリケーション，そしてビデオ会議，プログラム共有，電子ホワイトボードといった会議室機能によるアプリケーションが付属している。

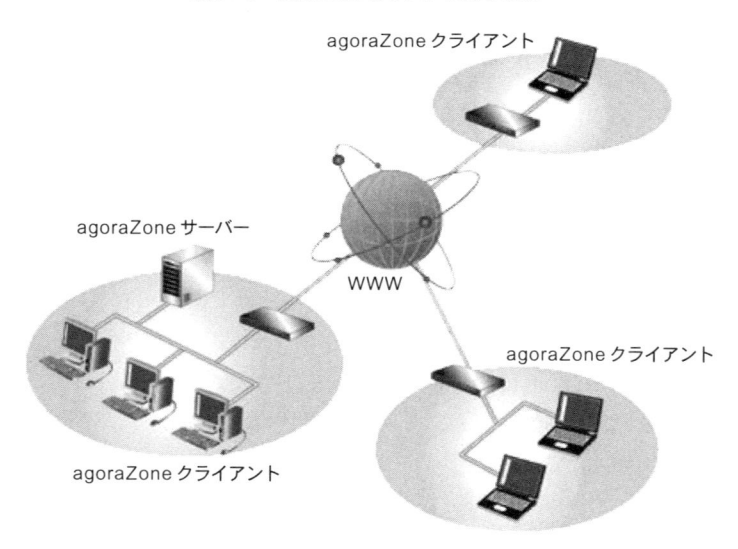

図 5-3　agoraZone のシステム基本構成

出所：システム・ケイ社 Web サイトより。

　具体的な導入実績としては，地元の大手地銀である北海道銀行が，この agoraZone を使って，「遠隔相談システム Low Counter System（ローカウンターシステム）」として運用している例がある。Low Counter System という名称は，一般に銀行窓口の横に併設されている相談コーナーの「ローカウ

ンター」に由来する。通常は金融商品の説明などをこのカウンターで行うが，このシステムを導入することで，本社にいる1人のスタッフが各支店にバラバラに訪れた顧客に対しての相談に対応することができるようになる。このようなシステムを構築する銀行のメリットとしては，複雑化する商品を理解した知識豊富なスタッフを各店に用意する必要がなくなることがある。金融知識が豊富な職員を養成するには，教育に膨大な時間とコストがかかり，さらに休暇などでそのスタッフが不在の場合，サービスが滞ってしまうが，このシステムがあれば，効率よく専門人材を配置し，活用することができるというわけである。

また，agoraZoneのパッケージは，5ユーザー・ライセンス，10ユーザー・ライセンス，20ユーザー・ライセンスなどが用意されているが，このユーザーとは同時使用時の人数を示しており，例えば100名の企業で全てのPCにagoraZoneクライアントがインストールされていたとしても，ユーザー・ライセンス分が同時に会議室を利用するということであれば問題はない。よって，価格面でもローコストである。

北海道銀行という大口ユーザーを得たことで，システム・ケイ社では，本事業についても今後の拡販を期待している。

第3節 事例分析

3-1 創業期の企業家活動

ケーススタディの節では，研究フレームワークに基づき，システム・ケイ社のビジネスを再度整理していくことにする。はじめに企業家活動を分析していこう。

鳴海社長は，独立前には，まずNECの系列会社でサラリーマン技術者としてのキャリアをスタートさせている。その中で従来の大型汎用機による情報処理から，当時まだ出始めだったPCによって将来的には汎用機が駆逐されることを予見し，独立を決意している。この〈事業機会の認識〉が起業の出発点である。

また，受託事業によって会社を徐々に大きくしていきつつも，鳴海社長はたまたまアメリカ視察の機会を得たことによって，「次代はインターネット社会になる」ということを見通している。そして，そのことが同社をインターネット技術やTCP/IP関連技術に秀でた企業に変貌させていく。そして，結果として日本においてもWeb関連技術が注目を浴びるようになると，一躍同社の持つ技術が高い評価を受ける。これも企業家としての鳴海社長の〈事業機会の認識〉に関する目利きの部分と言えるであろう。ここから同社は成長期に入っていくことになる。

　結果的には，インターネットに関する早い段階からの取り組みとグローバル化を推し進めたことが，同社のコア資源を形作ることとなる。よって，同社はコア資源をさらに高めるべく，研究開発を加速させる段階に突入していくが，そのときに企業の境界を越え，中国での技術開発に活路を見いだそうとするわけである。

3-2　成長期におけるコア資源と事業システム

　成長期には常に海外の技術を探索すると同時に，パートナーシップの構築にあたって，商品化のための技術を供与してもらうというパートナリングと，受託システムの拠点とするというパートナリングの2通りの手段を使っている。いずれの場合も鳴海社長が起業前・起業後に築いてきた人脈が役に立っているという。

　中国での技術開発は，さらに韓国との技術提携につながり，同社は受託型という創業期の事業システムだけでなく，研究開発面で海外企業とのパートナーシップを組み，自らは主に日本市場に合ったソフトウェア付与と国内マーケティングを担うという新しい事業システムを築く。そして，インド企業など豊富な海外企業との提携も成功させていく。事業飛躍のきっかけが海外視察にあった点や，そして鳴海社長がもともと船乗りとして世界を旅した経験を持っていたことが，おそらくは札幌の企業としては最も早い段階でグローバル化に挑んだ遠因としても作用しているのであろう。企業家の能力そのものがフレームワークにあるように，〈事業機会の認識〉と〈コア資源〉，〈事業システム〉などに影響を与えるとした場合，鳴海社長の場合は，事業機会の認識が契機と

なり，システム・ケイ社のコア資源を規定し，さらには事業機会の認識を常に早いスピードで行おうとした結果，海外の企業との提携を選択させることとなり，それが事業システムの一つのパターンを形作っていったと言うことができるだろう。

同社のコア資源そのものは，インターネット技術の中でも，VOIPなどの個別の要素技術ではなく，イントラネットシステムやクライアントサーバシステムにいち早く取り組んだことによって蓄積したTCP/IP系のソリューション能力にある。現在のコア技術である「IPサーベランス・システム」はそうしたソリューション能力の成果から生まれている。この技術によって，結果的には自社データセンターの必要性も高まっているわけで，この技術はあらゆる経営資源を束ねる役割を持つコア資源と呼ぶに相応しいと考えられる。

同社はデータセンターを組み合わせたサービス展開メニューをいくつも持っているが，もともとデータセンターそのものが受託システム向けに作られたものであった。そのことからも分かるように，同社は顧客のニーズに外部の技術と内部の技術をミックスさせながら対応する能力に長じていると言える。他の多くの札幌IT企業が技術オリエンテッドではあっても，市場対応力が不足していた現状と，同社の事業展開は好対照を成している。

3-3 発展期における企業境界外との関係

システム・ケイ社はサッポロバレーに立地する企業でありながら，大学とのつながりは特になく，国の補助金や地元自治体の支援体制とも距離を置いてきた。しかし，同社が成長する過程では，自社がまだまだ小規模な時などは，その注文に対応できる外注先を周囲に見つけ出して乗り切ってきており，産業集積からの恩恵を全く受けていないわけではない。むしろ，札幌のIT産業全体が下請け状態にある中で，独自のビジネスモデルをグローバルに展開した札幌IT産業の先駆者として，自らが産業集積に貢献していく立場にある企業として成長したという評価もできるだろう。

サッポロバレー企業の多くは，現在でも本州企業の下請け的な仕事を行っているために，海外展開が遅れている。こうした現状を打破するべく，2001年から北大の青木教授（当時）の掛け声のもとに「eシルクロード」が行われて

おり，アジア地域との連携関係を強化するためのイベントなどが実施された。この取り組みは，アジアの中でもとりわけ，韓国と中国にターゲットを絞り，具体的なビジネスマッチングの仕組みも行っている。シルクロードのネーミングの由来は，連携を模索している地域の頭文字のSから来ている。サッポロバレーで知られる札幌（Sapporo）を始めとして，ソウル（Seoul），上海（Shanghai），中国の深圳（Shenzhen），シンガポール（Singapore），南インドのバンガロール（South-India）などである。他にもテジョン（韓国），瀋陽，香港，新竹（台湾）などIT産業が地域に活力を与えている都市を想定し，人間と情報のネットワークを形成し，技術・資本・人材の連携を進めることを狙うというものである。

それまで，サッポロバレーの取り組みには関わってこなかった鳴海社長であるが，近年ますますグローバルな高成長企業として注目されはじめ，現在は「eシルクロード大使館」の親善大使に任命され，公的な活動も行っている。大連に事業所を持つ企業の代表として，「大連計算機学会・国際技術交流中心」の主任も務めている。鳴海社長にはグローバル化に一見識を持つ企業家として，地域をリードしていくことが期待されているのである。

第4節　まとめ

4-1　ビジネスモデルの整理

システム・ケイの事業展開が卓越しているのは，必要な技術を探索し，顧客ニーズに沿った技術を結びつけ，独自の製品として進化させる事業を複数展開していることにある。コア技術はIPサーベランス・システムとその周辺技術であるが，技術そのものというより，企業間のパートナーシップをうまく構築するコーディネートの能力そのものも大きな強みであることが分かる。同社の面白いところは，技術シーズを最初から持っていたのではなく，必要な技術を取り入れる過程でコアとなる技術が形成されていったところにある。そうした経路を辿ってきたのは受託システム開発から事業を始めたという成り立ちによる部分も大きいかもしれない。このように，創業期には人員的な不足を外注に

第 4 節　まとめ　163

よって乗り切り，さらに成長期には技術的なハードルを海外とのパートナーシップによって乗り切っていくという同社の企業発展スタイルは，経営資源の不足に悩む多くの下請け企業や中小企業にとって，その突破口を見つけ出すための重要な示唆を提供していると考えられる。

　現在のビジネスモデルを 2 つのレベルから図示してみよう。まず図 5-4 では事業システムのレベルで見た事業概念図を提示する。ここでは，受託システム開発以外の事業を中心にまとめている。

　事業システムのレベルから見ると，同社は要素技術の部分で，WEB カメラそのものや VOIP 技術は基本的には海外のものを導入している。そしてソフトウェア開発の部分では，自社で行う場合と自社の海外拠点で行う場合とがある（完全な分業ではない）。この部分が最も同社の実力が生きる部分で，コア技術である IP サーベランス・システム技術などは主にこの段階に貢献する。パッケージ化は，データセンターの存在などを強みに，同社独自の強みを出している。なお，販売の面では，日本企業への営業に強みを持つシステム・ケイが当然担うが，海外企業が自国内で販売する動きも出てきている。そして，保

図 5-4　システム・ケイの事業システム

要素技術	（海外企業）	（海外企業）
ソフトウェア開発	（自社）	（自社海外拠点）
パッケージ化	（自社）	（自社海外拠点）
販売	（自社）	（自社＆海外企業）
保守運用	（自社）	（自社＆海外企業）
	インターネットカメラシステム事業	agoraZone など VOIP・SIP 関連事業

出所：筆者作成。

164　第5章　システム・ケイ：世界の技術をコーディネートする地域企業

図5-5　システム・ケイのビジネスモデル

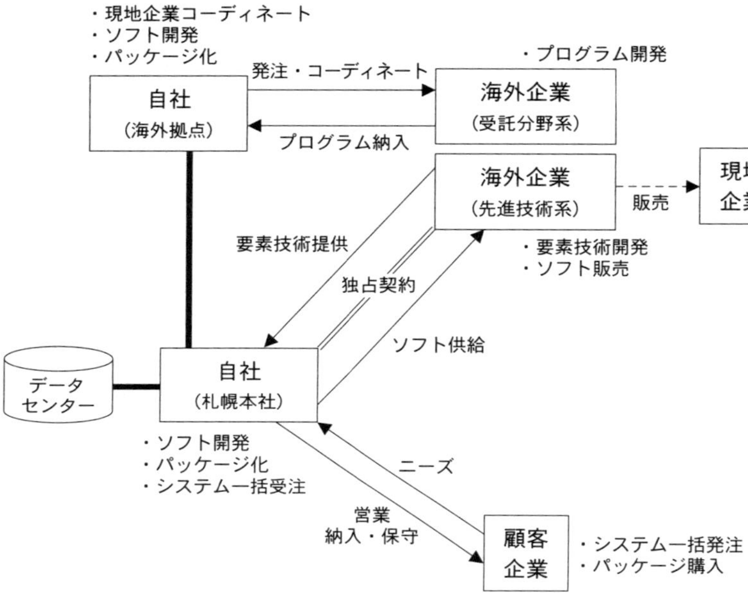

```
・現地企業コーディネート
・ソフト開発
・パッケージ化                        ・プログラム開発
        ┌─────────┐  発注・コーディネート  ┌─────────┐
        │  自社   │ ─────────────→  │ 海外企業 │
        │(海外拠点)│ ←─────────────  │(受託分野系)│
        └─────────┘    プログラム納入    └─────────┘
             │                           ┌─────────┐           ┌──────┐
             │                           │ 海外企業 │ ─ 販売 ─→ │ 現地 │
             │      要素技術提供         │(先進技術系)│           │ 企業 │
             │   ──────────────→       └─────────┘           └──────┘
             │         独占契約           ・要素技術開発
             │      ←──────────        ・ソフト販売
             │                  ソフト供給
        ┌────┐   ┌─────────┐  ←──────────
        │データ│───│  自社   │
        │センター│  │(札幌本社)│
        └────┘   └─────────┘
                    ・ソフト開発
                    ・パッケージ化        ニーズ
                    ・システム一括受注  ←──────
                         営業           ┌──────┐   ・システム一括発注
                       納入・保守  ──→ │ 顧客 │   ・パッケージ購入
                                        │ 企業 │
                                        └──────┘
```

出所：筆者作成。

守・運用も基本的には自社が，海外販売分に関しては海外企業が行うという分担状況である。

　以上の事業システム構成をビジネスモデルのレベルで，さらに受託システム開発事業も加え，主要事業展開とパートナーシップの構図を整理していくと，図5-5のようになる。

4-2　今後の財務計画と営業基盤の獲得

　同社の将来を展望すると，販売やマーケティングの機能を強化していくことが大きな課題となってくると言えるだろう。この点に関しては，同社はこれまでにも大手企業から出資を受けるなどして関係を強化しながら，販売先の提供を受けるなどの手段を取ってきた。例えば，2005年には日本IBMに株式購入権を5千万円分与え，ストックオプションの見返りとして，営業支援を取り付

第4節　まとめ　165

けている。これは IBM の取引先の紹介を得られたり，IBM からシステム・ケイへの発注も増えるという効果を狙ったものである。

　その他の動きとしては，2002年に三井物産と日商岩井に対してそれぞれ5千万円ずつ行った第三者割当増資がある。この関係を生かして大手商社の販売網を使うことで国内営業を強化しようとするものである。

　いずれも，システム・ケイが高成長企業であることに目を付けた大手企業が，将来の同社の株式公開に期待して協力を行ったものであった。ところが，これらの方法では大手企業の側のリスクは小さいため，いつでも手を引ける面があるためか，同社の営業強化にあたっての強力なパートナーシップを形成できたわけではなかった。独自の営業基盤は必要だが，そのためには資金も必要となってくる。しかし，現在は新興企業向け市場が停滞気味で，このまま上場しても高い上場益は期待できそうにない。また一方では，現在の主力事業であるインターネット監視カメラのマーケットが，国内でも徐々に形成されつつあり，競合企業の参入が心配された。より急速な営業展開をはかる必要が出てきたのである。上場によって，営業に回す資金が調達できたとしても，不慣れな営業を同社が単体で行って，足踏み状態になるわけにはいかない。上場の前段階として，営業をてこ入れするための仕組みがもうワンステップ必要なのである。

　そこで同社が選んだ手段が，強固な営業力を持つ大手企業との共同戦線である。具体的には 2007 年 9 月に，同社はオフィス電話大手のサクサホールディングスに第三者割当増資を行い，5 億 7 千万円もの資本を調達した。サクサは，電電公社（現 NTT）の公衆電話機などを作ってきた田村電機と，オフィス用のビジネスホンで実績のあった大興電機が合併してできた一部上場企業である。サクサは現在の主力であったオフィス電話事業が頭打ちで，独自のニーズを模索していた。そこで，最近は旧田村電機が持っていた遠隔監視システムなどのセキュリティ事業を強化しようとしていた。電話機というつながりでは，サクサから見てもシステム・ケイの VOIP 関連技術はオフィス電話に転用可能な技術であるし，何よりセキュリティ分野を拡大するにあたって，インターネットカメラシステムで一気に市場に切り込める可能性があることは魅力的だろう。これはシステム・ケイにとって，大手との WIN-WIN な関係構築

を目指す挑戦であった。

　システム・ケイとサクサは，協同してシステム・ケイのネットワークカメラ技術にサクサの持つ各種技術などを組み合わせ，より高度なセキュリティシステムを開発していこうとしている。このような取り組みを早期に進めようとする背景には，インターネットの基幹網が，今まさにNGN[9]と呼ばれる次世代通信網に変化しようとしていることがある。サクサはNGNに対応する有望な技術を探しており，NGNに対応する技術を早くから検討していたシステム・ケイ側では販路拡大の活路を求めており，まさに利害は一致していた。サクサから見れば，巨大な資金を拠出した上に，持ち株比率でシステム・ケイ株式を54％取得したことで連結子会社とした以上，システム・ケイの営業力強化には全力をあげると想定される。

　なお，54％という出資比率なので，システム・ケイはいずれ株式市場の動向によって上場する道も選択肢としてはあり得るだろう。実際にこうした発展経路を辿るアメリカのベンチャー企業は多い。システム・ケイの場合も，サクサとの関係を強化しつつも，鳴海社長は代表権を持ち続け，引き続きリーダーシップをとりながら独立した経営体制を保っていく。これまでパートナーシップをグローバルに展開してきた同社は，サクサという大手とのパートナーシップも成功させ，近い将来に新たなステージへと昇っていくに違いない。

（内田純一）

＜インタビュー協力＞
株式会社システム・ケイ　代表取締役　鳴海鼓大氏
　（2007年10月9日，2007年10月24日　システム・ケイ本社にて）

注
1　札幌市によって整備された札幌テクノパークは，1983年12月に用地選定，1985年に造成と施設建設が着手され，1986年4月に第1期分譲公募を開始し，ビー・ユー・ジーなどの札幌を代表するIT企業が入居した。札幌テクノパーク計画は，1983年に施行された「高度技術工業集積地域開発促進法（テクノポリス法）」を受けて，早い段階からIT産業を主役にしようという構想が練られていた。札幌のテクノパーク構想は大企業誘致ではなく，こうした地域企業の育成という面に重点があったことは一つの特徴である。札幌テクノパークは，第1期の造成規模が12.3ヘクタール（うち企業向け4.7ヘクタール），第2期分が15.8ヘクタール（うち企業向け7.9ヘクタール），総面積は28.2ヘクタールと，十分な緑地面積を残し，野幌森林公園に隣接した美しい環境に囲まれている。札幌中心部からテクノパークへのアクセスは車で約30分，新千歳空港までは車で35分で

ある．JR 利用の場合，最寄りの新札幌駅へは，札幌からは快速の利用でおよそ 10 分のところにあり，新札幌駅からテクノパークまでは，バスを利用して 10 分で到着する．周囲は新興の住宅地であり，都会の喧噪とは全く無縁である．
2 サッポロ BizCafe は 2 年間の次元付きプロジェクトであったが，その後も姿を変え，札幌駅近くで営業を続けている．
3 マイクロソフトとして法人化したのは 1981 年．
4 ハドソンは，シャープに同社製「HuBASIC」を提供，シャープの「パソコンテレビ X1」に搭載された．
5 デービーソフトの簡易言語が，富士通のマイコン「FM-7」にバンドルされる．
6 ビー・ユー・ジーは，ソニーのマイコン「SMC-70」の BASIC インタプリタ開発に協力．
7 VOIP（Voice Over Internet Protocol）は，インターネットに使われる通信規格である TCP/IP のネットワークを使って音声データを送受信する技術．主にインターネット電話を実現するために使われるが，音声データがデジタル化されるため，コールセンター向けシステムなどにも応用されるなど，様々な用途が期待されている．
8 SIP（Session Initiation Protocol）は，VOIP を応用した通話制御プロトコル．インターネット電話などに使われている．接続にかかる時間が短くて済むという特徴がある．
9 NGN（Next Generation Network）は音声系とデータ系に分かれている現在の回線網を統合しようとするもので，完成すれば IP 電話のセキュリティが大幅に向上するだけでなく，回線の太さを利用して通信と放送の融合を一気に進めるものとなる．

第 6 章

三宅：
町工場から世界的企業への跳躍に向けて

第 1 節　広島地域の伝統産業（製針業の発展と衰退）

　広島でいつごろから針作りが始められたかは定かではないが，1624 年，針元屋初五郎が長崎で製針の技術を習い，帰郷して開業したとする説と 1704 年〜1711 年の間に長崎の木屋治左衛門が来住し，製針をはじめ，多くの藩の足軽軽輩に技術を教え，内職として普及させたとする説がある。いずれにせよ，長崎から唐針製造技術が伝えられ，広島地域で作られた針は「南京正伝針」と呼ばれている事実は確認されている。
　もともと製針業は穴あけ，磨きなどとその製造工程が分業化されていることから下級武士の副業として広まっていたようである。
　明治 10 年（1877 年）のころからドイツのウィッツル社製の針金が輸入され，明治 20 年（1887 年）ごろからドイツ製のメリケン針（西洋針）がインド，中国を経由して大量に輸入され，品質の劣る和鉄製の広島の針づくりは大きな打撃を受けた。明治 31 年にもメリケン針の輸入攻勢で大きな転換が迫られた。とりわけ，日本各地に散らばっていた製針生産地間の競合や経済の動向にも影響され，衰退を繰り返しながらもさまざまな努力が試みられた。以前は，熟練技術者の経験知に依存度が大きかった製針業においても，機械の導入と安定的な技術者の多数確保による大量生産体制の整備が行われた。日清，日露戦争を経て着実に発展してきた広島の製針業は，第一次世界大戦が勃発した大正 3 年（1914 年），飛躍的に発展することになる。特に大正 6，7 年（1917 年，1918 年）にかけては中国，インド，東南アジア，ヨーロッパ，北アメリカ，南アメリカにその輸出先が拡大していき，製品が不足し，針の値段が急騰

した。当時の輸出先の8割は中国だったが，この好況期も長く続かず，大正9年から不景気となり，企業の合併や工場の閉鎖，従業員の激減が続いた。

　昭和に入り，不況は続くが，高速度製針機の導入により品質向上と大量生産がより一層進んだ。国内，海外ともに注文量も増え続け，広島県の製針の生産高は昭和26年にそのピークに達した（600万個／年間）。昭和期の広島の製針業を後押ししていたのが，旧軍都としての広島の発展である。縫針やミシン針を中心に発展を続けてきた広島の製針業は太平洋戦争中には熟練技術者の招集による人材不足，価格統制令施行，針の公定価格の設定，針類の輸出禁止などのドラスティックな外部環境変化に耐えていた。昭和19年（1944年），広島地域の製針業者は三宅，萬国，中田（徳），青木，田村，吉村，佐川の7社だった。一方のミシン針は興亜ミシン針製作所，日本針工業，東亜ミシン針工業の3社体制だった。

　上述した苦境期だった広島の製針業界にさらに追い討ちをかけたのは，1945年8月6日の原爆投下である。広島の中心部に位置していた製針工場はほぼ全焼し，破滅的打撃を受けた。しかし，復興のスピードも目覚しく，翌年度（1946）には萬国製針が生産を再開し，1947年には他7社が復活し，また1947年からは民間貿易が再開され，縫針，ミシン針などを含め5881万本がアメリカ，香港，バタビア（インドネシア），オランダ，ベルギー，スウェーデンに輸出されている。だが，日本国内においては不況が続いていて，需要も低迷していたため，国内製針メーカーの間の熾烈な競争が繰り広げられた。この試練を突破する契機となったのが朝鮮戦争である。イギリスの針の生産が軍備拡充のために伸び悩んでいることもあり，インドなどから大量注文が殺到した。広島の製針企業も40社まで膨れ上がって過剰投資とダンピング，倒産，転職が続いた。1950年代からは過剰生産による販売価格の下落を防ぐために共同販売体制がとられたが，業界の足並みが揃わず，その効果は十分ではなかった。当時，広島県内の製針業者の規模は，23社，759人の従業員で，一社当たり平均33人であった。

　1960年代は賃金の急上昇による経営難に加えて，労働者不足，景気の下降や生活様式の急激な変化による針の需要の落ち込みにより，製品の在庫の増加が見られるなか，企業の倒産が相次いだ。さらに，海外における日本の製針業

の知名度は上がったものの,第一次,第二次オイルショックの影響もあり,産業の低迷期が続いた。

　1970年代は精密技術を生かし,エレクトロニクスの関連部品や外科用医療器具,あるいは地元の自動車部品生産など新しい分野に進出する企業が出現した。1985年には広島の針産業は,国内生産量で,縫針は100%,待針は97%,家庭用ミシン針は49%を占め,かぎ針,押ピン,虫ピンなどとともに全生産量の70%以上を輸出していた[1]。

第2節　会社概要

TAG INTEGRATION MIYAKE

●商号：株式会社　三宅
●本社所在地：広島市佐伯区石内上1-16-1
　　　　　〒731-5107　TEL082-941-5511
●営業所：
　　東京支店／東京都新宿区大久保2-5-23　新宿辻ビル5F
　　　　　〒169-0072　TEL03-3207-7420
　　大阪営業所／大阪市淀川区東三国2-34-1　ハイランドビル2F
　　　　　〒532-0002　TEL06-6392-3386
●創業年月
　　大正6年6月
●設立年月
　　昭和14年11月
●払込資本金
　　8,710万円
●従業員
　　65名
●取引銀行

広島銀行，もみじ銀行，広島信用銀行など
- 関連企業
  八千代工業（株）

第3節 沿　革

- 大正　6年　初代三宅来次郎が個人経営製針業として創業
- 昭和　8年　合資会社に改組
- 昭和14年　三宅製針株式会社に改組，資本金35万円
- 昭和20年　原爆により全焼
- 昭和21年　復興工事完成，代表取締役社長に2代目三宅来次郎就任
- 昭和24年　資本金を500万円に増資
- 昭和38年　八千代工場を分離し，八千代（株）を設立，
- 昭和47年　資本金を1000万円に増資，値札，糸付値札の製造開始
- 昭和53年　三宅来次郎藍綬褒章受賞
- 昭和54年　シール・ラベル類の製造設備を設置
- 昭和56年　米モナーク社のハンドラベラーの販売開始
- 昭和57年　株式会社　三宅に社名変更
- 昭和58年　セキュリティシステムの販売開始
- 昭和60年　セキュリティシステム用ラベル製造開始
- 昭和61年　高速凸版輪転印刷機などの印刷設備増強
- 昭和63年　事務所・工場の増築
- 平成　1年　資本金2000万円に増資，東京プランニングセンター開設，
  新商品アイデア提案制度導入
- 平成　2年　広島工業大学と産学共同開発開始
- 平成　3年　代表取締役会長に三宅来次郎就任
  代表取締役社長に三宅正光就任
  東京プランニングセンターの名称を東京オフィスに変更
- 平成　5年　三宅来次郎勲五等瑞褒賞受賞

- ●平成 6 年　オフィスセキュリティシステムの販売開始，スーパータグの開発開始
- ●平成 8 年　九州オフィス開設，自社開発プリンタ販売開始
- ●平成 9 年　大阪オフィス開設
- ●平成 10 年　資本金を 3500 万円に増資
- ●平成 12 年　資本金を 8710 万円に増資
- ●平成 13 年　画像によるデジタルセキュリティシステムの販売開始
- ●平成 15 年　広島本社・工場移転
- ●平成 16 年　防犯タグの本格生産スタート

第 4 節　事業内容

　シール・ラベル・POS タグ・バーコードラベル等の特殊印刷，その他精密印刷，一般商業印刷，ラベルプリンタ・ラベリングマシーン・POS システム，関連機器の販売，各種万引防止システム販売，監視カメラシステム販売，RFID システムの開発・販売，オリジナル商品の商品企画・開発・販売

　　注）　会社概要，沿革と事業内容については三宅の会社プロファイルから引用。

第 5 節　発展の歴史[2]

　株式会社三宅は，大正 6 年に手縫針の専業メーカーとして初代三宅来次郎氏が創業した。広島の地場産業である製針業は，広島地域の発展を牽引した産業の 1 つである。広島の製針業の形成初期から参入した同社は，日本国内においてその生産量トップを誇っていた。当時，他の製針業者もそうだったが，外貨獲得のために日本国内市場を攻略せず，輸出に専念していた。中国，インド，アメリカなどの海外市場が大きくなっていくにつれ，同社の業績も順調に伸びていた。昭和 30 年代後半，ある商社から流通業界向けの値札用のピン製造依頼があった。製針業界において，同社の製造技術は認められており，もっとも

第 5 節　発展の歴史　　173

信頼できる会社にピンの製造を依頼したのである。値札自体は日本国内で生産していたが，ピンはアメリカからの輸入に依存していたため，コスト削減の必要性から注文が入った。また労働集約的産業であったために賃金の上昇は製品価格の上昇に直結し，安い労働力を武器にした後発業者の追随が著しくなった。

　後発業者の追撃を意識した同社は，その対策として特有の金型技術を活用して自動車部品分野に進出し，新しい事業にチャレンジするが，会社の中核事業へ転換させることはできなかった。そこで値札用のピンを製造することで取り扱う品目数を増やそうとした。値札用のピン製造が軌道に乗り，商社からの値札用の印刷とピンのセット注文が舞い込んだ。同社はもともと製針メーカーだったので印刷に関する製造技術はまったくなかったが，1973 年の国際経済情勢（為替レートの変動など）を考慮して新たな事業への取り組みを急いだ。

　現在の社長である三宅正光氏は，上述した同社の重要な変革期に東京において大学生活を送っていたが，事態の深刻性を実感し，大学を中退して父親の仕事を手伝う決心をした。ピンや印刷に関する知識がまったくなかった同社は，東京生活から戻ってきた三宅正光氏を新事業のリーダーとして任命し，埼玉県の印刷会社で研修させた。三宅正光氏は，1 年間の研修期間を終え，製針事業部門から移動してきた 3 人の職員とともに新規事業分野である印刷事業を始めた。

　最初は社員 2 人と社長の 3 人でスタートした印刷部門だったが，商社からの注文が増えてきて，本格的に事業展開をするようになった。三宅正光氏もアメリカのオハイオ州にある印刷会社において 1 年間研修を受け，先進技術を学ぶ機会を得た。バーコードは日本市場においてまだその標準が決まっておらず，本格的に市場に導入されていなかった。三宅正光社長はアメリカでバーコードの性能や普及状況を知ることになり，近いうちに日本にも普及することを確信した。帰国後（1975 年），三宅正光社長は，会社の事業領域を製針業から印刷業へ徐々にシフトさせる。事業転換の理由としては，① 印刷業という業種が今後成長する可能性が高いこと，② 製針業が特定の発注先に対する下請形式の事業形態であったことに対して，印刷業は独立した組織として自由に生産，営業活動ができる点があげられる。徐々に印刷技術を取得しながら，広島市内

を中心にビジネスを展開している間に日本でのバーコードの規格が統一され，流通業界において電算化（コンピューターシステムの普及）が進んだ。同社は，バーコード印刷の仕上げの困難さを，インクの濃度や量の配合によって克服し，バーコードの太さ，細さ，それぞれの鮮明さを使い分ける独自技術を早期に確保した。1982年には，製針会社という企業イメージから脱皮するために社名を「三宅製針株式会社」から「株式会社三宅」に変更した。

　ところで，三宅正光氏は印刷業を中心とした既存のビジネスを展開しているうちに取引先から急増している万引き問題に関する苦情を耳にすることになる。同社は早速情報収集に着手し，万引き防止システムの普及が進んでいたアメリカの技術に注目した。

　当時，万引き防止システムはアメリカの方では発達していたが，日本ではその導入が遅れていた。さらに中四国地方は，セキュリティシステム関連代理店も存在しなかったため，同社は1983年からアメリカのセキュリティ関連会社の代理店として同システムを取り扱うことになる。顧客の生の声を吸い上げて1980年代中盤からスタートしたセキュリティ関連ビジネスだが，実際に営業活動が始まると現場の反応はそれほどよくなかった。つまり，小売店に万引き防止システムを設置することは，まるでお客さんを犯罪者扱いする印象を与える可能性があるということである。そう判断した同社の取引先はその導入を躊躇した。1年かけて営業活動を続けたが，営業実績はまるでゼロだった。性善説に立脚した日本商習慣に阻まれ，これ以上の事業展開が難しい状況に陥ってしまった。

　その時，苦戦している同社に明るい兆しが見えてきた。その希望の光は，地元広島の企業ではなく大阪から広島市内に出店しようとした大手家電ディスカウントショップからだった。同社が先方にセキュリティシステムの導入を提案すると，商品管理に対する広島の企業との意識の違いが原因だったかもしれないが，先方の社長の勇断で契約が成立した。これを機に地元の企業の意識にも変化があらわれた。商品の単価が高く，さらにお客さんに直接展示して，実物を触られるようにしなければ商売が成り立たない産業において，万引き問題は深刻な水準に至りつつあった。同社は万引き防止システムをこのような万引き防止が絶対必要な業界へ優先的に営業活動を展開した。地元大手家電量販店，

CD販売店，レンタルビデオ店に急速に普及した。

　1985年ごろ，輸入に頼っていた防犯タグを日本で現地生産できないかという検討が始まった。防犯タグはアルミ箔の表と裏の両面に回路を精密に印刷する技術が必要であるため，三宅の印刷技術が十分活用できる可能性があった。しかし電子回路に関する知識は，まったく保有していなかったため，試行錯誤を繰り返しながら製品開発を続けた。その結果，海外のセキュリティシステムメーカーの日本現地法人にその技術が認められ，防犯タグの製造を受注することになった。

　次は，産学共同によるダイカット製法の開発と事業の更なる発展について言及しておこう。1980年代の後半，海外のシステムメーカーの日本現地法人が突然，日本の万引き防止システム事業から撤退を決めた。従って，三宅は突如安定的な取引先を失ってしまい，事業を続けるのであれば，自立するしか残された道はなかった。三宅正光社長は製針業から印刷業への転換を図った時のように，セキュリティ事業における自社技術開発を試みることになる。防犯タグの心臓部である回路に関する知識がまったくなかった三宅は，すぐに就職情報誌を通じて技術者募集を行った。友人の紹介を得て，同分野の権威者である広島工業大学の西本教授に産学共同研究の依頼をする。印刷事業に進出したときから技術の取得には該当分野の専門家の確保が不可欠であることを認識していたため，技術者の雇用と産学共同研究はスムーズに進んだ。1990年から西本教授の技術指導が始まり，1993年には自社開発の防犯タグを用いたストアセキュリティシステムの販売が実現した。防犯タグの製造工程には，産学共同の開発の成果である3つの特許を基礎としたダイカット製法という同社独自の要素が組み込まれている。同製法は，回路を掘った金型でアルミ箔を直接打ち抜いて成型するもので，従来のエッチング製法のように不要なアルミ箔を溶剤で除去して成型する製法と比べて環境対策および生産効率の面で有利な製法である。

　その頃，同社の値札用のピン事業の取引環境に変化が生じた。発注元である商社が下請け取引関係の強化を迫ったことが原因で，三宅は30年間続けてきた同ビジネスを今後どのように展開するかという岐路にたつことになる。自らの創造力と挑戦意欲に満ちた企業経営を目指していた三宅正光社長は，これ以

上大企業の下請け会社の機能を続けることが会社の将来のためにならないと判断した。勿論，経営は一時的に厳しくなるが，1995年には，ドイツの企業との間でヨーロッパにおける防犯タグに関わる製造と販売のライセンス契約が成立し，そのロイヤリティが新たな収入源となって，業績の回復の助けとなった。ピンの製造から印刷技術をいかした防犯タグへの事業転換はスムーズに行われ，ヨーロッパ市場でのライセンシング供与がきっかけで，同社の製造技術は，業界の注目を集めることになった。（三宅のPOS＆セキュリティ・ビジネスについては図6-1を参照）

　世界市場での展開と新たな技術開発について，同社は日本国内のマーケットシェアを3割以上（防犯タグ市場）に伸ばし，ヨーロッパ市場進出に成功した後に中国市場，さらには大望のアメリカ市場にも進出を果たした。アメリカは，全世界の市場規模が50～60億枚といわれている防犯タグ市場の90％以上のシェアを誇る業界最大の企業Checkpoint社が存在する市場である。世界最大の防犯タグ企業も同社の躍進を危惧し，同社に対してダイカット方式の製法の買収を持ちかけ，他方で同社とライセンシング契約を結んでいるドイツの企業を買収するなど，対応策を考えていた。これに対して同社はダイカット製法を活用した専用装置を導入して増産体制を整えた。これにより年間4億から5億枚の製造が可能となり，工場の24時間稼動も可能になった。防犯タグ市場におけるマーケットシェアを近いうちに30％まで引き上げる計画を立てて，アメリカの大手企業との直接対決を挑むこととなった。

　特許の優位性をいかした現在のビジネスの強化とともに，次世代の技術研究にも余念がない。IT業界を中心とした幅広い分野で無線ICタグ（RFID）に対する関心が急速に高まっている。アパレルや書籍，航空手荷物，食品など企業と業界の枠を超えて，その研究が進められている。無線ICタグ市場は2010年までに約9兆から30兆円の市場を形成すると総務省は報告している。三宅も新規事業開拓に意欲を見せながら今後医療，建築，サービス分野への幅広い事業展開の可能性を考えている。

　顧客のニーズにマッチした商品提供について，三宅は前述したように製針事業から印刷事業へ，バーコード・シールやラベルの印刷事業からセキュリティ関連事業へと展開してきた。ここで重要なポイントは，針を製造するに当たっ

第5節 発展の歴史　177

図6-1　三宅のPOS＆セキュリティ・ビジネス

- **プライスタグで万引き防止**
  マーキングしたタグにはセキュリティ機能があるため，タギングしたものすべてが万引き防止システムの対象となる。すべてのお店が同じレベルで防犯対策できる。（ラジオ電波方式　8.2MHzシステムに限る）。

- **人件費削減**
  お客様は印字したいデータを送信するだけなのでインストアマーキングから解放されまたお店でのセキュリティタグのタギングにかかる手間も省けるため人件費の削減ができ，より接客サービスに集中できる。

- **商品のスムーズな店頭出し**
  売れ筋商品も入荷次第，すぐに店頭に陳列できる。販売チャンスを逃さない。

- **印字データを贈るだけ。プリンタ不要**
  お店のバックヤードにプリンタをご準備する必要がないため，プリンタの購入費，これを動かすためのパソコン，インクリボンなどのプリンタサプライにかかる費用は一切ない。
  当然，プリンタ機器のメンテナンスによる出費もない。

- **ロス負担なし**
  インストアオペレーションで発生しがちな印字ミスや重視印字などによるタグのロス負担がない。しかも紙詰まりなどの修復作業にかかる時間ロスもない。

ミヤケのPOS＆セキュリティプロジェクト

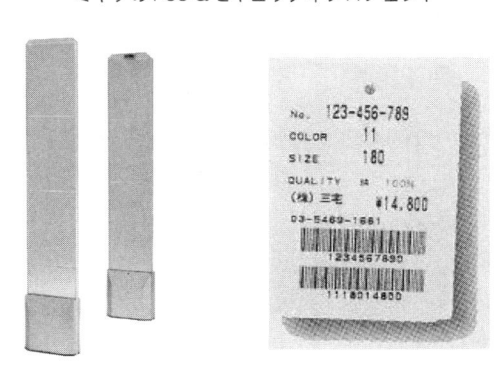

万引き防止システム　　　セキュリティタグ

ての中核技術である金型技術は値札の印刷に転用され，さらに防犯タグの製造にも活用されていることである。三宅正光社長は「顧客のニーズに応じたもの

を提供するという幹となる考えは変わっていません。社会の流れの中で提供していく製品が変わっただけです。しかし，品質管理に失敗したらおしまいです。しっかりしたビジネスモデルを築いて世界に挑みます。」と語っている。

第6節　三宅のビジネスの現状[3]

6-1　印刷事業

　三宅が進出している世界印刷市場は，現在大きな転換期を迎えている。以前の少品種多量生産（同じ内容をたくさん印刷する既存の方式）から多品種少量生産に変わりつつある。このような時代の潮流を支えている技術が On Demand Printing Technology である。この方式は，既存の印刷方式を根本的に変えた新しいタイプの印刷方法である。印刷は大きく固体印刷と液体印刷に分かれる。液体印刷は耐久性に優れていて，繊細な表現が可能であるが，製品の価格が高いという短所があった。しかし，新しい技術が開発され，新しいタイプの技術と機械を導入すると，既存の少品種多量生産の時には，顧客として想定できなかった新しい顧客が続出することになる。たとえば，広島の（株）アスカネットという会社を例にとって見てみよう。この会社は新しい印刷方式を採用し，急成長を遂げた結果，つい最近ヘラクレスという株式市場に上場した。（主に日本のベンチャー企業が上場する株式市場）この会社は葬儀の時に必ず必要である故人の遺影写真を編集製作するビジネス分野で大成功し，今の会社の基盤を構築した。つまり，故人の葬儀を行う際に急に写真を準備することになると，きれいに写った写真も少ないし，写真の背景も遺影の写真としては不適切なものが多かった。よって，この会社はアナログ方式で撮影しておいた既存の写真をお客様から提供してもらい，デジタル化することで，故人が着ている服装と写真の背景を変え，人物写真を鮮明に編集する方式でビジネスを展開した。

　このようなビジネスが商用化すると既存の各種卒業アルバム，結婚式アルバム，各種印刷関係の業務が簡単になり，単価も安くなるため，各種ビジネスチャンスが続出することになる。現在，三宅は，上述したデジタル印刷技術

と，新しい方式の多品種少量生産に適合した技術を既存の万引き防止タグと各種事業分野に応用しようと検討中である。

6-2 万引き防止タグおよびゲートビジネス

三宅のもうひとつのビジネス分野として，万引き防止タグ事業分野が存在する。現在，世界の万引き防止タグ市場には，2つのテクニカルスタンダードが存在する。2つのスタンダードは，ともにアメリカの会社が主導して開発したものである。アメリカの Checkpoint と Sensormatic が両分している同市場の製品特性を比較すると下記の〈表6-1〉のとおりである。

表6-1　防犯タグ比較表

RF方式（Checkpoint 社方式）	AM（Sensormatic 社方式）
薄い 単価が安い 製品のサイズ大きいのが短所	厚い 単価が高い 製品のサイズが小さい
全体的に製品の大きさの問題で付着できないケースはほとんどない。（口紅くらいの製品までは対応可能）	ビデオ，CD製品の付着に有利 なかにはリサイクルが可能な製品もある。
台湾（8：2），日本（5：5），米国（5：5）	韓国（8：2），日本（5：5），米国（5：5）
ゲート設置費用が安い	ゲート設置費用が高い

実際，ビジネスを展開することになると，RF方式に比べてAM方式が設置費用やタグの単価の面で不利であるが，上述したように進出国家におけるデファクト・スタンダードをいかに確保するかがビジネス成功の鍵となる。三宅は，RF方式（アメリカのCheckpoint社）の製品を事業の初期段階から産学共同開発し，同分野においては世界特許（今後10年間）を保有している。

図6-2　ダイカットとエッチング製法による防犯タグの形態

三宅の防犯タグは，従来のRF方式のセキュリティタグの製造工程とまったく異なる方式である。競合他社が回路設計をした後に不必要な部分を化学薬品等で溶かしてタグを完成する方式に対して，同社は回路設計

をした後,不必要な部分を金型を利用して打ち抜く。このことで,化学薬品を使用するときの問題点である環境汚染,資源再活用問題を同時に解決する画期的な技術を開発したのである。(図6-2を参照)前述した同社のタグは,製品単価の面でも既存の製品に比べて優位に立つことができる。また,同社は中小企業でありながら新製品開発に積極的で,さまざまな革新的な製品の開発に成功している。たとえば,世界最初のカメラ付防犯ゲートを発明し,店に入ったお客とのトラブルを未然に防ぐことを可能にした。実際に日本では,24時間営業しているコンビニエンス・ストアにおいて各種犯罪が多発している。窃盗犯や強盗を捕まえようと追いかけた店員が怪我をしたり,死亡する事件まで発生した。この製品は既存の製品に比べて,その価格は2倍ほどで少々高いが,売り場当たり1～2台程度を設置した場合には,安全面において非常に高い効果を得ることができる可能性が高い。(具体的には下記の図6-3参照)

図6-3　三宅のセキュリティ関連製品の導入例

第 7 節　事例分析 [4]

　三宅は，時代の流れを顧客のニーズを汲み取る徹底的なマーケティング活動を通じて把握し，新規市場を開拓するとともに，創業当時から培ってきた製造技術を基盤にして，新たな付加価値を創出できるビジネスの仕組みを考案し，日本国内市場を飛び出して世界市場に挑んでいる。当然のことながら中小企業であるため，資金力や人材の面で大企業の経営資源には及ばない。同社の社長である三宅正光氏は「社内ですべてのことはできません。だからこそ，パートナーを作ることが大切であって，そのための手段として自社のしっかりしたビジネスプランが必要となります。自社の強みと事業展開を明確に示し，その強みが本物であると評価されれば，必ずパートナーシップを組んでもらえます。」と強調する。同社も印刷技術，万引き防止システム，防犯タグについて，もともと技術や知識などを持っていたわけではない。社長が印刷技術の取得のために，国内外の印刷会社において直接研修を受けながら自ら情報を収集していた。また，万引き防止システムに関しては，広く世界に情報を求めてアメリカのメーカーの日本法人との間で代理店契約を交わすことに成功した。また，世界に対抗できるレベルまでに成長した防犯タグ分野の開発では，産学共同開発という中小企業としては画期的な手法を用いて大学と企業との協力体制を構築した。

　現在の主力事業である万引き防止システムやそれを応用した図書館システムなどの商品は，技術の開発，製品への応用，製品の製造，製品の販売すべての段階で，ほかのメーカーや協力工場との対等なパートナーシップ作りが不可欠となっている。値札の下請け業者から出発し，自社ブランドを持つ企業まで成長した現在に至っても，取引先をパートナーとして尊重し，目的を共有するとともに互いの経営資源の最適活用を図るという経営姿勢に受け継がれている。最近では近未来の技術として脚光を浴びている RFID 事業にも進出し，大企業ではできないニッチマーケットと消費者の需要を把握した繊細な製品開発を心がけている。POS 関連事業とセキュリティ事業を融和した発想が未来事業

の基礎となり，開発事業部では，共振回路を使用した新しいRFID（電波による非接触認識技術）関連商品を次々と創り出している。（具体的には下記の図参照）

同社はスーパータグシステム（無人化あるいは最小限の人手で運営する手段が得られる効率的な管理体制），機密漏洩防止システム（企業情報の保護管理を目的とした具体的な対応の一手段），商品識別システム（生産工程の効率化にも利用できる画期的なシステム）などのRFID事業分野を集中的に育成している。

図6-4　三宅のRFID関連商品

また，新規事業展開のために大学等の研究機関や海外企業とネットワークを結び，技術を深耕させている。各政府機関，大学の研究室，海外の企業とも連携をとりながら，次世代の製品開発・事業開発に余念がない。以下では各フェーズごとに同社の事例分析を行うこととする。

【創業期（1917～1970）：製針業からの創業】

広島地域の製針業発展史のところでも一度触れたが，広島の製針産業は第一次世界大戦が勃発した大正期（1910年代）に入って飛躍的に発展した。周知の如く，戦争地域における針の需要の上昇につれ，中国を中心とした世界各国に早い段階から輸出が行われていた。三宅も当時の製針業を巡る市場環境を考慮した上，十分発展の可能性があると判断し，同産業に参入した。しかし，創業当初から製針業は思ったより景気の変動が激しく，さらに輸出依存度も高かったために，同社はこの不況期を乗り越えるために必死だった。

昭和に入り，不況は続くものの，広島地域の針の生産高はピークに達する。ここで注意しなければならないのは，広島という地域が軍都ということもあり，政府が中心となって地域の地場産業を積極的にサポートしていたのではないかという仮説が成り立つかということである。少なくとも筆者が調べた情報によると，縫い針やミシン針を中心に発展してきた広島の製針業は，むしろ太平洋戦争時には熟練技術者が政府によって召集されたために人材不足で悩まされた事実がある。さらに戦争時には民間企業の力は発揮できず，一般的な需要と供給のバランスによる価格設定が行われてなかった。つまり，政府が価格統制という強力な手段を用いて，同業界をコントロールしていたのである。政府は公正価格を設定すると共に針類の輸出禁止という強硬手段でもって業界を支配しようとしたのである。

　原爆投下（1945年）により打撃をうけた三宅だが，その2年後には復活を成し遂げ，輸出も再開した。「外貨獲得」，「富国強兵」という国家政策の影響もあって，日本国内ではトップメーカーだった同社だが，為替リスクや人件費の安いアジアの台頭もあり，日本国内向けの新規事業の発掘が急務だった。

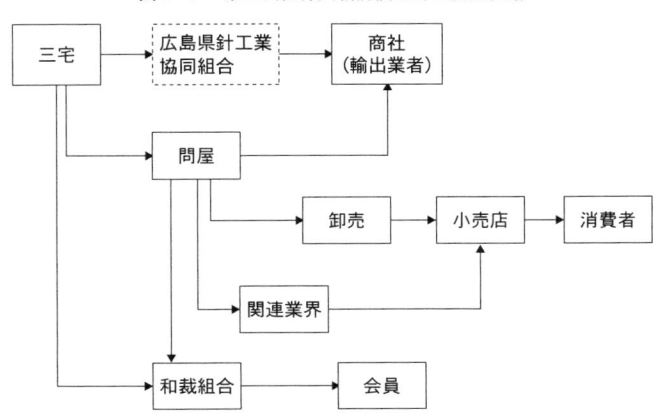

図6-5　第二次世界大戦前後の針の流通経路

出所：広島市郷土資料館（1992），34頁。

　図6-5は，当時の製針業の流通経路を表している。全ての産業に関わることだが，国内向けの製品と海外向けの製品がまったく同じものもあれば，それ

それの特徴が現れる場合もある。針の場合，海外に輸出するものは針に空いている穴が細長く，日本国内用は丸い形の穴が空いていたようである。もともと針はイギリス産の針が有名で一世を風靡したが，米国やイギリスなどの先進国を除いたインド，ブラジル，中国における針の需要が高まるにつれ，日本の製針業者などの後発業者が同業界に進出できることとなった。つまり，高価格で高品質なものから市場に参入したのではなく，少々質は落ちるが，低価格を武器に開発途上国を中心に輸出を始めたのである。

三宅が最初に製針業を始めたときに針の製造技術を教えたのは，意外であるが戦争捕虜だったドイツ人であったと三宅来次郎氏（取締役兼相談役）は回顧している。当時，日本には大量製造技術が西洋のように確立しておらず，初期段階において海外の技術者の役割は，非常に大きかったようである。その後，針の生産が軌道に乗ってからは，日本国内市場は万国製針という強力な競合他社の存在と，日本国内市場そのものがそれほど大きくないということから同社は最初から海外輸出を狙っていた。ここで興味深いことは，同社が上記に表れているような当時の一般的な生産，流通経路を踏襲していないことである。つまり，当時の製針業者の多くは問屋もしくは輸出業者（商社）を通して，海外に製品を売っていたのに対して同社は早い段階から直接輸出を仕掛けていた。中国の天津，青島に最初は小さい店を出して，後に海外支店に昇格させた。先代会長はまったく中国語が分からなかったため，中国進出を決めてから現地に渡ってさまざまな苦労をしてやっと現地における販売路を築いたのである。

先代会長が製針業を始めた時は，自己資金で，且つ個人商店として出発したが，設立してまもなく会社形態に転換した。銀行融資など借入金は会社の規模も小さかったためそれほど要らなかった。小さい規模で始まった製針事業だったが，輸出が好調で戦前は非常にいい実績を出していた。また，当時は広島県針協同組合を通じて輸出や国内流通などについて各メーカーが集まり，協力しあいながら事業を展開していた。

第二次世界大戦が始まると，日本政府は価格統制，熟練技術者を引き抜くなど同業界においては事業を妨げる存在だった。好況期には200人以上の従業員（パッケージングなどの作業のために主に女性労働者が多かった）を抱えていた三宅も戦争が始まると戦時物資調達のために針の生産が難しくなったため，

その生産基地を中国の満州に移した。開戦前に先代社長は亡くなり，2代目の社長（現相談役）もまだ幼かったために，親戚2人が三宅の経営を受け継いだ。終戦後，中国から引き上げて日本へ帰ってくるときに工場施設を現地に残して帰ったことに加え，現地の労働者に生産技術を教えてしまったことが原因で，中国は後に日本の製針業を脅かす潜在的競合者として浮上することになる。

とにかく，製針業は景気の変動が激しくその景気変動に耐えられない企業は倒産してしまった。例えば，インド市場が浮上したときに日本の製針業者はみんなインド進出を急いで生産設備を拡充するが，そのインドブームは1年もしないうちに幻のように消えてしまった。つまり，2倍以上の価格に跳ね上がった針の値段が1年もしないうちに3分の1の値段になってしまうのである。戦後は，香港に針メーカーが多く誕生した。日本より香港は賃金が安く，針についてその製造技術をよく知っていた現地の人が経営を始めたために日本の製針業者は価格競争力を失ってしまった。また，ヨーロッパにも競合他社が続々と誕生し，業界の状況は段々と厳しくなっていた。

【第1成長期（1970～1980）：印刷業への転換】

結局，製針業だけでは駄目だろうと2代目の社長である三宅来次郎氏は気づいた。次なるビジネスを暗中模索したい時，偶然に彼は新しいビジネスチャンスに気づく。三宅来次郎前社長（現相談役）時代に取引のあった商社から相談を受けたことがきっかけだった。洋服に値札を留めるピンを製造していた同社は，値札とピンを一緒に納品して欲しいという商社からの要望を受けたのである。斜陽産業である製針業から脱皮しようといつも思っていた前社長は大きな決断をすることになる。「今じゃないとこの会社の事業転換は難しい。まったく技術はないが，最初から挑戦しても遅くはないのではないか。」と三宅来次郎前社長は思っていたようである。しかし，新しいビジネスをスタートするには，新技術の取得が必要不可欠である。そこで三宅来次郎前社長は，印刷に関して全く素人である自身の長男である三宅正光氏（現社長）を技術習得のために印刷業界へ修業させることを決める。当時，三宅正光氏はまだ大学を卒業していない学生の身分であった。しかし，新規事業をスタートするのに躊躇する暇はなかった。印刷機械を導入しようと決め，セットアップに1年くらいか

かるのでその間，三宅正光氏は埼玉の印刷工場へ出向し，研修を受けることになる。3台の印刷機械を高額のお金を払い導入した後に，三宅正光氏は広島の本社に戻った。最初は印刷業を経験した熟練労働者を雇っていたが，これがまた誤算だった。新規事業として会社の工場の一部を使って複数の社員でまわしていた印刷事業だが，印刷事業経験者として招聘してきた技術者達は新しい機械の使い方にも慣れておらず，印刷業界の新しい動向についても情報収集力の面で鈍かった。

　結局，三宅来次郎前社長と新規事業部門長だった三宅正光氏は新規事業部門を既存の製針部門からの若い技術者を転属された3人とともに運営することに決める。新しいメンバーで新しいビジネスを始めようとする会社の意志を皆に表明したのである。最初は注文を受けて納品する下請だったが，2年で機械は5台に増え，人員も10人程度までになった。印刷事業が軌道に乗り始めたときに，三宅正光氏は学生時代からの夢だったアメリカ留学を決心することになる。海外体験をするためにつてを頼ってアメリカのオハイオ州の印刷会社で1年間研修を受けた。最先端の印刷技術に出会い，ホームステイをしながら語学力も磨いた。アメリカ留学中に三宅正光氏が身につけたものは徹底的な工程管理や機械の操作と最先端技術である。特にバーコードとの出会いは同社の運命を変える大きな出来事であった。当時，普及が始まったPOS（Point of Sale：店舗販売時点情報管理）に使われていることを知り，百貨店などにも採用が決まったので近い将来日本にも導入され，その市場は途轍もなく大きくなると三宅正光氏は判断していた。事業機会を認識した三宅正光氏は早速，日本に帰ってバーコード印刷には絶対必要な技術であるインクの濃度や量の調節の技術を取得した。その結果，日本市場において「バーコードの三宅」という評判を得ることができた。

　三宅の事業転換プロセスをみると経営者である三宅来次郎前社長と，三宅正光現社長の企業家的機敏さ（Entrepreneurial Alertness）が事業構造転換においていかに大事なのかが分かる。ビジネスチャンスを感知しながら決断を下すことができず，見逃してしまう場合が多い。しかし同社は三宅来次郎前社長か事業転換のためのレールをしっかり敷いてくれていたために三宅正光現社長が容易に事業転換に成功したのである。例えば，製針業をやっていた時期に

100名近く（最高は200名）いた従業員を退職させた職員は，僅か2人にすぎなかった。印刷業への業種転換を決めた時期も時代の流れと合致し，スムーズに事業構造を転換することができた。経営資源の面からすると既存の人的資源をうまく活用しながら必要である装備は購入し，社長自ら海外に出向いて情報収集を行うなどビジネスプラン作りの段階から実行レベルまで経営者の関与がはっきりしていた。

　また，印刷業は日本国内市場向けのビジネスであったために生産から販売まで自社が全ての機能を担当していたかというと，そうではない。ピンと値札を一括して納品して欲しいという依頼を受けたのは，東京の商社からだったために受注生産が多かった。つまり，安く作って適時に供給してくれれば三宅の役目は終わっていた。印刷業に転換してから20年ほど安定した供給先として，東京の商社が存在したのが同社にとっては大きかった。

　しかし1990年代中盤に入ってから取引先の商社の経営陣が交替し，新社長となったものが同社を完全に下請扱いし，対等なパートナーシップで結ばれていた先代社長の経営とはまったく異なる経営スタイルを押し付けられた。またその社長は合理化のためならリストラを行うなど三宅が大切にしてきた人材第一主義という経営哲学とは程遠い方向に経営が流れていく危機だった。結局，三宅正光現社長は，その商社との取引を解消する決断を下す。当時の売上の3分の1を占める会社との取引をやめる決断を下すまで悩みに悩んだ。しかし，自立したメーカーとしての一歩を踏み出すことが大事だと判断した経営陣が下した決断は時間が経つにつれ，正しい判断だったことが後に判明した。

【第2成長期：セキュリティ事業への進出】
　ほぼ10年かけて印刷業への業種転換に成功した同社に転機が訪れた。スーパーなど流通業の納品先から万引き防止について相談を受け，大手化学メーカーの代理店として1983年から電波式の万引き防止システムの販売を開始することになる。当時万引き防止システムに使われるラベルは，米国の本社で製造し，日本に輸入していた。これではコストがかかり過ぎて採算が合わないと判断し，三宅がラベルの委託生産をすることになった。ところが，アメリカの大手化学メーカーが流通業界向けの市場から撤退を決めてしまう。同社は，ア

メリカの化学メーカーが決めた仕様どおりに生産して納品すればよかったが，それができなくなり，ビジネスが行き詰ってしまった。しかし，同社は独自でラベルを開発し，日本市場向けの製品を作り続けることを決めた。防犯タグ市場，セキュリティ・ビジネスの拡大を確信した経営陣の勇断だった。

早速，開発スタッフを募集すると共に，この分野を基礎から教えてもらう研究開発パートナーを探し始めた。まずは化学と機械工学の分野で若手技術者を2人補強した。特許侵害にならない内容で既存の製法とはまったく異なる手法で製造するためには，大学や研究機関などの斬新なアイデアが必要だと判断し，友人の紹介で広島工業大学の西本澄教授（知能機械工学）を招いて産学共同の研究開発をスタートしたのが，1990年である。西本教授から回路設計の基礎から学び始めた三宅正光社長と2人の技術者はさまざまな試行錯誤の末，従来の製法とはまったく異なるダイカット製法の開発についに成功する。それにしても同分野についてまったく知識の無かったスタッフが2年目にして回路を設計できるまでレベルを上げ，さらにまったく異なる製法の開発まで成功できたことは，新規事業に対する同社の情熱が十分見受けられるところである。

従来のラベルは，アルミ箔に回路をインクで印刷した後，酸やアルカリで不要な部分を溶かす「エッチング」と呼ばれる製法で作られたものだった。これに対して三宅のダイカット方式は回路を彫りこんだ金型でアルミ箔を打ち抜い

表6-2　エッチングとダイカット製法の比較

製法上での比較（エッチングとダイカット）

ダイカット製法	エッチング製法
✓ 精度の高い回路生産可能	・比較的，共振周波数のばらつきが大きい
✓ 速い製造スピード（20～30m／分）	・（5～6m／分）
✓ 生産ラインに加工設備追加可能（カスタム印刷や，ICチップ搭載等可能）	・エッチング工程，加工工程が別々
✓ 環境にやさしい（従来のエッチングによる製法では，有害な廃液を処理する必要がありますが新しいダイカット製法は，従来のような廃液の問題もありませんし，更に加工した余りのアルミについても，リサイクル性に優れています。）	・廃棄溶剤が残る

世界23カ国出願。現在は日本，アメリカ，カナダ，オーストラリア，台湾等特許取得。

セキュリティタグ　NE400

て作る。高感度で，加工コストが2割ほど安い。重要なことは，同社がどのようにしてこのような新製法という着想に辿りついたかである。金型を使う発想は長年手がけたタグ（値札）やシール印刷で不要な縁などを型抜きする技術がヒントになった。（詳しくは表6-2の製法比較表を参照）

防犯ラベルを金型で作製するダイカット方式は，特許取得前の公開段階でドイツの印刷会社メトがこの技術に関心を示した。メト社はダイカット技術の特許そのものを買い取ろうとしていたが，結局製造・販売のライセンス契約が成立した。金の卵を産む鶏は殺さないという言葉もあるように売却したらお金は入るが，今後の生産ができなくなるため特許そのものを守ることは非常に大事だと三宅正光社長は考えていた。ドイツのメト社とのライセンス契約が成立したことで，東京の商社との取引を打ち切ったために発生した4億円の減収に耐えることができた。まさに三宅が長年にわたって開発した新技術が会社を救ったのである。その後，メト社と三宅の双方の技術者が米国に集まり，新ラベルを生産する機械を設計，製造した。生産体制を整え，販売網の拡大を模索していた2000年，ドイツのメト社がアメリカのCheckpoint社に買収され，2社の戦略的提携によるアメリカ市場，世界市場制覇の夢は終わった。ライセンス契約中に買収された場合には，ライセンス契約を破棄する内容を明記しなかったために，もしCheckpoint社がダイカット方式で生産しようとすれば可能である。しかし，Checkpoint社は，特許の買い取りは打診したものの，生産方式は既存のエッチング方式を固守しているようである。

2000年代に入って，日本市場における三宅の防犯タグは，かなり浸透が進んだ。広島など地方の家電量販店そして大手衣類チェーンなど約5000店舗以上に納品実績を持つ。日本国内市場だけでいうと同分野において約3割以上のマーケットシェアを占めている。

なお，同社は常に新規事業分野への進出を手がけている。三宅来次郎前社長にインタビューしたときや現三宅正光社長にインタビューしたときに，共通してでてきた言葉は"答えはお客さんが持っている。断ることを考えずにどうすればお客さんの要望にこたえられるかを考える。"である。製針業から印刷業そして印刷業からEAS（ELECTRONIC ARTICLE SURVEILLANCE：電子盗難防止システム）へのビジネス転換も取引先とのコミュニケーションの中

で困っているお客様をどうすれば助けられるかを考えたのがビジネス転換のきっかけとなった。

　上述した考え方をベースにして，最近ではさまざまな新規分野に進出している。たとえば，老人ホームのセキュリティビジネスである。最近，認知症などで悩まされている高齢者が増えてきている。家族や親戚を頼らず，老人ホームを選んで彼らが患っている病気の中に認知症がある。老人ホームのスタッフは一生懸命に面倒を見ようとするが，万が一，病気を患っている方がスタッフ側の不注意で老人ホームを出て事故にあった場合，その責任問題は非常に大きい。同社はこのような問題を解決するために広島の老人ホーム施設と組んで入室されている高齢者の所持品の下敷き（スリッパ，服など）にタグを埋め込むことで管理者（スタッフ）の許可なしに施設を出ようとした場合，警報を鳴らして知らせてくれるシステムを開発して現在，納品中である。

　また，日本が世界一の地震国であることに着目し，地震による2次災害を防ぐために土の下にガス管を埋める段階において一定の間隔ごとにタグを貼っておくことで，土を掘らなくてもガス管の配置がわかるようにするシステムを開発した。このシステムは地震による災害が発生した場合のガス管の位置把握などに非常に役に立つシステムである。

　さらに，広島市立大学，KDDI，児童保護施設，中国電力とともにコンソーシアムを組んで最近大きな社会問題になっている誘拐，暴行などの児童安全対策問題に取り組んでいる。子供が移動している際に（現在）位置識別をして親や先生が自動的に受信できるシステムを電力会社や携帯電話会社と一緒に開発している。従来のGPS機能では解決できない問題も電力会社（電信柱）や三宅（位置識別タグ）を利用することでさらに明確な場所確定ができるようになる。

　同社の新規ビジネス開発の取り組みはそのほかにもある。牛の出産のタイミングを正確に知らせるプロジェクトを広島県畜産試験所と共同で推進したり，病院の検査装置（患者の検査履歴などもソフトウェアでサポート）などに使われるRFIDシステムなども開発済みで島根県の病院などで導入されている。

　以下では三宅のビジネスモデル（システム）について少し触れておこう。

　三宅のセキュリティ関連ビジネスモデルを部分的にあらわすと図6-6のようになる。言うまでもなく，上記の図は現在までの三宅のセキュリティ関連ビ

第7節　事例分析　191

図6-6　三宅のビジネスモデルの部分図

ビジネスモデル（部分図：ミクロ）

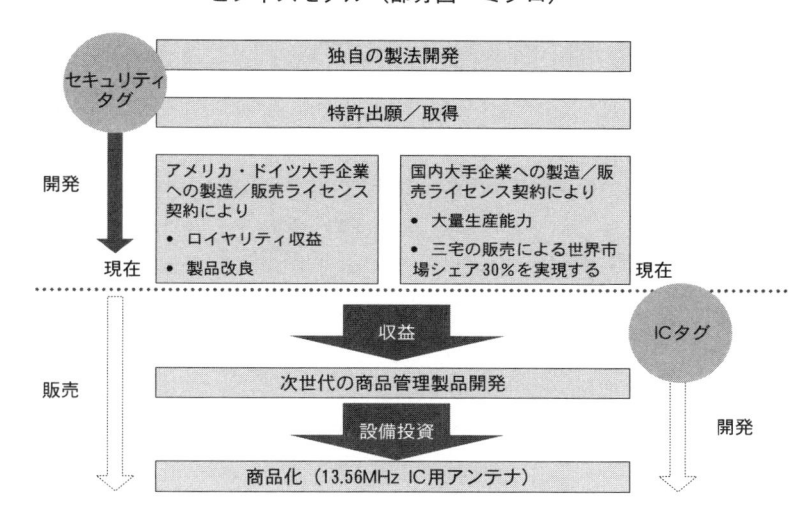

```
セキュリティ          独自の製法開発
タグ
                    特許出願／取得
     開発
         アメリカ・ドイツ大手企業    国内大手企業への製造／販
         への製造／販売ライセンス   売ライセンス契約により
         契約により            ・大量生産能力
         ・ロイヤリティ収入       ・三宅の販売による世界市
         ・製品改良              場シェア30％を実現する
     現在                                              現在
     ──────────収益──────────
                                              ICタグ
     販売     次世代の商品管理製品開発
                   設備投資                    開発
            商品化（13.56MHz IC用アンテナ）
```

ジネスの歴史を物語っている。自社独自の製法でタグを開発し，特許を出願・取得してロイヤリティ収入，製品改良などを通じて大量生産を可能にし，世界市場シェアを増やし収入を確保する。確保した収入は，次世代製品開発のためのR&D投資，商品化に向けて使われている。次に，三宅の研究開発の仕組み，海外展開，戦略的提携を含むパートナーシップ，ビジネスモデルを網羅した全体的な仕組みは図6-7のとおりである。

つまり，三宅は広島市立大学，広島工業大学，慶応大学などの工学系研究室や畜産試験所などの公共研究機関にコンサルタント料や研究開発資金を提供しながら次世代製品のための技術力を培っている。そのかわり共同研究を通して生まれた技術は，特許や実用新案権を共同出願している。また，海外の協力会社や大手商社とはロイヤリティ，開発協力金を提供してもらうかわりに，自社独自の技術を提供することにしている。三宅は社員数が100人にも満たない会社でさまざまな分野を全部カバーしようとすると手に終えないこともあり，セキュリティ製品やRFID製品の一部の製造は，外部委託生産をしている。むしろ，三宅はビジネスコーディネート機能，開発企画などに会社の全力を注ご

うとしている。ビジネスモデルの面からみると，基礎研究は外部委託し，応用研究は自社が担当し，販売活動は大手商社や海外支社，協力会社と分業しながら賄っている。（三宅のビジネスモデルの全体図については下記の図6-7を参照せよ）

図6-7　三宅のビジネスモデルの全体図

ビジネスモデル（全体図：マクロ）

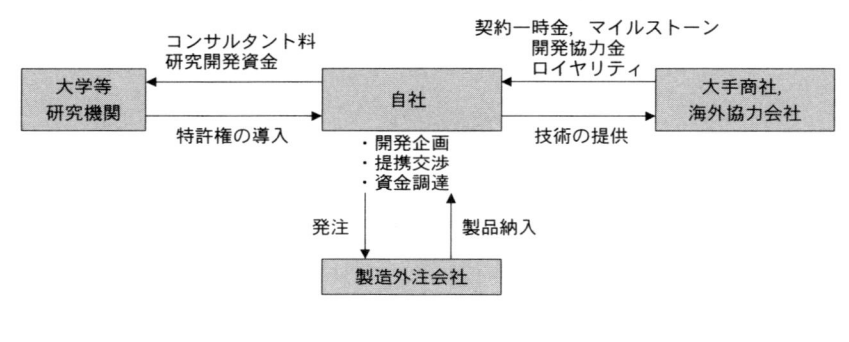

```
          コンサルタント料           契約一時金，マイルストーン
          研究開発資金              開発協力金
                                   ロイヤリティ
  ┌─────────┐ ────────→ ┌─────┐ ←──────── ┌─────────┐
  │ 大学等   │           │ 自社 │           │ 大手商社，│
  │研究機関  │ ←──────── │     │ ────────→ │海外協力会社│
  └─────────┘  特許権の導入 │・開発企画│ 技術の提供 └─────────┘
                          │・提携交渉│
                          │・資金調達│
                          └─────┘
                          ↓↑
                       発注 製品納入
                          ↓↑
                      ┌─────────┐
                      │製造外注会社│
                      └─────────┘
```

基礎研究（外部委託） → 応用研究（アプリケーション開発） → 販売活動

　三宅正光社長は，中小企業の経営の難しさと自らの経営哲学について次のように語っている。「時代の3歩先，つまり行きすぎでも駄目です。半歩先でも十分です。自社の技術の強みが活かせる分野であれば進出時期は少々遅くてもいいわけです。」つまり，参入時期も大事だが，経営資源の面で，大企業の相手にならない中小企業の強みを活かすためには大企業が入ってこないマーケットを発掘するのがいいかもしれないということである。三宅正光社長は100億円以上の市場規模があると大企業が参入してくる可能性が高いが，それ以下の市場規模だと入ってくることは滅多にないと言っている。

　同社は研究開発型企業，顧客のニーズに応える企業として成長し続けることを公表している。その企業の歴史からみても同社は自社のコア技術を生かして付加価値の高い分野に進出したことが成功の鍵だったかもしれない。つまり，絶えず技術開発をし続け，顧客のニーズに応えてきたことが実は同社が成長し

続けてきた秘訣かもしれない。

第8節　まとめ

　第二次世界大戦の前に創業して広島地域の製針業の盛衰とともに企業経営を続けてきた三宅は輸出が中心だった縫い針から事業転換を図った。きっかけとしては顧客（納品企業）からの新たなニーズの吸い上げが事業転換のきっかけだった。顧客からの新たなニーズの吸い上げという面では，印刷業からEASおよびRFID事業体制へ変わってくるときにも共通していて，取引先のニーズや反応を常に重視しながら研究開発，商品開発を続けているのが同社の強みである。三宅のこれまでの製品および技術開発の経緯を図式化すると図6-8のようになる。

　三宅は業界全体を対象とするビジネスではなく，特殊技術，ニッチマーケットを狙っていく方針を固めている。もともとアメリカの3Mの万引き防止システム中国地区代理店だった同社は3M社からダイカットによるRFタグの開発依頼を受けるが，業界から撤退を決めた3Mの決定をうけて事業の大転換を迫られる。苦労の末，1990年代半ば，広島工業大学と研究開発部隊が共同で共振回路設計技術関連特許を取得することになる。同社における発明グループは社長を含む技術者2名だった。面白いことに印刷事業に進出したときにもRFIDやEAS事業に進出したときも同社の技術者のバックグラウンドは印刷業やRFID，EASとは関係なく，基礎技術から学び始めたところである。三宅正光社長は数回にわたるインタビューのなかで「基礎技術も大事だが，それを応用していくアイデアや最後までやり通す意志があれば事業は成功する確率が高い」と述べている。小さな町工場から現在は特許の維持および出願管理を開発部門で行っている企業に成長したが，その背景には現社長がアメリカのラベルプリンターメーカーへ留学したときに身につけた工場管轄および営業力，新規ビジネスに関する目利き能力，早稲田大学の同窓会を中心とした人的ネットワークがあった。同社はここ10年間，社員数は60～70名で，比較的に安定しているが，ニッチマーケット攻略を主に展開している。つまり，大手企

業が入ってくる可能性が低い100億未満の市場を主なターゲットとしながら基礎研究より応用研究に注目し，研究開発中心会社への跳躍が目標である。

同社の事業計画は，主に社長が会社全体のビジョンを示し，それに従って中期，短期事業計画を策定している。各部門の部門側が実行プランを作成し，中期計画は5カ年計画を策定，短期は1年間の戦略及び数値計画を策定する。現在，同社が進出している世界EAS市場はデファクト・スタンダード（Defacto Standard）の面からすると2つの規格が存在する（S社，C社）。米国，日本，アジア，ヨーロッパ市場はそれぞれS社とC社のディーラが初期参入し，大手，大口ユーザーへのアプローチは容易ではないが，先発業者のうらをとる戦略によって新規参入する余地はある。同社はRFID関連ICタグリーダーライター，セキュリティタグとゲートなど相互補完関係である技術開発を同時に進めており，特に各企業や地方自治体とも連携をとっている。中国電力，広島ガス，KDDI，広島市立大学，三宅の合同プロジェクトに参加しているのがその例である。また，政府関係の諸官庁より助成金を受けての研究開発も進行中であり，地方自治体の委託を受けて，産学協同事業として補助金も獲得している。アメリカ進出にあたり，大手商社に任せる流通経路と自社独自で開発する

図6-8 三宅の製品及び技術開発の足跡

製品および技術開発の経緯

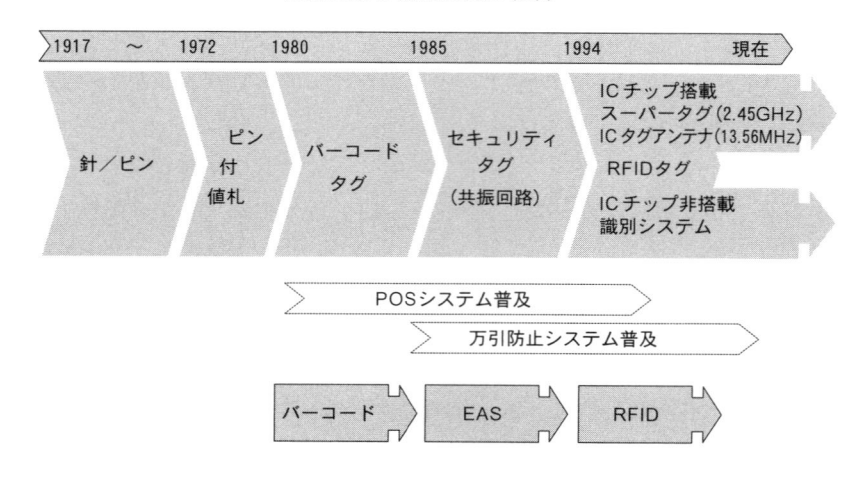

1917	〜	1972	1980	1985	1994	現在
針／ピン		ピン付値札	バーコードタグ	セキュリティタグ（共振回路）	RFIDタグ	ICチップ搭載スーパータグ(2.45GHz) ICタグアンテナ(13.56MHz) ICチップ非搭載識別システム

POSシステム普及

万引防止システム普及

バーコード → EAS → RFID

流通経路の棲み分けを行い，世界最大のセキュリティマーケットであるアメリカ市場攻略に成功できればセキュリティ業界のトップメーカーになるのも夢ではないと考えている。

（金　泰旭）

注
1　この章は「広島市における針づくりとその技術」1992 年，広島市郷土資料館，1～11 ページを参照して筆者作成。
2　この章については主に「シリーズ活力有る中小企業探訪」http://cig.jasme.go.jp/geppo/kigyouhoumon35.html を参照した。
3　この章は三宅正光氏との幾度かに渡るインタビュー資料と HP をもとに作成した。
4　この章は三宅の経営陣を始め，関係者に対するインタビュー資料をもとに作成した。
　　1．2005 年 6 月 20 日　　三宅正光氏とのインタビュー資料
　　2．2005 年 9 月 20 日　　三宅正光氏，とのインタビュー資料
　　3．2005 年 12 月 8 日　　三宅正光氏と山崎俊次本部長とのインタビュー資料
　　4．2006 年 3 月 22 日　　三宅正光氏とのインタビュー資料
　　5．2006 年 8 月 3 日　　三宅正光氏とのインタビュー資料
　　6．2007 年 4 月 7 日　　三宅正光氏とのインタビュー資料
　　7．2007 年 5 月 22 日　　水川貴章課長とのインタビュー資料
　　8．2007 年 10 月 2 日　　三宅来次郎氏とのインタビュー資料
　　9．2007 年 10 月 29 日　　藤重営業担当課長とのインタビュー資料
　　10．幾度にわたる電話及びメールインタビュー資料

　　尚，事例作成にあたっては，三宅の HP，下記 2 次データおよび三宅の内部資料も参考にした。
　　1．日本経済新聞（地方経済面）2004 年 1 月 8 日
　　2．日本経済新聞（地方経済面）2004 年 1 月 16 日
　　3．日本経済新聞（地方経済面）2005 年 8 月 13 日
　　4．中国新聞（中国経済面）2002 年 7 月 5 日
　　5．中国新聞（夕刊，経済面：わが日わが夢）2003 年 3 月連載シリーズ（①～③）
　　6．中国新聞（経済面：挑む）2004 年 10 月 4 日
　　7．中国新聞（わが夢）2007 年 3 月連載シリーズ（①～⑤）
　　8．広島市刊行物（招待席：三宅正光）http://www.city.hiroshima.med.or.jp/hma/tayori/200407/200407-22.pdf

第 7 章

比較事例分析と総括

　前章までは各ケースの歴史的背景と企業の発展過程について考察した上で，第 1 章で提示した分析フレームワークに基づいて事例分析を行ってきた。本章では，表 7-1 のように各事例を比較することにより，地域企業のビジネスモデルについて，その形成から展開までを展望する際の示唆的事項を導出する。そこから地域企業が持続的に発展していくための糸口をたぐり寄せ，最終的に

表 7-1　比較事例分析のための構成要素比較表

	ダイナックス	カイハラ	白鳳堂	システム・ケイ	三宅
コア資源	・摩擦材生産 ・含浸工程 ・トライボロジー技術	・糸の染色技術 ・織布技術 ・紡績技術 ・一貫生産体制	・和筆生産技術 ・応用筆生産技術（化粧，工業用筆生産への応用） ・工程分割による非熟練生産体制の実現	・IP サーベランス・システム ・技術コーディネート能力	・ダイカットによる RF タグ生産技術 ・RFID 応用技術 ・各種技術の組み合わせによる新ビジネス提案力
企業家の特性	正木宏生氏…東北大学法学部で学び，海運会社での海外との業務経験，親会社である大金製作所出身	貝原良治氏…成城大学経済学部で学び，大手繊維商社の営業マンを経験した後，経営に参画 貝原潤司氏…米国 MBA 卒	髙本和男氏…東京農業大学で学び，建設会社で営業担当後，筆製造会社へ転職，その後に独立	鳴海鼓大氏…商船系高専で学び，外航経験で国際感覚を磨いたのち，ソフトウェア会社勤務を経て独立，前職で対中取引を経験	三宅正光氏…早稲田大学商学部で学び，印刷会社での研修経験や，アメリカ留学の経験を事業展開にも活用
事業機会の認識	AT 車の急速普及による国産化の必要性が発生，外部環境変化（為替など），乗用車以外の産業用車両分野の成長 合弁企業では条件満たず，自社開発路線の開始	地場産業の成長が新ビジネスを推進するきっかけに。失敗したビジネスで培った技術を次のビジネスへ応用 顧客からの最新情報収集および事業への応用	地域の人材活用，既存事業からの脱皮および多角化（化粧用，工業用），海外販売に成功（個人ネットワーク）	海外視察の経験から，インターネットベースの技術に転向することを決意，高い技術力を誇る自前主義を捨て，海外の技術と市場をつなげるビジネス感覚に優れる	既存事業の行き詰まりから新規事業開発の必要性を感じる顧客からの情報収集をもとに既存技術の活用および新技術開発
事業システムの特徴	単体部品と集約部品の製造販売事業モデル二つで構成，モジュール型と刷り合わせ型モデルの混用	国内が生産の中心，生産工場と販社を分離運営，設備投資による節税，国内および海外取引会社との密なネットワークを維持しながら直販経営	安価な「化粧ブラシ」⇒「高級化粧筆」製造販売へ，新市場創出，販売活路開拓，仕入先の多様化	脱受託型，他社技術をパッケージ化するマーケティング販社の側面有り	商社，大学，地方自治体とのネットワーク関係を構築しながら応用技術を中心に研究開発推進
域内外の企業や大学・研究機関・政府・地方自治体との関係	北海道の自動車産業集積の中核的役割を担っていくことが期待されている，政府機関との関係は密	経済産業省の委員を歴任，設備投資による節税対策，繊産業集積の進化モデル企業	世界的化粧品ブランドと OEM 契約の展開，筆産業の集積を活用（高い技術水準）	政府系機関を収益源としていた海外提携企業のネットワークは非常に広く大学との関係は薄い	大学との積極的な共同研究推進，政府や地方自治体の補助金獲得にも積極的

は研究全体の総括につなげていくものとする。

第1節　比較事例分析

1-1　フレームワーク構成要素の比較
　以下においては第1章で提示した分析枠組みの構成要素に従って各ケースの特徴を考えて見ることにしよう。

(1)　コア資源
①　ダイナックス

　ダイナックスは，湿式摩擦材生産技術，レジン含浸，摩擦材提案能力，トライボロジー技術，クロムメッキを施したクラッチ関連技術などを強みとしている。当初は海外企業である RM 社との合弁の形でスタートしており，その段階において基礎技術は徐々に蓄えていたが，RM 社との利害関係の不一致から合弁は解消となる。その後，同社は単独で摩擦材関連技術研究開発に着手して成功するが，このことは結果として同社が将来的に獲得するコア資源の基礎となっていった。1980年代まではクラッチディスクの生産を主に行う摩擦材メーカーであったが，1990年代からはプレートやクラッチ関連モジュール部品の開発も担うようになっていく。これらトライボロジーに関する全般的技術が同社のコア資源である。ダイナックスのコア資源蓄積の過程とその後の事業運営変遷の背景には，自動車部品産業の業界構造転換がある。日本の自動車産業で一般的だった擦り合わせ型部品供給システムが，欧米型のモジュール型部品供給システムへと徐々に移行していったのである。モジュール型部品の生産には顧客の拡大が期待できる。現在ダイナックスは擦り合わせ型部品とモジュール型部品を生産しているが，徐々にモジュール型部品の割合が高まってくることを予測して事業基盤をシフトしてきている。同社は，その事業領域を，摩擦材を活用した「擦り合わせ型部品メーカー」から，最近ではクラッチ関連全般の「モジュール型部品メーカー」に拡げてきており，トライボロジーに関するコア資源の蓄積につれて，徐々に事業領域の拡大を図ってきたといえ

るだろう。

② カイハラ

カイハラの場合は，備後絣という地場産業の成長と共に，地域内の他企業から糸の染色技術や織布技術，紡績技術という絣生産に関するコア資源を創業期に獲得した後に，広幅絣事業，絣入りサロン事業，デニム事業へと転換していき，デニム事業においては一貫生産体制を整えた企業である。事業進出初期から創業者の強い意志で生地生産の技術力を高めてきたカイハラは，良質の水資源という天然資源にも恵まれ，順調にその事業領域を進化させてきた。カイハラのコア資源は主に事業の初期段階において形成されたが，同社のコア資源はその後もさまざまな事業展開に多重利用されることになる。例えば，カイハラは広幅絣を生産するために必要な繊維を着手から僅か2カ月で開発している。これは同社に根付いた高い絣生産の技術が活かされた結果であるといえる。最終的に，事業は成功しなかったものの，同社の広幅絣開発過程において蓄積された資源は，次の絣入りサロン事業へ参入するきっかけとなった。つまり，意図せざる資源転用の機会を得ていくわけである。同社は主に自社内部にレベルの高い経営資源を蓄積していくことによって，さまざまな事業にその資源を展開していくパターンの経営をしており，新事業のために異質性の高い経営資源を外部に求めたわけではなかったことが興味深い。

③ 白鳳堂

白鳳堂に関しては，伝統的工芸品である和筆製造のための技術力を，応用製品である化粧筆の開発に活かし，さらに高級化粧筆というカテゴリーを創造するだけの独自技術を蓄積したことが同社のコア資源となっている。白鳳堂は，書道人口の減少という経営環境の変化を会社の再出発点として考え，高級化粧筆という新市場を創造し，パイオニア企業として卓越した製品を顧客に提供している。職人の技をライン化するという新発想で生産管理に強みを持っており，少品種多量生産から多品種少量生産まで柔軟に対応する体制を築いたことも同社のユニークさであると言えよう。また，高級化粧品という新市場を開拓したパイオニアとしてのブランド力も大きい。

④ システム・ケイ

システム・ケイのコア資源はIPサーベランス・システムとその周辺技術で

ある。しかし同社の場合は技術そのものよりも，事業展開において必要な技術をうまく組み合わせるコーディネート能力に長けている点が強みとなっていると言える。最初から関連分野の技術を社内に保有していたわけではなく，事業のために必要とされる技術を蓄積していく中で新たな技術が形成されていく珍しいケースといえよう。

⑤　三宅

大正時代から広島の地場産業である製針業を担ってきた三宅だが，新規事業への進出可能性を模索している最中，自社におけるコア資源蓄積の重要性を強く感じていた。同社のコア資源としては，金型技術，セキュリティタグ（ダイカット方式），RFID応用技術などがあげられるが，これらの技術は一見すると技術の連続性がないように見える。しかし，製針技術の基幹技術である金型技術はセキュリティタグ生産技術に十分応用されている。例えば，従来のエッチング技術で生産する場合には，化学物質を使って金属を溶かして回路の形を整えていくが，三宅の新技術であるダイカット方式は金属を打ち抜いて回路の形を整えていくので，コスト削減と環境対策の両面で優れている生産技術であることは三宅のケースで紹介した通りである。ダイカット生産方式を支える基幹技術は同社の金型技術で，従来の技術に比べて安く，他社が容易に真似できない破壊的技術[1]である。また，同社はRFID技術を応用して地震発生時のガス管安全探査，位置識別システムによる登下校児童保護，療養所セキュリティシステム，病院患者履歴追跡調査システムなどを次々と応用開発していることから分かるように，基礎技術を応用していくことに長けていることが分かる。

⑥　まとめ

各事例で取り上げられたコア資源を分類すると下記のように整理することが出来る。

Ⅰ．伝統技術応用型
　　白鳳堂，カイハラ
Ⅱ．外部資源獲得から自社開発へ
　　ダイナックス，三宅
Ⅲ．資源の組み合わせによるコア資源確保
　　システム・ケイ

まず，伝統産業において培ったコア技術を現代のニーズに合わせて組みなおし，新たな市場を開拓したグループ（白鳳堂，カイハラ）が存在する。

次に，初期段階においては，その分野の門外漢だったものの，関連技術を外部から取得してきたのち，自社で独自技術を開発して特許獲得や新しいネットワーク構築に繋げて行き，新たな事業領域を開拓したグループ（ダイナックス，三宅）が存在する。

最後に，コア技術そのものが破壊力を持っているわけではないが，事業展開において必要な資源を外部から調達し，さまざまな資源を組み合わせることによって新たな事業展開を模索するパターン（システム・ケイ）が存在していた。

(2) 企業家の特性
① ダイナックス

ダイナックスの正木前会長は東北大学の法学部出身で，海運会社において海外との業務経験を積んだ後にダイナックスの親会社である大金製作所に転職してきた。正木社長の出身大学である東北大学とは，早くから共同研究に取り組んでおり，社員を送りこむなど太いパイプを形成し，共同での学会発表なども行っていた。1980年代の事業展開において同大学との研究による知識獲得は，後のさまざまな分野進出へのきっかけとなっている。

② カイハラ

カイハラの場合，前会長は成城大学にて経済学を専攻し，大手繊維商社において実務経験を積んだ後にカイハラに入社した。繊維専門商社において培った衣類業界に関する情報収集能力や仕入れや流通に関するノウハウはカイハラに入社してからさまざまなビジネス展開に活かされた。また，現社長はMBAも保有していることから本格的にビジネスを勉強していることが分かる。以前から進出していた海外市場への対応や，現在の主な取引先となっている国内外のSPA型企業との取引関係の構築において，そして最終消費者へのマーケティング調査において，上述した経営者の能力は活かされる可能性が高い。

③ 白鳳堂

白鳳堂の現社長はもともと熊野町出身で，東京農業大学卒業後，建設会社に

て営業の仕事に携わっていた。しかし，実の兄と共に家業を継いでいかなければならなくなり，急遽転職を決めることになる。現社長夫妻はいまでも商品の全数検査に関わるなど，積極的に経営に参加している。また，大手電機メーカーにおいて実務経験を積んだ長男が主にマーケティングとIT分野を担当し，大手地方銀行員から転職した次男が経営管理部門を担当している。

④　システム・ケイ

システム・ケイの創業者の鳴海社長は商船系高専の出身で，若い時に外航経験をしたことから，自然と国際感覚が育まれていた。その後，大手コンピューターメーカー系のソフトウェア会社へ就職を決め，実務経験をした後に独立して創業することになる。IT産業の創業者のなかには，最初から当該IT業界のテクノロジーを大学や研究機関において専門にしていたわけではない場合が多い。鳴海社長の場合も実務経験をベースに独立したケースである。

⑤　三宅

三宅の三宅正光社長は早稲田大学商学部出身で，大学生時代にヨット部に所属し，活発に課外活動をしていた。しかし，三宅正光社長は家庭の事情で経営陣に加わることとなり，そのことが判明した時点から，前社長である三宅来次郎氏から新規事業部門の運営を託されることになる。当時の資金源であった製針業から印刷業へ事業転換を行うために印刷業者へ派遣され，研修を終えた。また，アメリカに留学し，最先端の工場において先進技術を目の当たりにする。文系出身で印刷事業に関する知識が全くなかった三宅正光社長だったが，その卓越したビジネス感覚と事業に対する情熱は，印刷業，セキュリティ事業，RFID応用事業などへ次々と新規参入する際に活かされ，中小企業でありながら新しいことに挑戦することを恐れない企業風土の礎となった。

⑥　まとめ

以上の企業家の特性をまとめると，三宅，カイハラ，白鳳堂の場合は，事業の初期段階においては家族経営の性格が強かった家業を，さまざまな経験をした後継ぎが，その経験を活かして発展させていく事業継承の成功ケースであると言えよう。システム・ケイはスピンアウト型のベンチャー企業創業過程の一般的なパターンで，ダイナックスは親会社から派遣された企業家が，ある程度の経営の自由度を保ちながら，独自の発展経路を見出していく分社化の成功例

である。そのいずれもが，企業家の資質として，本業とは直接関連しない異なる分野での経験から得たメンタリティやスキルを備えていることに注目したい。なかでも海外経験は，これら企業がグローバル環境において成功する際に，多かれ少なかれ影響を及ぼしていると捉えることができる。

(3) 事業機会の認識
① ダイナックス

ダイナックスは，マニュアル車からAT車へと全世界的に普及が進む時代に，輸入代替化の必要性が生じたため，AT車用のクラッチ関連部品市場に参入することとなった。為替レートの急激な変化という外部環境の変化も同社の事業参入を後押しした。また，乗用車以外の産業用車両分野の需要増加を予測した同社は外国企業との合弁企業という形で新しい事業を始めることになる。さらに，自動車業界の再編と次世代車の標準をめぐる競争が繰り広げられる中，今後は製品のモジュール化が進むと判断し，従来の刷り合わせ型部品とあわせて新規事業分野としての拡大を図っている。同社が自動車産業全体のトレンドに敏感に反応することが可能なのは，擦り合わせ型部品生産で得た情報を，モジュール型部品生産に活かせるためであった。

② カイハラ

カイハラの場合は，地場産業の急速な成長が新しいビジネスを推進するきっかけとなった。もともと備後絣生産という伝統的生産技術をもとに当該分野に進出したカイハラは，長年の研究開発において培った自社技術をさらなる事業展開に次々と応用している。また，失敗したビジネスが意図せざる結果を生み，次のビジネス展開に役に立つ（広幅絣事業から絣入りサロン事業への転換時）場合もあった。さらに，顧客の最新のニーズを調査していくことは勿論，リーバイスやSPA型メーカーとの密な取引関係を構築することで，新たな知識を社内に蓄積し，次の事業展開に繋げていっている。

③ 白鳳堂

白鳳堂は，伝統産業である和筆の生産自体が書道文化の衰退と共に需要が激減してきており，地域産業の生き残りをかけて新しい分野に挑戦する必要性を強く感じていた。そのため，和筆生産時代からの優秀な地域の人材を活用し，

既存事業からの脱皮と事業分野の多角化による新規市場創造というイノベーションを起こすことによって，事業の再活性化を図ったのである。とりわけ，社長の個人的なネットワークを利用した海外進出や美容業界への積極的なアプローチが事業拡大の直接的な契機となった。なお，近年ではIT技術を活用したインターネット販売や代理店を経由した海外販売強化，国内外のOEM先の多様化を図っているが，これらの一連の動きにおいては新しく経営陣に加わった現社長の息子である専務取締役や取締役統括部長の持つ能力が大きな役割を果たしている。

④　システム・ケイ

システム・ケイの場合，鳴海社長が船舶乗務員を経て入社したところが大手コンピューターメーカー系のソフトウェア会社であったために，IT産業全般に関する情報は入手しやすい環境にあった。また，IT産業といっても多様な分野があるなかで，インターネットベースの技術に活路を見出し，自ら事業化に必要な技術を探索した。その大きなきっかけを与えたのが海外IT活用地域への視察に参加したことである。欧米，アジア諸国の訪問をしているうちに，日本だけではなく海外の優秀な技術者やITインフラを日本国内市場に応用していく事業コンセプトを徐々に形成していったものである。

⑤　三宅

三宅は製針業固有の産業特性から，事業転換の必要性を痛感していた。景気変動に敏感で，これから確実にその需要は減少していくことが分かっていたにもかかわらず，ほとんどの製針業者は業種転換という決断が出来なかった。先代来次郎氏の先見の明もあり，これからは印刷業で成長していくと見定めていた同社は，技術基盤が全くない新規事業分野へ参入することを決める。同社の事業機会認識時の特徴は，自ら新しいビジネスチャンスを求めていたときに，普段から取引をしているパートナーから新しいビジネスを提案されるという点である。顧客から新しい市場情報を仕入れ，それに敏感に反応していくことは印刷業進出の時以来，セキュリティ事業，RFID応用事業の時にも続いた。なお，早い段階でアメリカ留学を経験していた現社長が先進国のビジネス事情に通じた上でフロンティアとしての日本市場に参入したことは勿論，独自技術を開発した上で世界市場を狙っていったところにも勝因がある。

⑥　まとめ

以上をまとめると，事業機会の認識においては業界全体の需要減少によって新たなビジネスチャンスを求めていた際に，経営陣の個人的なネットワークが一定の役割を果たしたケース（三宅，カイハラ，白鳳堂）と，関連産業の全体的な需要増加と共に海外の優れた技術をとりいれて事業化するケース（三宅，システム・ケイ，ダイナックス）とに分類することができるが，事業機会を認識する過程はどうあれ，関連シーズやニーズを素早く事業化する力が事業成功の鍵となっていることは全てのケースに共通している。

(4) 事業システムの特徴

① ダイナックス

創業期におけるダイナックスは，技術提供を受ける部品メーカーとして出発したが，徐々に独自の技術力を整え，大手の自動車メーカーの系列企業から，国内外の広い顧客に向けて擦り合わせ型の生産を行う事業体制へと転換していく。そして，近年は擦り合わせ型の事業システムから得た情報を，モジュール型の事業システムに活かしている。同社は，従来の事業の柱であるクラッチ関連摩擦材（単体部品）と新たな事業の柱となりつつあるクラッチモジュール（集約部品）の二大製品分野を合わせ持ち，双方の事業が相互作用している。ここで重要なポイントは，擦り合わせ型での事業システムが存在することで，顧客のニーズ情報を蓄積することができ，モジュール型の事業システムも運営することが可能になっているという点である。そして，この仕組みが海外生産拠点と国内生産拠点それぞれに存在することにも注目したい。海外拠点の場合は，日本の自動車メーカーの海外拠点とともに，外国自動車メーカーの生産拠点に対しても製品供給を可能にするべく自らも海外進出して顧客の幅を拡げているのである。

② カイハラ

カイハラの創業期における事業システムは地場産業の成長とともに発展してきた地域内他企業と大差はなかったが，成長期に入ってからやや複雑性を増していく。生産能力を確保するために地域内他企業とのネットワークを強化しながらもコア資源が流出しないように設備開発や管理は自社で担当していた。ま

た，最近では，複数タイプのアクターとの継続的取引を通じた情報交換を行いながら新たな製品の提案や生産量の調整を行い，プレミアム・ゾーンに製品を供給する事業システム構築に成功している。なお，複数タイプの企業との継続的取引に基づく情報交換を行うことで蓄積された情報は，他社には真似しにくい事業システム構築の根幹を成している。

③　白鳳堂

白鳳堂の場合は，事業初期段階においては廉価な「化粧ブラシ」を生産していたが，「高級化粧筆」を開発し，その製造販売へとシフトしてきた。また，通販および販売の海外展開を成功させることによって化粧筆市場の創出に成功した。今後は工業用筆市場の創出を目指していく同社の事業システムは，仕入れ，製造，販売，一般管理，資金調達を一貫して自社で行っているため，典型的な製造業会社のシステムと大差はない。しかし，原材料となる獣毛の仕入れの3割を熊野筆事業協同組合を通じて共同購入し，残り7割は商社を通じて仕入れている点は興味深い。最近では，原材料の国内調達が段々厳しくなってきているため，中国からの輸入も増えてきており，もともと地域外の企業から漆などの原材料を仕入れていることから，仕入先の多様化によって製品の質にばらつきが出ないように細心の注意を払っているようである。同社は国内における流通販売の面で，問屋を通さず，ダイレクト販売と多様なOEM先を確保することに努めている。一方，海外においてはネット直販も含め，積極的に自力でビジネスを拡大させている。同社はまた，伝統工芸技術の海外移転は困難であるため，生産の面では一貫生産体制を国内に整えているが，上述したように販売・仕入れの面では積極的に国際化を進めるなど，事業システムにおいては対照的な2つの側面を見せている。

④　システム・ケイ

システム・ケイは，受託システム開発から事業をはじめ，成長期に入ってからは自社が保有していない技術的なハードルを海外の企業とのパートナーシップによって乗り切るなど，早い段階で事業システムの国際化に工夫が施されている。同社は，要素技術は海外企業から導入し，ソフトウェア開発とパッケージ化は自社もしくは海外拠点で行う。また，販売および保守運営は，自社と海外協力会社とで国内外の業務において役割分担をしながら遂行している。要素

技術が海外のものであっても，それ以降の事業システムを自社で構築して市場と結び合わせる能力に長けている。完成した製品は，もともと技術を保有していた国に逆出荷することもあり，その際には技術協力企業を販売代理店とするなどしてパートナーシップの関係を強めており，全体的に非常に柔軟な事業システムを持つ企業であると言える。

⑤　三宅

三宅の事業システムについては，主に製針業を行っていた時期は中国と日本に一貫生産体制を保有しながら，販売は当時としては珍しいダイレクト販売と商社を通じた販売を混用していた。現在，同社の事業活動は，基礎研究，応用研究，生産活動，販売流通活動に分けることが出来る。まず，基礎研究については資金運営の面で大企業に比べて余裕が無い中小企業の特性上，大学や他企業との共同研究および受託研究を通して問題を解決する場合が多い。また，現在の生産活動はコア技術を保護するために主に自社でまかなっているが，新規事業に関しては海外の企業との生産活動における戦略的提携も模索中である。販売流通に関しては大手商社を通じた流通とダイレクト販売を同時に採用している。

⑥　まとめ

各社の事業システムの特徴を整理すると，製品設計，生産，販売の段階全てにおいて積極的に海外の企業との戦略的提携を行いながら事業展開している（システム・ケイ）場合と，コア資源の保護と伝統技術の保持および技術移転の難しさ（暗黙知的な技術の存在）のために生産に関しては国内の一貫生産体制を整えながら，流通，販売においては積極的に戦略的提携を組んでいる場合（カイハラ，白鳳堂，三宅），そして生産体制，販売体制，技術開発共に多国籍企業化への道を進んでいる場合（ダイナックス）の3つに分類することが出来るのではないだろうか。

(5)　地域内外の企業や大学・研究機関・政府・地方自治体との関係

①　ダイナックス

ダイナックスは，工場新設において中小企業事業団の「中小企業高度化事業資金」を導入するなど，事業展開において積極的に政府や自治体の支援を活用

している。また，旧通産省（現在の経済産業省）の仲介で，北海道に立地する他の地域企業の協力を得ており，従来の摩擦材のみならず，建設用機械や乗用車のクラッチ関連部品全般に関わる技術確保を狙い，顧客層を順調に増やしてきている。大学との共同研究も盛んで，1980年代の事業の初期段階においては東北大学，1990年代に入ってからは地元の室蘭工業大学，北海道大学との共同研究を通じて新技術を開発している。加えて非常に効率的な量産体制を確保するために，第一金属，オーエスマシナリーやシンセメックといった高い技術力を持つ北海道内企業との共同作業が大きな役割を果たしている。

② カイハラ

カイハラは，前述したように事業の初期段階において生産能力を確保するために地域内の他企業と有機的な協力関係を維持していた。また，経済産業省の委員を現会長が歴任するなど，積極的に外部と関わりながら設備投資を積極的に行うことで節税の工夫もしている。しかし，地域の人的資源を活用して発展してきた同社だが，今後の人材確保に関しては残された課題も多い。とはいえ，地域に密着した事業展開によって，カイハラは地元での絶大な信用を得ており，サロン市場への進出にあたっては，工業試験場からの紹介があり，そしてデニム市場への進出にあたっては，地元企業からの誘いがあった。さらに，リーバイスとの取引開始には，国内商社からの推薦があったとみられる。このように，地域内取引での信用が地域外取引の獲得へも影響している点は非常に興味深い。

③ 白鳳堂

白鳳堂に関しては，経済産業省の知的財産活用モデルとして選ばれるなど，古くからの筆生産という産業集積での伝統技術の蓄積が現在の高い技術水準につながっていることは事実である。また，「熊野筆」という伝統ブランドを活用しながら全国に，そして世界に向けて，「化粧筆」の事業を拡大してきた。地域の人的資源の面からは伝統工芸を志す若者の増加が今後の優秀な人材確保に繋がることも期待されている。

④ システム・ケイ

システム・ケイはサッポロバレーと呼ばれたIT産業集積の注目度アップにより，東京での営業活動が一時的に容易になったが，そのブームも沈静化した

ことから現在は大きな影響は受けていない。集積の内部には，現時点で競合他社は存在せず，独走状態になっている。同社は政府系機関（道路公団など）を安定的な収益源としているが，現在の主力商品であるインターネット関連製品では，国内と海外に広くユーザーを求めている。政府や地方自治体との関係は，直接的支援を受けたというよりは海外視察などに同行して事業機会を認識する際に間接的に恩恵を受けたと言える。

⑤　三宅

三宅は事業の初期段階では，仕入れおよび販売において，製針業者に大きな影響力を持っていた広島地域の製針業協同組合に対して一定の役割を果たしたようである。しかし，現在のビジネスにおいては地域の協同組合や関連団体の直接的な影響はほとんど受けておらず，業界のトレンドなどを耳にする程度にとどまっているようである。大学・研究機関との関連でいえば，同社は大学との共同研究を事業の転換期から積極的に行ってきており，現在も広島工業大学，広島市立大学，慶応義塾大学との共同研究を実施している。また，地方自治体が推進している産学官連携事業に複数関わりながら，補助金などの資金獲得にも積極的に取り組んでいる。

⑥　まとめ

地域内外の企業，大学や研究機関，政府や地方自治体との関係をまとめると，まず，地域内外の企業とのネットワークはほとんどの企業が積極的に活用してきたと言ってよい。大学や研究機関との関係で言えば，積極的に共同研究を推進して事業に繋げて行くケース（ダイナックス，三宅）とほとんど共同研究などは行ってこなかったケース（システム・ケイ，カイハラ，白鳳堂）が存在し，両極化している。また，地域に立地しながらも地方自治体や産業クラスターからの影響はそれほど強く受けなかった企業が多かった。勿論，詳細を見ると，直接・間接的にそれぞれが関わってはいるものの，事業展開において決定的な役割を果たしたわけではなく，これらの企業の自立度は比較的高いと言える。

1-2　発見事実とフレームワークへのフィードバック

以下においては，本書における5つのケースを分析した結果から得られた発

第 1 節　比較事例分析　209

見事実について，事業展開の側面から整理する。その上で，本研究のフレームワークへフィードバックし，地域企業のビジネスモデルの全体像をまとめる。

(1) **比較事例分析からの発見事実**

　ここでは，事業展開の方向性をイメージ的に理解するために，第 1 章で取り上げられた，Afuah の「ファミリアリティ・マトリックス」モデルを用いて各社の比較を行ってみよう。

　図 7-1 で示されているように，各社のビジネスモデルの展開は時間の経過と共に変化してきている。本書で取り扱われたケースにおけるビジネスモデルの進化過程は大体 3 つのルートで整理することが出来る。

　まず，右下のセルから左上のセルへ移動したルートがあげられる。ダイナックスがこれに該当すると思われる。ダイナックスの場合，自動車関連部品メーカーであることから本書の研究対象企業の中で規模の面では一番大きく，事業の進化過程についても自らがカバーする事業システムの機能を徐々に拡げてきているといった点で，最も一般的な事例であったと言える。事業の初期参入段階において AT 車の需要が世界的に伸びるという情報は親会社である大金製作所が系列取引の中から得てはいたものの，社内には関連技術がなかったために外部から技術を獲得しようとした時代でもあった。つまり，技術的には未知であったが，市場は把握していた時期である。現在，独自の技術はトライボロジーという領域において蓄積でき，既知の技術へと転換されたものの，関連市場が多様化し，世界的に自動車生産モデルがモジュール化していく状況のなかで，新しい市場開拓が必要になっている状況である。すなわち未知の市場へ乗り出す段階である。ここに至って，ダイナックスは左上のセルにある〈技術資源の社内開発〉によって，オンリーワンの部品メーカーに至っていることがわかる。とりわけ市場開発については，初期段階における部品メーカーの典型的な単純生産，限定された納品先との取引といった刷り合わせ型の事業システムで得たスキルやニーズ情報を，近年のモジュール型の事業システムに生かすという重層的なビジネスモデルによって構築されていることは特筆される。

　次に，左下のセルから左上のセルへ移動したルートが考えられる。議論の余地は残るが，カイハラ，白鳳堂，三宅のケースがこれに該当すると思われる。

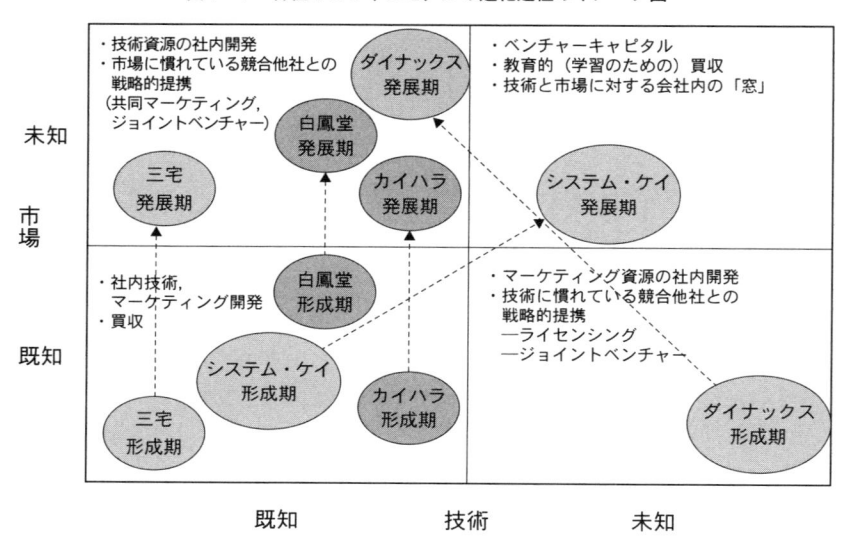

210　第7章　比較事例分析と総括

図7-1　各社のビジネスモデルの進化過程のイメージ図

```
未知                                                    
          ・技術資源の社内開発           ・ベンチャーキャピタル
          ・市場に慣れている競合他社との    ・教育的（学習のための）買収
           戦略的提携          ダイナックス  ・技術と市場に対する会社内の「窓」
           （共同マーケティング， 発展期
            ジョイントベンチャー）
                       白鳳堂
                       発展期
市場          三宅            カイハラ
            発展期            発展期       システム・ケイ
                                        発展期

          ・社内技術，         白鳳堂
           マーケティング開発    形成期       ・マーケティング資源の社内開発
          ・買収                          ・技術に慣れている競合他社との
既知                                       戦略的提携
                    システム・ケイ                 ―ライセンシング
                    形成期     カイハラ            ―ジョイントベンチャー
                              形成期
               三宅                                  ダイナックス
              形成期                                   形成期

              既知              技術              未知
```

　3社にはいくつかの共通点が存在する。まず，もともと地域の伝統産業（備後絣，和筆，製針）に属していて，関連産業におけるコア資源を社内に蓄積していたことがあげられる。加えて，急激な経営環境の変化に伴って会社経営が危機を迎えることになり，ビジネスモデルの大転換を余儀なくされていた点も共通する。また，新しい市場創造の面では，既存の顧客との密な関係形成から獲得された市場情報が新規事業展開において非常に重要な役割を果たしていた（特にカイハラと三宅）ことが指摘できる。さらに，3社ともに左上のセルの方へと向いた企業の進化過程をみていくと，〈技術資源の社内開発〉が連続して行われていることがわかる。

　最後に，左下のセルから右上のセルへ移動したルートが考えられる。システム・ケイがこれに該当すると思われる。スタートアップ段階において参入する市場や技術に目新しいものはないが，既存の技術やニーズの組み合わせ能力に長けていた同社は，北海道を地盤にその事業領域を拡大していった。資源は創業期より自社に足りない部分を外部から獲得することで補っていたが，現在に至っては海外の拠点や企業とのコーディネートを図りながら要素技術開発，プ

ログラム開発，パッケージ化，ソフト販売，システム一括受注・管理機能をネットワーキングによってまかなっている。まさに右上のセルにある〈技術と市場に対する会社内の「窓」〉をネットワーク構築に活かし，課題を解決するビジネスモデルを提案していると言えるのではないだろうか。

以上のように，「ファミリアリティ・マトリックス」によって，各社のビジネスモデルの変遷を見ていくと，事業の創造（形成）から展開（発展）へと至るプロセスについて，いくつかの成功定石を想定することが可能なのである。

(2) フレームワークへのフィードバック

本研究のフレームワークは，地域企業の内部要因である4つの企業構成要素（コア資源，企業家，事業機会，事業システム）と，外部要因である4つのアクター（域内他企業，域外企業，大学等研究機関，政府・地方自治体）との関係をどのようにマネジメントするかというものであった。既に比較事例分析によって，それらと地域企業がどのように対応してきたかが整理されている。それでは，この整理ポイントを「ビジネスモデルの進化」という上記の発見事実と付き合わせてみよう。

ダイナックスの場合，当初のビジネスモデルでは，技術的な不足を補うために域外企業と協力していた。ところが，発展を遂げたビジネスモデルでは独自の技術を確立し，新しい市場を得ている。その間，技術の導入ルートは，海外企業系由ではなく自社開発と産学共同研究に変化していることから，外部要因としての重要性は，よりローカルなアクターとの付き合いにシフトしていることがわかる。

カイハラ，白鳳堂，三宅の場合，いずれも当初のビジネスモデルでは，伝統的技術というコア資源の転換という側面で外部との協力が求められていた。そのうち，カイハラが発展するきっかけとなった外部の大手企業との取引は，地元の同業他社からもたらされていることから，ローカルなアクターとの付き合いをもとに，グローバルなアクターとの繋がりを獲得した例である。また，白鳳堂は自社ブランドを確立する過程で，海外のビッグブランドとの提携を結んだ上でインターネット販売や通販を開始していることから，グローバルなアクターとの繋がりが，ローカル市場で成長する方向性を示している。そして，三

宅は常に視点をグローバルな位置においているものの，ローカルな面では産学連携による研究開発や地方自治体との関係を重視しており，地域企業として外部アクターとのバランスのとれた関わり方をみせている。

システム・ケイの場合，当初のビジネスの柱であった受託開発と新しいビジネスであるインターネット関連事業がともに最初から地域外を志向しており，同社自身がローカルとグローバルを結ぶ窓になりながら提携関係を連続的に使っており，特定の外部アクターに依存しないという生き方を示していると言える。

以上のように，フレームワークにあった外部要因と，地域企業の内部要因がうまく連動することで，地域企業は様々な経路で発展していく。今回の5社のケースからは，その一部の経路が示されたに過ぎないが，本研究のフレームワークに自社のビジネスモデルを位置づければ，ある程度の発展経路を構想することは可能であろう。

第2節　研究の総括

2-1　研究上のインプリケーション

以下では，本研究から得られた示唆を理論的インプリケーションと実践的インプリケーションという2つの次元からまとめ，研究全体の総括へとつなげていく。

(1) 理論的インプリケーション

本研究の理論的インプリケーションに関しては，以下のような点があげられるのではないだろうか。

第1には，これまで地域企業のマネジメントや地域産業の発展過程を分析する際に，全く別の研究分野において論じられてきた地域企業論，ベンチャー企業論，産業クラスター論を統合することにより，地域企業のマネジメントをより詳細かつ緻密に分析する道具を提示したという点である。従来，地域企業は中小企業論の立場から経済学的に語られることが多く，地域企業の経営問題に

正面から取り組んだ研究は多いとは言えなかった。本研究は，ベンチャー企業論の先行研究で行われていた創業から第二の創業に至る一連の企業家活動の分析というアプローチを地域企業に適用した。さらに，地域産業集積の戦略論ともいえる産業クラスター論と地域企業との関係も考察するべく，分析枠組みを用意した。結果として，地域の文脈を意識したビジネスモデルという研究分野が存立することを十分に明らかにできたと思われる。

　第2に，国際経営論の分野において地域企業の特徴を組み入れることによって新たな研究視点の提供が行われている点である。通常，グローバル化時代における企業のマネジメントを分析する際に，主な研究対象となってきたのは多国籍企業や財閥企業などの大企業であり，地域企業を対象とした研究はほとんど見られなかった。しかし，地域に根ざしながら地域の資源を有効活用し，さまざまな新規事業に挑戦し，新しい顧客を獲得していく地域企業のマネジメントを考える際にも，国際的な視点が不可欠であるということは，本書の5つのケースを見れば明らかである。

　第3に，ビジネスモデルと事業システムの先行研究をレビューし，その概念整理を行ったうえで，経営戦略論や組織論において別個に議論されてきた論点を統合させることにより，ミクロ・マクロの各レベルで，企業や事業の分析を可能とするような新たな枠組みを提示した点である。従来，ビジネスモデルと事業システムとは混同して考えられることが多く，明確に区分して全体的な議論に収束させた研究は少なかった。既に第1章でレビューしたように，ビジネスモデルの議論は産業レベルのマクロ的視点が包括されており，事業システムの議論は個別企業の立場からミクロ的視点で事業の組み立て方を構想するものであった。同じように地域企業にとっては，地域産業の一員であるというマクロ的な立場と，地域企業として独自の経営が求められるというミクロ的な立場を持っており，これらの両面を意識しなければならない宿命を持っている。本研究はその地域企業の本質をしっかりと捉えたミクロ・マクロを連結したビジネスモデル論の先駆けになったと言える。

　以上のように本研究は，地域企業の戦略論を構想する際に必要な理論を統合して事例研究を進めていった結果，いくつかの成功定石を示すことに成功した。その上で，地域企業という研究領域に取り組むことが，ビジネスモデル，

国際経営,ベンチャー,さらには産業クラスターなどに関する研究そのものを理論的に進化させる可能性があることが示唆されたわけである。

(2) 実践的インプリケーション

ここからは,本研究の実践的インプリケーションを提示しておこう。

第1に,企業間ネットワーク（戦略的提携の概念を含む）の強度および性質の変化と企業の対応の問題を指摘したい。既に第1章で指摘したように,企業間のネットワーク関係においては徐々にパワー依存関係が変化していくものだが,本研究では系列の枠をうまく乗り越えた企業の例（ダイナックス）や地域の下請会社のレベルから脱皮して関連業界の大手企業と対等な立場にまで発展してきた企業の例（白鳳堂,カイハラ,三宅）を紹介している。事業のスタートアップ段階においては安定的な受注先の確保が重要であるが,地域の中小・中堅企業がクォンタム・ジャンプ（大きな飛躍）を図るためには,ある時点におけるネットワーク関係は,将来的には再構築することも必要になってくる。海外企業との提携によって事業の幅を拡大した企業の例（システム・ケイ）については,部品供給の関係にすぎなかった弱い連結関係が,完成製品の現地代理店化などのさまざまな事業展開を通じて強い連結関係に変化している点も参考になる。

第2に,本研究の分析結果が,今後の企業の海外進出のあり方について重要な示唆を与えているということを強調したい。たとえば,白鳳堂やカイハラの事例では,特定事業分野においては,地域（国内）のコア資源を有効活用するために,海外進出を意図的に避けながら国内に立地した方が安定的な品質を保持し,当該産業において競争優位を保つことが出来るとされていた。このことは,コストの安さを求めて続々と海外に進出する近年の一般的傾向とは大きく異なっている。しかしながら,中国に進出した日本や韓国,欧米企業の中小・中堅企業の多くが最近になって中国政府の税制変化などのいわゆるカントリー・リスクに苦しめられている。中国の安い労働力と潜在的巨大市場を狙って進出するという当初の意図は良かったにせよ,時代の変化と共に中国の企業や市場にどう対応するかは,その企業がおかれている事業環境を考慮した上で適宜修正されなければならない。ダイナックスの事例を考察しても,自動車の

部品メーカーとしての海外同伴的な進出から，最近では部品モジュール化に対応することで，広く供給先を獲得できるようになったことを受け，積極的に海外の自動車メーカーとの取引を拡大している。また，中国企業との関係構築において，システム・ケイの事例を見ると，中国企業に下請けを依頼する際に，知識を日本から中国へ単純移転させるというより，高度な技術を期待して中国企業と協力し合いながら新しい技術や市場を獲得するやり方を採用しているのが非常にユニークである。以上のように，従来の海外進出に見られた技術獲得やコストダウンという目的だけではなく，グローバルな環境をしっかりと認識した上で，地域企業の特性を活かした経営を行っていく方向性があり得るということである。

　第3に，グローバルな視点を持つことが可能な企業家の存在が，地域企業の成長発展過程において重要な役割を果たしている点も無視できない。国際経営の進化論的な立場からすると，企業の国際進出はある一定の過程を経て進化していく[2]ため，それらの過程をパターン化することも可能であると言われてきた[3]。これまで多くの論者は，輸出の段階から現地パートナー選定，海外支社設立，現地法人設立などに至る一連の過程は，企業の国際化が進めば進むほど，より本格的な国際化の特徴がそのマネジメント過程において現出するとしている。しかし，最近では事業の初期段階から海外市場を意識して起業をする企業[4]も少なくなく，常識的に考えてみても国内市場のみを意識した創業より，その飛躍的発展が期待できるのは当たり前かもしれない。とはいえ，事業展開の際には，その会社が保有しているコア技術や企業家が認識していく海外市場を意識した広い意味での起業機会の認識が必要となってくる。とりわけ，企業家の豊富なマネジメント知識と海外経験がそれらを後押ししていることが本書で取り上げた複数のケースにおいて明らかになっている。たとえば，企業家のグローバルな事業眼目と企業家的俊敏さ[5]（グローバルな事業機会認識）は，直接的にも間接的にも当該企業の事業展開に大きな影響を及ぼしている[6]。第1の点でも述べたネットワークの議論とも関連するが，自立を目指す企業家行動は，ネットワーク戦略の選び方がそもそも異なり，その結果として完成する事業システムもユニークなものになる可能性が高いわけである。なお，本書では地域企業における企業家の役割の重要性を強調しているが，本書で取り上

げたケースは創業者一族が後継者として経営に深く関わっている場合（カイハラ，白鳳堂，三宅）と専門経営者として派遣され，企業家的リーダーシップを発揮した場合（ダイナックス），ベンチャー企業の一般的な創業プロセスを辿る場合（システム・ケイ）の3つのパターンが存在するが，いずれのケースにおいても地域企業の再活性化における企業家活動の重要性が浮き彫りになったと思われる[7]。

第4に，政府の産業政策や大学，研究機関の役割についても言及しなければならない。資源が乏しい地域の中小・中堅企業にとって，国の産業政策や振興策を有効活用していくことは非常に重要である。既に第1章で述べたように，国の競争優位や企業の国際戦略を展開する際に政府の役割は重要である[8]。また，地域企業にとって産学官連携に対する期待はますます高まってきており，その支援の性質は関連産業の状況にもよるが，産学官の有機的な関係形成が地域企業の事業展開において有意義に働くと考えられている[9]。本書で取り上げたダイナックスの場合は，地域に自動車産業集積を実現するための中核企業としての役割を地方政府から期待され，さまざまな優遇措置を受けている。同社は技術的なブレークスルーを実現する上で，最初は東北大学との連携を図り，道内の大学の研究能力が高まってからは地域の大学との連携を推進しているところである。人材の面では，当初から地域にライバル企業がないため，地元の大学から優秀な人材を獲得している。また，三宅の場合も，地方自治体との合同プロジェクトや大学（広島市立大学）や関連研究機関との連携を図りながら成長している。なお，システム・ケイの場合は，直接的な支援は政府や大学から受けていないが，札幌市がIT産業に力を入れ，国から補助金などを獲得し，地域の名誉が高まることは地域企業が事業活動を展開していくに当たって，有利に働いているということは間違いない。

以上のように本研究には，企業間ネットワークの形成と展開の方法，企業の海外進出の新たな形，グローバルな視野を持つ企業家の必要性，政府や大学等研究機関との関係構築の方法，などといったような地域の企業家にとって実践に適用可能な話題が豊富に含まれていたわけである。

2-2　本研究のまとめ

　以上のように，比較事例分析と研究フレームワークの再評価を行い，そして研究上のインプリケーションが述べられたことで，地域企業のビジネスモデルという課題に取り組んだ本研究は一区切りを迎えたことになる。最後に，研究全体を要約した後に残された課題を整理することで本研究を総括することにする。

(1)　要約

　まず，序章ではグローバリゼーションの定義から解説したうえで，その基本的な流れと克服しなければならない課題を論じた。続いて，地域企業が置かれているグローバル環境を環境変移という観点から考察した。また，地域企業が急変するグローバル環境において柔軟な企業活動を行うことの重要性を指摘した上で，本研究における地域企業とグローバル環境との関係について言及した。

　第1章では，先行研究のレビューとフレームワークの提示を行った。最初に地域企業の定義を紹介した上で，本研究に関係のある複数の先行研究について説明した。

　この章では，地域企業のマネジメントを取り巻く内部要因と外部要因に注目した研究のレビューを行っている。ビジネスモデル，事業システム，資源ベース論，企業家研究が地域企業のマネジメントにおける内部的要因に注目していることに対して，ネットワーク理論や産業クラスター論は地域企業を取り巻く外部的要因に着目している。

　上述したように本研究では地域企業の競争優位性を規定する要因としてミクロ的アプローチ，マクロ的アプローチの両方を行うことで，先行研究の限界を超越する枠組みの開発を試みている。

　第2章では，大手自動車メーカーの下請けから出発し，いまや日本国内は勿論，世界的自動車部品メーカーとして成長してきたダイナックスのケーススタディを行っている。事業当初の安定的な受注先確保という目標から，現在は世界各地の自動車メーカーへ安定的に納品できる製品のモジュール化を進めるまでに発展してきた同社のケースからは地域の産業クラスターの中核的役割を

担っていく企業のマネジメント変遷過程を詳細に分析した。

第3章では，地場産業の成長と共にその事業規模を拡大してきたカイハラを紹介した。同社は，染色技術や紡績技術など伝統産業から培った技術をもとに最近では大手ジーンズメーカーまでその顧客層を拡大している。特に顧客からの最新情報収集を事業展開へ応用していくカイハラのケースは，市場のニーズ把握のみならず，取引相手から収集した情報までも事業システムに反映するという点で非常に興味深いところがある。

第4章では，広島地域の伝統工芸の技術を現代のニーズに合わせることで第二の創業に成功した白鳳堂のケースを紹介した。同社は地域の職人という人的資源をうまく活用して和筆生産技術を応用し，化粧筆や工業用筆を生産することに成功した。白鳳堂は北米進出をきっかけに早い段階で海外に進出することで広島地域を代表する企業として成長しただけではなく，「高級化粧筆」における世界のナンバーワン企業としても君臨している。

第5章では，北海道のIT企業であるシステム・ケイを紹介した。同社は海外の技術と国内のニーズを繋げることで，新しいマーケットを開拓してきた。海外における広いネットワークを利用している同社の事例は今後の地域企業の海外進出およびグローバル経営に示唆的な点が多い。

第6章では，広島の地場産業である製針業から出発した三宅が，その後に印刷業，セキュリティタグビジネスへ転換する過程を詳細に述べている。地域の中小企業でありながら世界市場を相手にそのビジネス領域を着々と伸ばしてきている同社の事例は白鳳堂やカイハラの事例と共通し，地域の中小企業の第二の創業のケースとして非常に興味深い。

第7章では，本書で取り上げた全てのケースに対する比較事例分析を行っている。

まず，フレームワーク構成要素の比較（コア資源，企業家の特性，事業機会の認識，事業システムの特徴，地域内外の企業や大学研究機関・政府・地方自治体との関係）を行い，各社の特徴的なところを掴んだうえで，Afuahの「ファミリアリティ・マトリックス」モデルを用いて各社の事業展開プロセスを比較した。創業当初から現在に至るまでのビジネスモデルの進化過程を振り返ることにより，地域企業の成功のための戦略定石を探り，研究のフレーム

第2節 研究の総括　219

ワークを再検証した。

　また，従来の先行研究との関係を論じた上で本研究の理論的インプリケーションを述べると同時に，実際の企業経営に携わっている関係者向けの実践的インプリケーションも豊富に盛り込んだ。

　ここまでが本書の研究内容の要約であるが，最後に残された課題を提示し，更なる研究への発展の可能性を考えたい。

(2)　今後の課題

　総括の締めくくりとして，比較事例分析を通じて浮かび上がった今後の研究課題について述べておくことにしよう。

　まず，本研究の限界としては，その分析対象が特定の地域と業種に限られている点がある。分析結果から得られるインプリケーションのうち，特に実践的インプリケーションについては，分析対象と地域を拡大することで，さらなる発見があるかもしれない。

　今後の課題としては，本研究において提示された分析枠組みをより精緻化・多様化して，その改善されたフレームによって分析対象の本質により深く迫った研究を行うということがあげられる。本書では伝統産業におけるイノベーションや自動車産業，IT産業のケースが取り上げられていたが，事業規模，事業の特性などの変数を分析枠組みに加えていくことで，産業別や事業発展段階別の分析がより細かく行えることになるだろう。また，考察対象を広げることで，より網羅的な地域企業論へと発展させていく必要もある。

　また，本書では定性的なアプローチを用いて，分析対象に対してインタビュー調査に基づくケーススタディ（定性的実証分析）を行ったが，ビジネスモデルの一般的な特性を調べるためには分析対象や範囲を限定せず，業界，業種を越えた定量的研究手法の適用も有効である。こうした点も視野に入れつつ，地域企業研究を今後も進めて行きたい。

　最後に，本書においては地域企業の経営を日本に限定していたが，地域企業という概念を広げた国際比較研究も可能なのかもしれない。国際比較にあたっては，分析の枠組みに，さらに詳細な条件設定を施した研究をすすめる必要があるだろうが，本研究で得られた示唆が海外の「地域企業」でも通用するのか

どうかは興味のあるところである。

（金泰旭・内田純一）

注
1　破壊的技術とは，既存の顧客が求めるものとは別の軸の特性を持つ技術のこと。それに対して持続的技術はその技術革新が既存の顧客の求める特性の軸に沿っているもののことである。破壊的技術を使った製品は，当初は既存顧客以外の層に受け入れてもらうしかないが，いったん新規顧客層を確保した後は，既存の顧客の求める性能軸に沿う特性に改良し，結果的に大きな市場を獲得することも可能になる。（クレイトン・クリステンセン著（2001）『イノベーションのジレンマ』翔泳社。）
2　F. R. ルート著（1984）『海外市場戦略: その展開と成功へのノウハウ』ホルト・サウンダース・ジャパン。
3　Alan M. Rugman, Richard M. Hodgetts, *International Business : a strategic management approach,* New York : McGraw-Hill, c1995.
4　ボーン・グローバル・カンパニーと呼ばれる。例えば，髙井透（2007）『グローバル事業の創造』有斐閣。
5　Israel M. Kirzner, *Competition and entrepreneurship,* Chicago : University of Chicago Press, c1973.
6　具体的には，ダイナックス（海外との業務経験），カイハラ（MBA 取得），システム・ケイ（海外渡航経験，海外視察への同行），三宅（海外留学）が挙げられる。
7　金井（2006）を参照のこと。
8　Poter（1990）を参照のこと。
9　金井（2003）を参照のこと。

参考文献リスト

<序章>

Buckley, Peter J. (2002), "Is the International Business research Agenda Running Out of stearm?", *Journal of International Business Studies*, Vol.33 No.2, pp.365-373.

Casson, Mark, (2000) *Economics of International Business: A New Research Agenda*, Edward Elgar publishing Limited.（江夏健一・桑名義晴・大東和武司（監訳）(2005),『国際ビジネス・エコノミクス』文眞堂。）

伊豫谷登士翁（2002),『グローバリゼーションとは何か』平凡社新書。

入江猪太郎（監修）多国籍企業研究会（著）(1985),『国際経営リスク論』文眞堂。

Jones, G. (2005), *Multinationals and Global Capitalism from the 19th to the 21st century*, Oxford University Press.（安室憲一・梅野巨利（訳）(2007)『国際経営講義』有斐閣。）

Lee H. Radebaugh, Sidney J. Gray, and Ervin L. Black (2006), *International Accounting and Multinational Enterprises*, John Wiley & Sons Inc.（小津稚加子（監訳）(2007),『多国籍企業の会計』中央経済社。）

諸上茂登・藤澤武史・嶋正［編著］(2007),『グローバル・ビジネス戦略の革新』同文舘。

中島潤（2000),『日系多国籍企業』中央経済社。

Nelson, R. R. and S. G. Winter (1982), *An Evolutionary Theory of Economic Change*, Belknap Press of Harvard University Press.

大東和武司（1999),『国際マネジメント』泉文堂。

Prahalad, C. K., & Hamel, G. (1990), "The core competence of the organization", *Harvard Business Review*, May-1990.（プラハラッド＆ハメル（1990),「コア競争の発見と開発」『DIAMONDハーバード・ビジネス・レビュー』1990年9月号，ダイヤモンド社。）

Rugman, A. M. (1981), *Inside the Multinationals*, Croom helm Ltd.（江夏健一・中島潤・有沢孝義・藤沢武史（訳）(1983),『多国籍企業と内部化理論』ミネルヴァ書房。）

<第1章>

Afuah, Allan. (2004), *Business Models - A Strategic Management Approach*, McGrow-Hill/Irwin.

Ansoff, H. I. (1965), *Corporate Strategy*, McGraw-Hill.（廣田寿亮訳（1969)『企業戦略論』産業能率大学出版部。）

Barney, J. B. (2002), Gaining and Sustaining Competitive Advantage, Second Edition, Prentice Hall.（岡田正大訳（2003)『企業戦略論［上］・［中］・［下］』ダイヤモンド社。）

Callon, M. (1986), Some elements of sociology of translation: Domestication of the scallops and the fishermen. Law, J. (ed.), *Power, action and beliaf: A new sociology of knowledge?*, Routledge and Kegan Paul, pp.196-233.

Callon, M. & Law, J. (1997), "After the Individial in Society: Lessons on Collectivity from Science, Technology and Society", *Canadian Journal of Society*, Vol.22, pp.165-182. （林隆之訳（1999),「個と社会の区分を超えて」岡田猛ほか編『科学を考える』238-257頁，北大路書房。）

Chandler, A. D. (1962), *Strategy and Structure*, The MIT Press. (有賀裕子訳 (2004),『組織は戦略に従う』ダイヤモンド社。)

Collis, D. J. & Montgomery, C. A. (1998), *Corporate Strategy: A Resource-Based Approach*, McGrow-Hill. (根来龍之・蛭田啓・久保亮一訳 (2004),『資源ベースの経営戦略論』東洋経済新報社。)

Hamel, G. & Prahalad, C. K. (1994), *Competing for the Future*, Harvard Business School Press. (一條和生訳 (2001),『コア・コンピタンス経営』日本経済新聞社。)

Hamel, G. (2000), *Leading the Revolution*, Harvard Business School Press. (鈴木主税・福嶋俊造訳 (2001),『リーディング・ザ・レボリューション』日本経済新聞社。)

今井賢一 (1984),『情報ネットワーク社会』岩波書店。

今井賢一・金子郁容 (1986),『ネットワーク組織論』岩波書店。

伊丹敬之 (1999),『場のマネジメント』NTT出版。

伊丹敬之 (2003),『経営戦略の論理 (第3版)』日本経済新聞社。

加護野忠男 (1999),『競争優位のシステム』PHP研究所。

加護野忠男・井上達彦 (2004),『事業システム戦略』有斐閣。

金井一頼 (2002),「起業のプロセスと成長戦略」金井一頼・角田隆太郎 [編]『ベンチャー企業経営論』有斐閣, 59-87頁。

金井一頼 (2003),『クラスター理論の検討と再編成—経営学の視点から—』石倉洋子・藤田昌久・前田昇・金井一頼・山崎朗 (2003),『日本の産業クラスター戦略』有斐閣, 43-73頁。

金井一頼 (2005),「産業クラスターの創造・展開と企業者活動」『組織科学』Vol.38, No.3, 15-24頁。

金井一頼 (2006),「地域企業の戦略」大滝精一・金井一頼・山田英夫・岩田智『経営戦略—論理性・創造性・社会性の探求—』有斐閣, 265-293頁。

金子郁容 (1986),『ネットワーキングへの招待』中央公論社。

清成忠男・中村秀一郎・平尾光司 (1971),『ベンチャー・ビジネス』日本経済新聞社。

國領二郎 (1995),『オープン・ネットワーク経営』日本経済新聞社。

國領二郎 (1999),『オープン・アーキテクチャ戦略』ダイヤモンド社。

Latour, B. (1987), *Science in Action*, Harvard University Press. (川崎勝・高田紀代志訳 (1999),『科学が作られているとき』産業図書。)

中村秀一郎 (1964),『中堅企業論』東洋経済新報社。

西澤昭夫・福嶋路 [編著] (2005)『大学発ベンチャー企業とのクラスター戦略』学文社。

Pfeffer, J. & Salancik, G. R. (1978), *The External Control of Organizations: A Resource Dependence Perspective*, Harper & Low.

Porter, M. E. (1980), *Competitive Strategy*, The Free Press. (土岐坤・中辻萬治・服部照夫訳 (1982),『競争の戦略』ダイヤモンド社。)

Porter, M. E. (1985), *Competitive Advantage*, The Free Press. (土岐坤・中辻萬治・小野寺武夫訳 (1985),『競争優位の戦略』ダイヤモンド社。)

Porter, M. E. (1990), *The Competitive Advantage of Nations*, The Free Press. (土岐坤・中辻萬治・小野寺武夫・戸城富美子訳 (1992),『国の競争優位 (上)・(下)』ダイヤモンド社。)

Porter, M. E. (1998), *On Competition*, Harvard Business School Press. (竹内弘高訳 (1999),『競争戦略論Ⅰ, Ⅱ』ダイヤモンド社。)

Saxenian, A. (1994), *Regional Advantage*, Harvard University Press. (大前研一訳 (1995),『現代の二都物語』講談社。)

寺本義也 (1990),『ネットワーク・パワー』NTT出版。

内田純一（2003a），「インドのIT産業における高等教育の役割」『情報文化学会誌』Vol.10, No.1, 53-58頁。
内田純一（2003b），「産業創出のモード―インドのITビジネスにおける産・学ネットワーク―」『国際広報メディアジャーナル』No.1, 97-118頁。
内田純一（2005），「産学連携における特許活用と技術蓄積―場と知的財産との統合マネジメント」日本経営教育学会［編］『MOTと21世紀の経営課題』学文社，231-248頁。
山田英夫（2006），「戦略の策定」大滝精一・金井一賴・山田英夫・岩田智『経営戦略―論理性・創造性・社会性の探求―』有斐閣，61-98頁。

<第2章>
森永文彦（2005），「ダイナックス：技術深耕により世界へ大きく飛躍」小川正博ほか編『北海道の企業：ビジネスケースを学ぶ』北海道大学出版会。
大沼盛男編（2002），『北海道産業史』北海道大学図書刊行会。
ダイナックス創立30周年記念誌ダイジェスト（2005），『未来を今に ダイナックス30年の物語』株式会社ダイナックス。

<第3章>
Barney, Jay (1991), "Firm Resources and Sustained Competitive Advantage" *Journal of Management Review*, Vol.17, No.1, pp.99-120.
福井貞子（1981），『改訂 日本の絣文化史』京都書院。
Grant, M. Robert (1991), "The Resource-Based Theory of Competitive Advantage: Implications for Strategy Formulation", *California Management Review*, Vol.33, No.3, pp.114-135.
Granovetter, S. Mark (1973), "The Strength of Weak Ties", *American Journal of Sociology*, Vol.78, No.6, pp.1360-1380.
Granovetter, S. Mark (1974), *Getting a job – A Study of Contacts and Careers*, Harvard University Press.（渡辺深訳（1998），『転職―ネットワークとキャリアの研究―』ミネルヴァ書房。）
猪口純路・小宮一高（2008），「産業集積における事業システムの多様性―児島ジーンズ集積の事例から―」『香川大学経済学部研究年報』Vol.47, 82-108頁。
カイハラ株式会社（2001），『温故創新―積み重ねてきた技術の歩み，110年を礎に―』カイハラ株式会社。
南千惠子（2005），『リレーションシップ・マーケティング』千倉書房。
日本繊維新聞社（2006），『ヒストリー日本のジーンズ』株式会社日本繊維新聞社。
高嶋克義（1998），『生産財の取引戦略―顧客適応と標準化―』千倉書房。
高嶋克義・桑原秀史（2008），『現代マーケティング論』有斐閣。
高嶋克義・南千惠子（2006），『生産財マーケティング』有斐閣。
von Hippel, Eric (1986), "Lead Users: A Source of Novel Product Concepts." *Management Science*, Vol.32, No.7, pp.791-805.
中国新聞2006年8月21日「備後発 オンリーワン ナンバーワン カイハラ」
繊維月報2006年6月号「三備地区デニム開発の歴史」

<第4章>
平井謙一（2006），『中小企業の定性分析と定量分析―着眼点と評価法』生産性出版。

小西浩太（2004），「日本製筆産業の新市場挑戦―書画筆から化粧筆へ―（上）」『社会科学』（同志社大学）74号，179-195頁。
小西浩太（2005），「日本製筆産業の新市場挑戦―書画筆から化粧筆へ―（下）」『社会科学』（同志社大学）75号，121-144頁。
小林暢子（2003），「第1回 筆産業・広島県熊野町 化粧筆が新しい風起こす インターネットでブランド確立」『日経アドバンテージ』2003年5月号，88-91頁。
熊野町史刊行委員会『安芸熊野町史通史編』1987年。
水尾順一（1998），『化粧品のブランド史』中公新書。
西田安慶（1996），「わが国筆産地の生成と発展 ―マーケティングの視点から―」『東海学園大学紀要』第1号，125-140頁。
髙本壮（2002），「企業再生プロジェクト 化粧筆で筆工房を再生―『家業』を『企業』に変える」『日経BizTech』No.002，180-187頁。
内田勝敏編（2002），『グローバル経済と中小企業』世界思想社。
中小企業庁経営支援課（2006），「中小企業地域資源活用プログラム」の創設―中小企業の地域資源を活用した事業展開の促進―平成18年12月」，(http://www.chusho.meti.go.jp/shogyo/chiiki/download/061107chiikiprogram_gaiyou.pdf)
中小企業政策審議会経営支援部会報告書（2007），「地域経済環境の構造変化の進展を踏まえた中小企業支援策の在り方について」平成19年2月。
白鳳堂WEBサイト（http://www.hakuho-do.co.jp/aboutus/outline.html）
林淳一郎「わが夢：髙本和男」『中国新聞』2007年4月25日-5月3日付。
IT経営応援隊事務局WEBサイト（経済産業省推進事業・IT経営応援隊），(http://www.itouentai.jp/)
経済産業省・中小企業基盤整備機構（2007），『中小企業のための知的資産経営マニュアル』(http://www.meti.go.jp/press/20070330003/manual-p.r.pdf)。
熊野筆（筆の里工房）WEBサイト（http://www.fude.or.jp）
財団法人 商工総合研究所（2005），『平成17年度調査研究事業報告書 中小製造業のマーケティング戦略』平成18年3月，(http://www.shokosoken.or.jp/chousa/img/17-5.pdf)
財団法人 中小企業総合研究機構（2006），『中小企業の伝統的技法を活かしたモノづくりに関する調査研究報告書』。

＜第5章＞
『サッポロバレースピリット』編集委員会［編］（2004）『サッポロバレースピリット』財団法人さっぽろ産業振興財団。
小早川護・内田純一（2004），「（システム・ケイ社受託研究）インドのIT産業クラスター―IT産業集積と国際広報に関する調査研究―」(http://www.systemk.co.jp/data_download/data/india_itcluster1.pdf)
日本経済新聞 地方経済面（北海道）2007年2月24日「システム・ケイ，ネット接続監視カメラ――インド市場開拓，現地企業と代理店契約」。
日経流通新聞2006年8月13日「システム・ケイ，ネット接続カメラ，独企業と開発」。
日本経済新聞 地方経済面（北海道）2005年2月18日「システム・ケイ，韓国に開発拠点，主力ソフトを「逆輸入」」。

＜第6章＞
広島市郷土資料館（1992），『広島市における針づくりとその技術』広島市。

中小企業金融公庫 WEB サイト「シリーズ活力ある中小企業探訪」(http://www.cig.jasme.go.jp/geppo/kigyouhoumon35.html)

<第7章>
Christensen, Clayton (1997), *The Innovator's Dilemma*, Harvard Business School Press.（玉田俊平太監修・伊豆原弓訳（2001）『イノベーションのジレンマ』翔泳社。）
Kirzner, I. M. (1973), *Competition and entrepreneurship*, Chicago: University of Chicago Press.
Root, F. R. (1982), *Entry Strategies for international market*, Lexinton Books.（桑名義晴訳（1984），『海外市場戦略 その展開と成功へのノウハウ』ホルト・サウンダース・ジャパン。）
Rugman, A. M. & Hodgetts, R. M. (1995), *International Business: A Strategic Management Approach*, New York : McGraw-Hill.
高井透（2007），『グローバル事業の創造』有斐閣。

索　引

英文

Afuah　35
AM 方式　179
Ansoff　32
Barney　32, 33, 108
Bartlett　14
Buckley　13
Callon　50
Casson　14
Chandler　14, 31
Consortium　190
Dunning　14
EAS (ELECTRONIC ARTICLE SURVEILLANCE: 電子盗難防止システム)　189
e シルクロード　161
Ghoshal　14
GPS 機能　190
Hamel　30
Hofstede　14
Hymer　13
IC タグ（RFID）　176
　　──リーダーライター　194
IP サーベランス・システム　154, 196
ISO　68
IT インフラ　203
KMART　40
Latour　50
NGN　166
OEM　122
　　──先　205
On Demand Printing Technology　178
Pfeffer & Salancik　44
Porter　14, 28, 32, 47, 48
POS（Point of Sale : 店舗販売時点情報管理）　186
POS&セキュリティ・ビジネス　176
POS システム　172
POS タグ　172
RFID 応用技術　196, 199
RFID 応用事業　203
RFID システム　190
RF タグ　193
　　──生産技術　196
RF 方式　179
RM 社　197
Rugman　14
Saxenian　49
SIP　153
SPA　99
　　──型企業　200
TCP/IP　148
VRIO フレームワーク　32
VRISA 分析　40
Williamson　14

ア行

アウトソーシング　29
アクター　205
　　──・ネットワーク　52
　　──・ネットワーク(理)論　51, 52
足立一馬　61
アスカネット　178
アスベスト　64
アルミ箔　175
暗黙知的な技術　206
域外企業　52
域内他企業　52
異業種間交流　46
伊丹　28, 33
一貫生産体制　196, 205, 206
意図せざる結果　202
糸の染色技術　196
イノベーション　12, 48, 203
　　──創出方法　26
今井　45
今井・金子　45

索　引　227

インターネット　127
　　──関連事業　212
　　──関連製品　208
　　──ベース　203
インドブーム　185
イントラネット　148
インフラストラクチャー　4
ウォルマート　40
ウォルマートカルチャー　40
内田　49,51
営利　6,50,51,110
エッチング技術　199
エッチング製法　188
応用研究　194,206
応用筆生産技術　196
オーエスマシナリー　207
大金製作所　200
オートマチック・トランスミッション　57
オペレーション上の有効性　39
オンリーワンの部品メーカー　209

カ行

海外経験　215
貝原潤司　98,196
貝原定治　85,89,90,91,97,101,102,104,111
貝原良治　90,94,97,98,196
外部委託生産　191
外部化　10
外部環境　6,7,27,116,169,196,202
格差　6,20,23,24,44
各種万引防止システム販売　172
加護野　30,34
加護野・井上　34
価値　30
　　──連鎖（バリューチェーン）　28
金井　30,43,47
金型技術　177,199
金子　45
環境変移　7,8,9,10,12,15,17,217
含浸工程　196
かんばん方式　31
関連産業　47
基幹総合大学　49
起業家　43

　　──活動　43
起業機会の認識　43
企業家　12,52
　　──活動（起業家活動）　43,51
　　──活動の要件　52
　　──研究　217
　　──的機敏さ　186,215
企業間ネットワーク　214
　　──の形成　216
企業固有能力（distinctive competence）　32
企業戦略　47
技術獲得　215
技術のカテゴリー　46
基礎技術　193
基礎研究　206
既知（Familiar）　41
機密漏洩防止システム　182
木屋治左衛門　168
共振回路設計技術関連特許　193
競争圧力　35
競争戦略論　32,39
協調圧力　35
共同研究　206,207
共同マーケティング　42
強連結　46,109
熊野筆　115,129,207
熊野筆事業協同組合　135,205
クライアントサーバシステム　148
クラッチ関連技術　197
クラッチ関連部品市場　202
クラッチ関連摩擦材　204
クラッチディスク　61,197
クラッチモジュール　61
　　──（集約部品）　204
グローバリゼーション　1,2,3,7,9,13,17,217
グローバル　3,16,22,47,51,136
　　──環境　14,22,25
　　──製品　16,17,138
　　──なアクター　211
　　──な視野　2,49
　　──な事業眼目　215
　　──な事業機会認識　215
クロムメッキ　197
経営資源　37

――展開　38
経営戦略論　39, 213
慶応義塾大学　191, 208
傾斜生産方式　55
ケイパビリティ　108
系列　44
経路依存性　108
化粧筆　2, 114, 122, 129, 135, 207
化粧ブラシ　116, 122, 196, 205
ゲート　194
コア技術　192, 215
コア・コンピタンス　13, 33
コア資源　26, 31, 41, 46, 52
高級化粧筆　114, 122, 125, 127, 129, 131, 196, 198, 205, 218
工業用筆生産　196
構造・競合関係　47
工程革新　126
広幅絣　87
広幅絣事業　198
合弁　14, 15, 59, 66, 196
　　――会社　62
顧客　30
　　――層　30
国際化　3, 13, 138, 205
國領　34
コスト　11, 37
　　――ダウン　215
　　――リーダーシップ　32
コーディネート機能　49
コラボレーション成果　49

サ行

サッポロ BizCafe　143
サッポロバレー　143
差別化　32
サーベランス・システム　198
サロン　88
参加型ネットワーク　45
産学官の有機的な関係形成　216
産学官連携　216
産学共同開発　181
産学共同研究　175, 211
産学連携　68

産業クラスター　26, 27, 49
　　――論　51, 212, 213
産業政策　216
産業要素　38, 47
支援産業　47
織布技術　196, 198
事業機会の認識　52
事業計画　194
事業コンセプト　30, 43
事業システム　27, 29, 43, 52, 213, 217
　　――論　38, 42
事業ドメイン　29
事業領域　210
資源　43
　　――ベースの経営戦略論　26, 27, 31, 32, 41, 46, 217
自社ブランド　145
市場細分化　36
市場のカテゴリー　47
システム　34, 35
下請け構造　45
湿式クラッチディスク　61
湿式摩擦材生産技術　197
実用新案権　191
地場産業　218
弱連結　46, 109
斜陽産業　185
収益性　34, 35, 137
　　――決定要素　37
集中　32
柔軟性　7, 9, 14, 15, 17
柔軟な事業システム　206
柔軟な連結　46
集約部品　67
受託研究　206
受託システム開発　147
需要条件　47
ジョイントベンチャー　42
商品識別システム　182
少品種多量生産　178
情報交換　205
シリコンバレー　49
　　――・モデル　27
シール・ラベル　172

進化　2, 14, 68, 74, 81, 162, 196, 210, 212, 215
シンセメック　207
人的ネットワーク　193
芯白性　91
スタートアップ段階　210
スタンフォード大学　49
ストックオプション　164
スーパータグシステム　182
スピルオーバー　27
スピンアウト　27
スペック管理　94
擦り合わせ(型)　71, 197, 204
　　──部品供給システム　197
3M　193
生産活動　206
生産財マーケティング　110
生産ネットワーク構造　45
製針業協同組合　208
製造販売事業モデル　196
政府・自治体　52
セキュリティシステムメーカー　175
セキュリティタグ　179, 194, 199
　　──生産技術　199
潜在的参入業者　36
染色技術　198
戦略的提携　42, 191, 206
創業プロセス　216
創発型　45
組織論　213
ソリューション事業　153

タ行

第一金属　207
大学・研究機関　52
ダイカット　196
　　──製法　175, 188
　　──方式　199
第三者割当増資　165
代替財　36
ダイナミックなネットワーク　27
第2の創業　42
ダイヤモンド・モデル　47, 48
ダイレクト販売　206
ダウンサイジング　148

髙本和男　122, 196
髙本壮　126
髙本光　126
タグチメソッド　69
多国籍企業　2
多国籍企業化　206
多品種少量生産　178
地域活性化　2
地域企業（regional company）　1, 20
　　──経営　1, 22
　　──のマネジメント　212
　　──論　25, 212
地域産業集積　213
地域の産業クラスター　217
地域の伝統産業　210
知的財産活用モデル　207
地場産業　183, 196
中堅企業　21
中小企業基本法　20
中小企業高度化事業資金　206
中小企業地域資源活用促進法　21
中小企業庁支援策　21
強い連結　45
　　──関係　214
提携　11, 14, 15, 27, 46, 121, 128, 132, 145, 150, 196
デジタル印刷技術　178
データセンター　154
撤退　132
デニム市場　207
デファクト・スタンダード（Defacto Standard）　194
伝統技術　206
伝統工芸技術　205
伝統産業　218
統制型ネットワーク　45
動的情報　45
東北大学　207
独自能力（capability）　32
図書館システム　181
特許　191
苫小牧東部開発計画　56
トライボロジー（Tribology）　71
トライボロジー技術　196, 197

ナ行

内部化　10, 11, 13, 45
内部環境　6, 7
中島　15
鳴海鼓大　147, 196, 201
南京正伝針　168
2次災害　190
西澤・福嶋　49
西本澄　188
二重構造論　44
日米貿易摩擦　60
ニッチマーケット攻略　193
日本中小企業学会　25
ネットワーク　1, 27
　——・マネジメント　46
　——論　45

ハ行

パイオニア企業　198
白鳳堂　114
バーコード　173
　——ラベル　172
パッケージソフトウェア　149
パートナーシップ　187, 205
バリュー・チェーン　30
万国製針　184
販売流通活動　206
汎用機　147
非営利　6, 50, 51, 102, 103, 110
ヒエラルキー化　46
ビジネスコーディネート機能　191
ビジネスシステム　25
ビジネスモデル　1, 25, 38, 51, 190, 213, 217
　——の進化　211
　——の進化過程　209
　——論　42
広島県畜産試験所　190
広島県針協同組合　184
広島工業大学　191, 208
広島市立大学　191, 208
備後絣　82, 198
備後絣生産　202
品質管理　68

ファミリアリティ・マトリックス（Familiarity Matrix）　41, 46, 211, 218
フェデラル・エクスプレス　33
不確実性　9
複眼的視点　42
プラザ合意　96
ブランド　102, 127
プレート　61
プレミアム・ゾーン　205
プレミアム・デニム　96
フロンティア　203
ペーパーフェーシング　69
ヘラクレス　178
変移性　7, 10
ベンチャー企業　21
　——論　212
ベンチャーキャピタル　41, 42
貿易　3, 13, 135, 169
紡績技術　196, 198
防犯タグ　175
補完業者　36
ポジショニング　28, 40
ポジション　37
北海道大学　207
ポートフォリオ・マネジメント　32
ボーン・グローバル企業　14

マ行

マクロ環境　36
マーケティング販社　196
正木宏生　63, 196, 200
摩擦材生産　196
摩擦材提案能力　197
マネジメント知識　215
万引き防止システム　174
未知（Unfamiliar）　41
三宅来次郎　171, 172, 196
三宅正光　171, 173
室蘭工業大学　207
目利き能力　193
メト社　189
メリケン針　168
モジュール化　67
モジュール型　204

――部品　197
モデル　34, 35

ヤ行

輸出　3, 4, 10, 11, 14, 16, 84, 87, 89, 135
輸入　85, 91, 122, 127
要素還元　35
要素技術　205
要素条件　47
弱い連結　45
　――関係　214

ラ行

ライセンシング　42

リスク受容性　109
リーバイス　207
レジン含浸　197
ロイヤリティ　191
老人ホーム　190
ローカル　16, 51
　――製品　16, 17
　――なアクター　211
ロジスティックス能力　40
ロープ染色機　92

ワ行

和筆生産技術　218
和筆製造　198

執筆者紹介

大東和武司（広島市立大学教授）　　　担当：序章，第4章第3・4節
金　　泰旭（広島市立大学准教授）　　　担当：第1章，第6章，第7章
内田　純一（北海道大学准教授）　　　　担当：第1章，第2章，第5章，第7章
潮崎　智美（広島市立大学准教授）　　　担当：第4章第3・4節
坂井　俊文（北海道工業大学准教授）　　担当：第2章
城多　　努（広島市立大学専任講師）　　担当：第4章第1・2節
猪口　純路（広島市立大学専任講師）　　担当：第3章

グローバル環境における地域企業の経営
—ビジネスモデルの形成と発展—

| 2008年5月10日　第1版第1刷発行 | 検印省略 |
| 2009年5月30日　第1版第2刷発行 | |

編著者　　大東和　武　司
　　　　　金　　　泰　旭
　　　　　内　田　純　一

発行者　　前　野　　　弘
　　　　　東京都新宿区早稲田鶴巻町533

発行所　　株式会社　文　眞　堂
　　　　　電話　03（3202）8480
　　　　　FAX　03（3203）2638
　　　　　http://www.bunshin-do.co.jp
　　　　　郵便番号(162-0041)振替00120-2-96437番

印刷・モリモト印刷／製本・イマヰ製本所
©2008
定価はカバー裏に表示してあります
ISBN978-4-8309-4619-6　C3034